상황별로 보는
선교적 해석학

상황별로 보는
선교적 해석학

지은이 강아람
펴낸곳 도서출판 케노시스

등 록 제2011-24호(2011. 5. 23)
전 화 02)453-2208, 450-5435-6
팩 스 02)2201-6953
주 소 서울시 광진구 광장로 5길 25-1

인 쇄 2022년 3월 4일
발 행 2022년 3월 10일

ISBN 979-11-85698-43-4 (93230)

값 12,000원 (*파본은 바꿔드립니다)

상황별로 보는

선교적 해석학

강아람 지음

도서출판 케노시스

저자서문

『상황별로 보는 선교적 해석학』이라는 제하에 세 번째 단행본을 출간하게 되었다. 첫번째 단행본은 『선교와 해석학』, 두 번째 단행본은 『주제별로 보는 선교적 해석학』, 이번에는 『상황별로 보는 선교적 해석학』이다.

"선교적 해석학"(missional hermeneutics)은 신구약을 관통하는 '하나님의 선교'(missio Dei)라는 큰 주제(meta-narrative)의 빛 아래서 성경 전체를 조망하는 것이다. 따라서 『주제별로 보는 선교적 해석학』은 각각의 특정한 주제들이 신구약 성경 전체를 통해 어떻게 관통되고 있는지를 살펴보는 연구들이었다면, 『상황별로 보는 선교적 해석학』은 기독교대학이 처한 상황에서 나온 글 4편과 21세기 포스트모던 상황에 대한 글 4편으로 구성되어 있다. 특히 2020년부터 돌입한 포스트코로나 상황에 대한 글도 포함되어 있다. 8편 모두 학회지 심사를 통해 학술지에 게재되었던 글들이다.

글의 순서는 다음과 같이 배열하였다: ① "배위량의 선교적 삶에 나타난 영적전쟁," 『복음과 선교』 50-2(2020): 9-45. ② "숭실 중흥의 대인, 김형남의 선교적 리더십," 『선교와 신학』 56(2022): 7-41. ③ "채플에서 기독교세계관에 근거한 내러티브 코칭적 접근," 『대학과 선교』 41(2019):

265-295. ④ “기독교대학 상황에서 선교적 교회론 모색: 소그룹 채플을 중심으로,” 『복음과 선교』 55-3(2021): 9-44. ⑤ “하나님의 선교 관점에서 본 상생과 공존,” 『선교와 신학』 48(2019): 11 41. ⑥ “영화 [오누막]을 통해 본 선교 코칭 사례연구,” 『선교신학』 55(2019): 11-40. ⑦ “내러티브 신학을 통한 21세기의 선교적 대응,” 『선교와 신학』 49(2019): 145-176. ⑧ “포스트로나 시대의 선교적 교회론 고찰,” 『선교신학』 60(2020): 9-42.

수록된 상황별 논문들을 하나씩 간단히 소개하면 다음과 같다. 1장은 숭실대학교의 설립자인 배위량(裵緯良/William M Baird, 1862~1931) 선교사의 한국선교 사역을 영적전쟁이라는 관점에서 기술해보았다. 배위량 선교사에 관한 글은 왕왕 찾아볼 수 있으나, 이 글은 선교적 그리스도인의 정체성과 영적전쟁의 관계를 강조하여 전개하였다. 선교를 프로그램이나 활동적 측면으로 접근하지 않고 그리스도인의 정체성과 삶 자체를 아울러서 선교적 존재로 바라볼 때는 영적전쟁의 의미가 다소 수정될 수 있을 것이다. 2장은 숭실대학교 8대 학장(재건 4대)을 역임한 장로 기업인, 김형남 박사의 삶을 조명하였다. 기독교 리더십 분야 중에 목회자 리더십에 관한 연구가 많은 현실에서, 평신도로서 기독교 리더십을 십분 발휘하며 사신 김형남의 리더십을 선교적 리더십으로 정의하고 전개해보았다. 3장은 무한경쟁의 가속화 속에 삶의 의미와 자기 존재가치를 상실해가는 기독교대학 청년들에게, 기독교상징을 담지한 이야기를 통해 내러티브 코칭 방식을 활용한 채플을 제안하고 있다. 4장도 기독교대학 컨텍스트에서 쓴 글이다. 선교적 해석학은 선교적 교회론을 뒷받침해주는 연구방법인데, 선교적 교회론을 기독교대학 상황에서 특히 소그룹채플이라는 영역에다 적용시켜

보았다.

5장은 상생과 공존이라는 주제가 키워드가 된 세상에서 인간의 약함을 사용하시는 '하나님의 선교'는 통전적인 성격을 띠는데, 이 하나님의 선교는 온세상의 전체 교회를 필요로 한다고 주장하는 글이다. 6장에서, 기독교코칭의 하나인 선교코칭은 사랑의 하나님이 사람들을 품고 들어주고 질문하면서 스스로 깨닫게 하시는 방식을 지향한다. 이에 영화 〈오두막〉을 통해 선교코칭 모델개발에 조력하려는 취지로 쓴 글이다. 7장은 이야기를 만들어내고 그 이야기를 믿는 능력이 인간을 위대하게 했다는 주장을 전제로, 인류가 처한 여러 위기 앞에서 '하나님의 선교'라는 거대서사(meta-narrative)를 하나의 대안적 이야기로 제안하는 글이다. 8장은 코로나19 팬데믹 이후의 시기에 교회론 정립이 중요한 과제가 되었는데 그러한 과제에 대한 대안의 하나로서 선교적 교회론을 제시하였다. 선교적 교회론의 어떤 측면이 코로나 이후 시대의 교회론에 적합한지, 또 어떤 측면이 더 부각되고 있는지를 논의하고 있다.

이 책에서 다루는 글들을 '선교적 해석학'이라 칭하는 이유는 선교적 해석학이 성경 전체를 일관되게 선교적으로 해석하는 연구뿐만 아니라, 특정 주제나 상황에 대한 선교(학)적 해석을 그 이슈에 따라 일관되게 하는 것으로도 정의할 수 있기 때문이다.

선교적 교회(missional church)가 한국교회의 대안이요 출구가 될 수 있으려면, 근원적으로 그 내부에 기생하고 있는 이기적인 욕망을 제어할 수 있어야 한다. 그러려면 교회의 내부에 도사리고 있는 탐욕적 본성을 성찰할 수 있어야 하고 거울의 역할을 해줄 성찰의 도구가 필요한데, 그것은 하나님의 말씀 그 자체이다. 그리고 하나님 말씀의 가치관에 비추어 우리 자신을 성찰할 수 있으려면 우리에겐 큰 이야기가 필요하다. 인간은 우리를 만들어왔고 또 우리가 만들어가는 작은 이야기들에 의존해서 살아가고 있기 때문이다. 무엇보다도 우리의 작은 이야기들의 실상을 거울처럼 비추어볼 수 있는 '하나님의 선교'라는 큰 맥락의 이야기가 우리에게 필요한 것이다. 그 큰 이야기는 우리의 작은 이야기들에 자리매김을 해주는 네비게이션이 되어 작은 이야기들이 어디를 향해 가야 할지를 지도할 것이다. '선교적 해석학'은 우리가 임의로 성경을 읽는 것이 아니라, 성경이 우리와 우리 삶을 읽어내도록 하나님의 선교라는 큰 그림에 우리를 내어 맡기라고 격려하고 있다.

2022년 봄을 기다리면서

숭실대학교

목 차

● 1장

배위량의 선교적 삶에 나타난 영적전쟁

Ⅰ. 들어가는 말

Ⅱ. 영적전쟁의 개념과 이론

Ⅲ. 배위량의 선교적 삶과 영적전쟁

Ⅳ. 선교적 그리스도인이 직면하는 영적전쟁

Ⅴ. 나가는 말

Ⅰ. 들어가는 말

'선교적 존재'로서 그리스도인들이 이 땅에 사는 동안 소위 '영적전쟁'[1]은 불가피하다. 이 명제를 논하려면 적어도 두 가지가 선행되어야 하는데, 곧 선교적 존재로서의 그리스도인에 대해, 그리고 영적전쟁의 정의와 유형에 대한 개략적 설명이 있어야 할 것이다.

기존의 선교는 대개 *활동*이나 프로그램으로 정의되었다. 교회 또는 그리스도인들에 의해 수행되는 활동이나 프로그램이 선교였다. 그러나 교회 중심의 패권주의적 선교에 대한 각성이 일어나면서 선교에 대한 정의에서, *doing*에서 *being*으로의 변화가 생겨났다. 교회와 그리스도인은 그들이 무엇을 말하거나 행하기 이전에 그 존재 자체로도 선교적 *존재*이며, 특별한 임무를 띠고 세상으로 보냄을 받은 존재(요 20:21)라는 것이다. 더불어 교회의 선교부나 선교단체가 선교의 주된 행위자라는 견해에서도, 일상적 삶의 자리에서 살아가는 모든 그리스도인이 *하나님의 선교*(missio Dei)의 참여적 주체라는 인식의 변화가 일어났다.[2]

이에 필자는 본글에서 선교적 존재로서 그리스도인의 정체성과 영적전쟁의 관계를 강조하여 기술할 것이다. 본질상 선교적 존재인 그리스도인은 세상에 사는 동안 계속되는 영적전쟁을 통하여 자신들의 육적인 자

---

1 이 글에서는 '영적전쟁'과 '영적전투'를 엄밀히 구분하지 않고 혼용하여 사용할 것임을 밝힌다.

2 그리스도인을 '세상의 소금과 빛' 숨겨질 수 없는 '산 위에 있는 동네'로 비유한 마태복음 5장 13~16절 등을 참조하라.

아(fleshly self)를 벗어버리고 새사람의 형상을 입어감으로써 크리스천의 정체성을 완성시켜 간다. 곧 그리스도인의 정체성은 채움으로써가 아니라 잃음으로써 완성되어간다는 데 따라서 그리스도인의 내면적 영적전쟁의 의미가 중요하게 다뤄질 것이며, 더불어 영적전쟁의 외면적 차원(문화적, 제도적, 세계관 등)도 아울러 다룰 것이다.

본글의 전개는 먼저 '영적전쟁'의 개념과 이론에 관한 개략적 논의를 거친 후에, 배위량(裵緯良, 1862~1931)의 개인적 삶과 선교사역을 통합하는 그의 선교적 삶에 두루 존재했던 영적전쟁에 대해 논할 것이다. 선교를 프로그램이나 활동적 측면으로 접근하지 않고 그리스도인의 정체성과 삶 자체를 아울러서 선교적 존재로 볼 때는 영적전쟁의 의미가 다소 달라질 수 있다. 배위량 선교사가 숨쉬며 살았던 시대와 지금은 사뭇 상황이 다름에도 불구하고 영적전쟁의 어떤 측면들은 본질상 다르지 않으며, 또 어떤 면에서는 다르다. 결론으로 각자 다른 시공에서 살아가는 그리스도인들이 맞닥뜨리게 되는 다양한 영적전쟁의 상이성과 유사성을 논구함으로써 현금에도 경험하는 영적전쟁의 원론적 의미를 정리하고 글을 마칠 것이다.

Ⅱ. 영적전쟁의 개념과 이론

필자가 이 글을 쓰고 있는 2020년 2월 현재, 전세계가 중국 우한에서 발원한 신종 코로나바이러스로 인해 심각한 몸살 중이다. 한국 대학의 경우 교육부 권고하에 2월의 행사들은 거의 취소되었고, 심지어 3월 개강일도 대다수가 두어 주씩 연기하는 조치를 취하고 있다. 이에 어느 때보다도 눈에 보이지 않는 영역에 속한 존재들에 대해 다시금 주목하게 되는 때이다. 세균, 바이러스, 가스, 전파, 공기 등이 사람의 육안(肉眼)으로 보이지 않는다고 해서 그 존재를 부인할 수 없지 않은가. 이처럼 우리 주위에는 하나님으로부터 우리를 지키라고 위임된 천사들이 있는가 하면, 사탄 및 타락한 천사들과 악한 영들도 있다고 성경이 증언하고 있다. 보이지 않는 세계는 보이는 세계보다 실제로 더 견고하다.[3]

'영적전쟁'(Spiritual Warfare) 논의는 21세기에조차도 여전히 효과적인 선교를 위해 대두되는 중요한 전략의 하나이다. 알란 티펫(Alan Tippet)이 애니미즘 사회에서 그들의 신보다 그리스도의 능력이 우월함을 나타내는 것을 능력대결(power encounter)이라 부르고 이를 통해 기독교로의 회심이 일어난다고 함으로써[4] 그리스도와 복음을 대적하는 세력들과 맞서 싸우는 영적전투에 대한 논의가 1970년대부터 활발히 전개되었다.[5]

선교학자인 박보경은 '영적전쟁' 이론의 기원과 전개 및 장단점에 대한 비판적 고찰을 감행하였다.[6] 즉 영적전쟁 이론이 짧은 시간에 많은 사람에게 빠른 속도로 영향을 준 것은 이 운동의 핵심적 인물들—**피터 와그너, 찰스 크래프트, 존 도우슨 등**—이 에반젤리칼 진영에서 상당한 영향력을 발휘하고 있었기 때문이라고 한다. 특히 전세계의 다양한 그리스도인들이 몰려들었던 풀러신학교가 이 이론의 빠른 전파에 결정적 역할을 하였다. 더구나 비서구권은 애니미즘 문화권이었으므로 이 이론이 그 지역에서 온 학생들의

---

3 Dean Sherman, *Spiritual Warfare for Every Christian*, 이상신 역, 『모든 그리스도인을 위한 영적전쟁』 (서울: 예수전도단, 2017), 103-109.

4 Alan R. Tippet, *Solomon Islands Christianity* (London: Lutterworth Press, 1967), 5.

5 이종우, "영적전투 이해증진을 위한 여호와의 전쟁론 고찰," 『선교신학』 35(2014): 197.

6 박보경, "영적전쟁(Spiritual Warfare) 이론에 대한 비판적 고찰," 『선교신학』 28(2011): 67-95.

경험과 동떨어져 있지 않았다. 또 20세기 후반에 기독교 중심이 남반구로 옮겨간 것도 주된 요인이다. 비서구권 기독교의 약진으로 이 지역에서 기독교신앙의 내용이 신학화되면서 영적전쟁과 관련된 경험이 다루어진 것이다. 또한 풀러신학교의 교회성장이론이 사회과학 연구방법론을 사용하게 되면서, 기독교신앙의 다양한 전통과 경험을 모아 원리를 만들어내는 이러한 연구방법론이 비서구 지역의 혼합주의적 경험을 무분별하게 수용하게 하였다.[7]

박보경에 의하면, 1990년대 초부터 영적전쟁 이론의 위험성이 다양한 차원에서 제시되었는데 특히 폴 히버트의 문제제기는 주목할만하다: 첫째, 영적전쟁 이론의 가장 치명적인 약점은 성경적 근거가 빈약한 채로 경험에 바탕을 둔다는 점이다(Proof Texting); 둘째, 영적전쟁 이론은 미성숙한 기독교신앙—지나친 번영과 건강 추구—을 정당화하고 제도화하기 쉽다; 셋째, 영적전쟁 이론이 지나치리만큼 마귀론에 빠져 있어 매사에 마귀에게 사람들의 책임을 전가하는 방식으로 접근한다는 점이나; 넷째, 영적전쟁 이론은 보고와 실재 사이에 혼돈을 일으키는데, 주로 간증에 근거하여 치유의 경험이 지속적이라는 증거가 없는데도 과대포장 되는 경우가 많다; 다섯째, 영적전쟁 이론의 치유사역이 기독교마술(Christian Magic)로 전락할 소지가 있다; 여섯째, 기적에 강조점을 둠으로써 질병과 죽음을 믿음 부족과 패배로 여기는 논리에 빠질 수 있다; 일곱째, 카리스마적 지도자를 숭상하는 리더십 모델이 권력의 남용으로 빠져들지 않도록 공동체의 분별력과 주의가 요청된다; 아홉째, 십자가와 고난의 신학을 경시하고 성공과 능력의 신학에 치중된 선포가 기독교 패권주의를 조장할 수 있다는 것 등

7 박보경, "영적전쟁 이론에 대한 비판적 고찰," 74-75.

이다.[8]

또한 배춘섭은 개혁주의 입장에서 영적전쟁 개념을 평가한다.[9] 그에 따르면, 소위 '제3의 물결'(The Third Wave)은 오순절 운동(1900년대)과 은사주의 운동(1960년대)을 계승한 성령운동이다.[10] 이는 앞선 두 물결처럼 성령의 은사를 의존한 사단과의 능력대결과 기적활동을 통한 하나님나라 확장을 추구한다. 그는 능력대결이 은사의 불균형성, 왜곡된 구원론, 이원론적 세계관, 제국주의적 식민주의라는 신학적 편협성 때문에 선교학적으로 재고할 이슈라고 진단한다. 먼저 능력대결을 통한 영적전쟁의 **강점**은 주님의 지상명령이 최우선시된다는 것과 선교사역에서 문화인류학적 연구의 필요성을 강조해주고, 서구실증주의와 현대과학주의에 맞서 영적 실제성을 부각시킴으로써 열정적 영성신앙과 현상학적 선교사역을 추진했다는 데 있다. 다른 한편으로 선교학적 측면의 **약점**은 매우 상황적인 성경해석—성경신학적으로 용납하기 힘든, 즉 상황적 틀을 전제하고 성경을 읽는 옹호론적 해석으로 독자가 원하는 결과를 유추함—이다. 또 개인의 능력대결에 치중되어 하나님의 전적주권에 의해 선포되는 복음의 능력을 약화시킬 수 있으며, 비기독교적 세계관의 요소가 다분하여 고대근동의 신화적 요소라든가, 전통종교의 신앙관과 혼합된 미신적 요소뿐 아니라 하나님의 구속사와 상관없는 이원론적 세계관도 가시적으로 나타난다고 배춘섭은 평가한다.[11]

---

8 9가지로 정리한 내용은 Paul Hiebert, *Anthropological Reflections on Missiological Issues* (Grand Rapids: Baker Books, 1994), 243-250을 참조하라.

9 배춘섭, "영적전쟁에 관한 개혁주의 입장에서의 평가: 전략적 차원의 영적 전쟁을 중심으로," 『한국개혁신학』 51(2016): 88-128 참조.

10 피터 와그너가 'The Third Wave'라는 용어를 사용한 후로 복음주의 교회의 초자연적 경험을 강조하는 다양한 사건을 언급하는 데 사용되었다.

11 배춘섭, "영적전쟁에 관한 개혁주의 입장에서의 평가: 전략적 차원의 영적 전쟁을 중심으로," 32-33.

결론적으로 그는 영적전쟁 측면에서의 전정한 선교란, 지역귀신과 싸우는 능력대결이나 중보자로서 신비한 전쟁에 참여하는 개인적 전쟁이나 이 땅에서의 전쟁으로 한정될 수 없다고 역설한다. 개혁주의 선교란 오직 성경의 권위를 근거로 선교의 주권자이신 하나님이 그분의 계획을 성취하시는 *하나님의 선교*(Missio Dei)가 되어야 하며, 이 시대 그리스도인은 그분의 말씀을 믿고 십자가의 희생정신을 가지고 복음을 충성스럽게 전파하면서 꾸준히 하나님의 이중계명에 순종하며 살아가야 한다는 것이다.[12]

한편 이종우는 구약학계의 '여호와의 전쟁'사상에서 영적전투에 대한 성경적 근거를 찾는다. 그는 선교현장에서 복음을 가로막는 사탄 및 악한 영들과의 영적전투가 필수적으로 수반되는 일이라고 전제한다. 그에 따르면, 가나안 정복과 신정통치를 성취하려고 수행된 여호와의 전쟁이, 예수의 구속사건과 성령강림 후 세계복음화와 하나님나라 성취를 위한 영적전투로 바뀌었다. 그럼에도 *하나님의 주권, 거룩한 헌신, 믿음과 순종*의 원리는 동일하다. 그는 구약성경의 몇몇 본문 주해를 통해서 지금도 영적전쟁 수행자들이 준비하고 헌신해야 할 일들을 다음과 같이 정리하고 있다.[13]

첫째, 영적전투의 참여자인 자신을 거룩히 구별한다. 둘째, 여호와께서 친히 싸우신다는 믿음으로 참여한다. 셋째, 끈기 있는 기도와 연합 중보기도 운동이 승리에 주효(奏效)하다. 넷째, 그리스도인은 각 전문 영역에서 통전적 승리를 얻기 위해 노력한다. 사탄이 지상 통치체제에 총체적으로 역사하기 때문이다. 이종우는 아브라함 카이퍼(Abraham Kuyper)[14]와

12 배춘섭, "영적전쟁에 관한 개혁주의 입장에서의 평가," 33-34.

13 이종우, "영적전투 이해증진을 위한 여호와의 전쟁론 고찰," 『선교신학』 35(2014): 221.

14 Abraham Kuyper, *The Christianity as the System of Life*, 서문강 역, 『삶의 체계로서의 기독교: 기독교의 세계관과 인간이해』 (서울: 새순출판사, 1993) 참조.

란다 콥(Landa Cope)[15]을 인용하여 모든 그리스도인이 각자의 전공과 전문 분야, 직업과 일터에서 영역선교를 할 것을 제안한다. 곧 성경적 모델들이 시사해주는 지침을 따르는 균형잡힌 영적사역이 필요한데, 그럴 때라야 그리스도인의 모든 삶의 영역에서 영적전투를 감행함으로써 그리스도의 이름을 영화롭게 하면서 하나님나라를 견고히 세워나갈 수 있기 때문이다.[16]

또 네비게이토의 르로이 아임스(LeRoy Eims)도 영적전쟁 수행에서 가장 중요한 요소로 하나님께 대한 순종을 꼽는다.[17] 그는 영적전쟁에서 승리를 보장해주는 만능전술은 없더라도 충성된 그리스도인에게 승리를 가져다주는 성서적 원리들은 많다고 언급한다.[18] 즉 각 상황을 따라 하나님께서 그분의 말씀을 통해 주시는 지침을 담대한 순종으로 따름으로써 승리할 수 있다고 강조하면서, 성경에 나타난 다양한 원리들을 책 전체를 통해 제시하고 있다.

미국에서 50만 부 팔려나간 책의 저자인 프랜시스 프랜지팬(Francis Franzipane)은 영적전쟁이 예수 이름을 선포함으로 시작되지만, 그 궁극목표는 각 그리스도인이 실제로 예수의 형상을 본받는 존재로 매일 끊임없이 변화해가는 것임을 강조한다.[19] 흔히들 쓰는 '구원'이라는 말은 단지 하나님께서 우리 삶에 두신 첫 단계로서 사실상 그분의 계획은 우리 성품과

---

15 Landa Cope, *Introduction to the Old Testament Template*, 김명희 역, 『나라를 제자삼는 하나님의 8가지 영역』(서울: 예수전도단, 2010) 참조.

16 이종우, "영적전투 이해증진을 위한 여호와의 전쟁론 고찰," 221-222.

17 순종의 요소에 대하여는 LeRoy Eims, *No Magic Formula*, 네비게이토 선교회 역, 『영적전쟁의 성서적 원리』(서울: 네비게이토 출판사, 2011), 117-140의 내용을 참조하라.

18 LeRoy Eims, 『영적전쟁의 성서적 원리』, 294.

19 Francis Frangipane, *Three Battlegrounds*, 이재인 · 박선규 역, 『영적전투의 세 영역』(서울: 순전한나드, 2010), 22-23. 프랜지팬의 이러한 강조는 특히 1부의 6장(58-64쪽)에서 주로 다루고 있다.

능력이 예수 그리스도의 형상을 닮도록 하시는 것이므로, 이를 놓친다면 우리 안에 아주 많은 영역이 변화되지 못한 채로 남게 된다고 그는 개탄한다. 곧 영적전쟁에서 요새를 파한다는 뜻은 옛 사고방식을 허물어뜨려 예수의 임재가 우리를 통해 나타날 수 있게 되는 것이다.[20]

이와 유사한 맥락에서 예수전도단의 딘 셔만(Dean Sherman)도 영적전쟁을 그리스도인의 매일의 삶으로 정의한다. 그에 따르면 영적전쟁은 마귀를 대적하는 것만이 아니다. 회개하는 것, 직접 그 땅으로 들어가 하나님의 주권을 선포하는 것, 하나님 말씀을 순종하는 것, 찬양하는 것 등… 진리를 품고 원수를 분별하며 하나님께 헌신하는 *매일의 삶*이다. 영적전쟁은 하나님께서 우리 손에 처분을 위임하셨다는 뜻으로, 우리가 세상에 있는 악을 대적하지 않으면 악은 계속 성장하게 될 것이다.[21] 그의 말을 직접 들어보자.

> 영적전쟁은 기독교의 한 부분이 아니다. 그것은 그리스도인의 모든 경험 가운데 있다. 우리가 하는 모든 일을 다 포괄한다. 그리스도인이 되는 것은 곧 영적전쟁의 용사가 된다는 말이다. 영적전쟁의 용사가 된다는 것은 그리스도와 더불어 지속적인 승리의 삶을 사는 것이다.[22]

아울러 우리는 좀 더 제도적인 측면에서 영적전쟁을 조망해볼 수도 있

---

20 Francis Frangipane, 『영적전투의 세 영역』, 31. (cf.)고후 10:3-5 "우리가 육신으로 행하나 육신에 따라 싸우지 아니하노니 우리의 싸우는 무기는 육신에 속한 것이 아니요 오직 어떤 견고한 진(strongholds/요새)도 무너뜨리는 하나님의 능력이라 모든 이론을 무너뜨리며 하나님 아는 것을 대적하여 높아진 것을 다 무너뜨리고 모든 생각을 사로잡아 그리스도에게 복종하게 하니"

21 Dean Sherman, 『모든 그리스도인을 위한 영적전쟁』 13, 271. (cf.요 20:19-23)

22 위의 책, 271.

다. 사람은 태어나는 바로 그 순간부터 문화 속에서 나고 자라면서 문화의 영향을 지대하게 받으며 살아가는 존재다. 태어나면서부터 듣고 말하는 언어, 신앙, 관습, 기술, 예술 등의 문화가 사람의 가치관과 세계관을 결정한다. 특히 오늘날 최첨단 매스미디어의 발달은 생생한 오감 만족을 통해 사람들의 심장을 뛰게 한다.[23] 성경은 어둠과 죄악의 한가운데서 잠들어있지 말고 깨어 경성하도록 권고한다. 세상 문화에 무분별하게 취하여 이 세대를 본받지 말고 시대정신을 분별하며 깨어있으라는 것이다. 사탄은 성도들이 영혼에는 관심 없이 땅의 것에만 빠져 살아가도록 무수한 미끼를 세상 곳곳에 뿌려놓았는데 그중의 하나가 문화라는 미끼다.[24] 이에 성경은 문화에 대한 무분별한 수용이 아니라, 성령으로 마음을 새롭게 하고 변화를 받아 하나님께서 기뻐하시는 선하시고 온전하신 뜻을 좇아서 살아가는 분별 있는 삶을 촉구하고 있다. 사실상 문화라는 이 땅의 그릇이 없이는 하늘의 복음을 담아낼 수 없겠지만, 동시에 복음은 각 문화를 변혁시키는 역할도 한다. 복음을 각 문화권에 전달하여 뿌리내리게 하는 선교는, 해당 문화의 수용과 변혁이라는 두 가지 과제를 수행해야 한다. 곧 문화는 양날의 칼인 셈이다.

위와 같은 논의들에 힘입어 필자는 영적전쟁을 그리스도인의 내면적 차원과 외부적 차원으로 나누어 정리하고자 한다. 물론 영적전쟁의 내면적 차원과 외부적 차원을 첨예하게 분리하는 일이 어려울 수 있지만, 논의 전개의 편의상 구분하여 진행하려 한다. 따라서 내부적으로는 우리의 속사람이 그리스도의 형상을 닮아가는 끊임없는 과정에서 일어나는 영적전쟁을, 외부적으로는 하나님 말씀에 내포된 기독교 세계관/가치관과 이 세

23 주영광, 『마지막 영적전쟁, 오컬트문화』 (경기: 해피비전, 2013), 35.

24 위의 책, 29.

상의 압도적인 문화들 사이에서 발발하는 영적전쟁을 지칭할 것이다.

이에 준하여 아래 지면에서는, 배위량 선교사의 선교적 삶에 나타났던 영적전쟁의 면모와 그가 분투한 흔적들을 추려서 살펴보고자 한다.

Ⅲ. 배위량의 선교적 삶과 영적전쟁

A. 배위량, 선교적 그리스도인의 내면적 영적전쟁

선교적 그리스도인의 내면적 영적전쟁을 한마디로 말하면, 평생에 걸쳐 씨름하는 자기 자신과의 싸움이라 할 것이며 성경적 용어로는 그리스도인 내면의 옛 자아와 새 피조물 사이에서 일어나는 매일의 분투로 축약할 수 있다. 물론 우리의 배위량(裵緯良) 선교사에게도 이러한 지열한 삶의 분투가 그 선교적 삶과 사역에 두루 존재하였고 줄곧 따라다녔다. 이하에서는 주로 이미 분석된 2차 자료들을 통해 그러한 면모들을 추적해볼 것이다. 이글은 배위량의 삶과 사역에 대한 구체적이고 전반적인 영향력에 대한 논의에 초점이 있지 않다.

따라서 배위량이 여타의 선교사들과 달리 편만한 시대정신에 쉬이 함몰되지 않고 당대 한국 선교지의 영적 · 시대적 필요를 잘 간파하였으며, 또한 자기에게 익숙한 서구의 문명화된 기독교를 극복하고 선교지의 토양에 적절한 방식과 내용으로 복음을 전파하면서 선교사역을 이끌어간 면모에 집중하여 조명해볼 것이다. 이와 같은 일들은 그가 내면적 영적전쟁의 승리를 통해 모든 일에서 자기 자신의 종이 아닌, 하나님의 뜻을 받드는 순종의 인물이었기에 가능한 일이었다고 본다. 모든 영역에서 하나님의 주권에 대한 그의 믿음과 순종이 켜켜이 쌓여 그가 그렇게 할 수 있는 내공을 길러주었을 것이다. 곧 **그의 삶의 모든 영역에서 벌어진 총체적인 영적전쟁 가운데서 매순간 하나님의 은혜를 힘입고 승리한 결과에서 온 것**이다. 배위량 선교사는 하나님의 주권에 대한 절대적인 믿음과 순종의 삶을 통해 거룩한 헌신의 삶을 줄기차게 이어가면서 충성스럽게 복음을 전파하는 삶으로 일관했던 것이다. 곧 믿음-순종-헌신-충성이라는 일관된 길을 통하여 영적전쟁에서 승리를 이어갈 수 있었다. 좀더 구체적으로 보자.

배위량은 하노버(Hanover) 대학과 맥코믹(McCormick) 신학교 졸업 후 미북장로교 선교사로 파송되어(1891) 부산, 대구, 서울 등에서 교회개척 사역으로, 평양에서 교육선교 사역으로 40여 년간 한국선교에 전념하였다. 변창욱은 그가 한국의 선교사역 중에도 학업을 계속하였고 첫 안식년(1899~1900)에 계속 공부하여 하노버대학에서 박사학위 취득 후 내한하여 선교사역을 계속할 만큼, 내한선교사 중 지성과 열정을 겸비한 선교사라고 칭한다.[25]

한국에 온 초기 미북장로교 선교사들처럼 배위량 선교사의 부산 개척 사역 중 주목할 만한 것은 광범위한 순회전도 여행이었다. 부산, 경남 지역에서 수행된 이러한 여행은 선교지부 개척을 목적으로 한 '정탐여행을 겸한 전도여행'이었다. 배위량은 1년에 7개월 이상 집을 떠나 있을[26]만큼

25 변창욱, "윌리엄 베어드의 선교방법과 교육선교 정책," 『한국기독교신학논총』 74(2011): 317.

26 William M. Baird to F. F. Ellinwood, Fusan, May 16, 1892; Rhodes, *History of the Korea Mission Presbyterian Church U.S.A.*, 129. 변창욱, "윌리엄 베어드의 선교방법과 교육선교 정책," 322에서 재인용.

열정적으로 순회하였다. 한편 그가 순회전도여행 중이 아닐 때는 사랑방이 그의 모든 선교활동의 중심이 되었다. 거의 매일 사랑방으로 방문자들이 찾아왔으며 그들은 사랑방에서 진행되는 가정예배나 주일예배 등 여러 가지 일들을 지켜볼 수 있었다고 한다. 그때 전도용 소책사(tracts)가 무료로 주어지기도 했고 쪽복음이나 기독교를 설명하는 팸플릿을 구입하도록 권유받기도 했다. 대화의 시간이 끝나도 그들은 그 자리에 줄곧 앉아서, 배위량 선교사가 한국어 선생과 한국어를 공부하거나 새로운 소책자 번역하는 일을 지켜볼 수 있었다.[27]

이는 배위량 선교사가 얼마나 자신에게 주어진 시시각각을 아끼며 착하고 충성된 주님의 일꾼으로 살아갔는지를 관찰할 수 있는 대목이다. 1년의 반 이상을 순회전도 하였고 전도여행 중이 아닐 때도 한순간도 쉬지 않았다. 자신이 할 수 있는 모든 일을 계속하였고 앞일을 준비하기도 하면서 사역에 온힘을 쏟아부었다. 배재욱은 "배위량의 2차 전도여정과 순례길로서의 가치"라는 글에서, 배위량이 미지의 세계인 한국 땅에서 2차 전도여행길을 감행한 모험과 열정의 행동을 되짚어본다. 곧 먼 나라에 선교를 위해 온 이방인 선교사가 먼 시골길을 도보로 다니는 무모하게까지 보이는 그러한 모험을 감행할 수 있었던 것은, 배위량의 특별한 신앙심과 자신에게 맡겨진 사명에 대한 인식의 발로로써 그 주인이신 하나님께 대한 신실한 신앙적 결단의 내면이 그렇게 드러난 것이라고 평가하고 있다.[28]

배위량은 부산, 대구, 평양 등지에서 네비우스 방법에 의거한 교육선교를 수행하였는데 그 백미는 평양에 숭실대학을 설립함으로 민족 최초의

---

27 리처드 베어드, *William M. Baird of Korea: A Profile*, 김인수 역, 『배위량 박사의 한국선교』 (서울: 쿰란출판사, 2004), 56.

28 배재욱, "배위량의 2차 전도 여정과 순례길로서의 가치," 『신학과 목회』 45(2016): 71.

근대대학을 세운 일이다. 성신형은 배위량이 당시 서북지역의 시대적 · 사회적 상황을 잘 파악하고 네비우스 방법을 적절히 접목해 교육정책을 만들어냈고 이를 바탕으로 교육선교를 활발히 진행했다고 평가한다.[29] 성신형은 상황에 따른 올바른 판단과 처신을 내린 배위량의 지혜로운 용기를 칭송하면서, 배위량이 평양의 고등교육 욕구가 점점 커지게 되자 마포삼열 등과 함께 숭실을 시작했던 추진력과 한국선교 역사에서 대학 위치를 정하는 문제가 발발했을 때 자기 뜻을 관철시키면서 대학을 지켜냈던 면모를 상기시킨다.[30] 배위량은 소위 '대학문제'에 대한 선교본부의 결정이 한국의 교육현장을 파괴하는 결정이며 자신의 인생을 걸고 만들었던 길과는 다른 방향이 될 것이라고 호소하기도 했다. 그러다가 그는 이러한 상황을 종료시키고 정상화시키기 위해 자신의 사퇴를 결정하기에 이른다.[31] 배위량은 하나님께서 친히 교회의 일을 주관하시므로 그분의 원칙에 따라 이끄실 것을 굳게 믿었다.[32] 마침내 그는 20여 년간 최선을 기울였던 교육사역을 1916년에 접고서 문서사역에 전념하게 된다.[33]

이처럼 배위량은 여러 가지 이유—사회적/정치적 정황, 환경조건, 시기, 핍박, 건강 등—로 한 가지 사역이 막힐 때도 결코 그 자리에 주저앉아 있지 않았고 방향을 틀어 또 다른 일들로 충성의 내용을 채워나갔다. 그의 이러한 면모는 한국에서의 사역을 통해 줄곧 나타나고 있음을 확인할 수 있다. 성

29 성신형, "윌리엄 베어드의 교육선교에 대한 연구," 『복음과 선교』 36(2016): 51-52. 배위량이 당시 교육선교에 접목하였던 네비우스 방법에 대한 최근의 글로서 다음을 참조하시오: 홍기영, "토착화의 관점에서 바라본 존 네비우스 선교방법의 재평가," 『복음과 선교』 34(2016): 281-329.

30 성신형, "윌리엄 베어드의 교육선교에 대한 연구," 52.

31 배위량, 『윌리엄 베어드의 선교리포트』 I, 김용진 역 (서울: 숭실대기독교박물관, 2016), 31.

32 리처드 베어드, 숭실대학교뿌리찾기위원회 역주, 『윌리엄 베어드』 (서울: 숭실대학교출판부, 2016), 323-324. 성신형, "윌리엄 베어드의 교육선교에 대한 연구," 74에서 재인용.

33 성신형, "윌리엄 베어드의 교육선교에 대한 연구," 74.

신형에 따르면, 배위량은 자신이 견수(堅守)하는 바를 위해 교육평의회를 만들어 공론화하며 힘을 다해 그 가치를 지켜나갔고, 또 어떤 때는 자신이 견수하는 가치를 보이려고 그가 최고로 여기던 것을 포기하는 용단을 내리기도 했다. 그 이후로도 그는 문서사역으로 자신의 길을 계속 걸어갔으며 많은 역작을 남김으로써 한국교회에 더 큰 공헌을 하기에 이르렀다.[34] 교육현장의 책임지는 자리에서 물러났음에도 각 지역교회의 교육사역에 관심을 가지고 물밑 지원함으로써 또 다른 교육가의 길로 계속 걸어갈 수 있었다.[35]

결국 배위량은 내한 초기뿐 아니라 숭실 교장직 사임(1916) 후 소천하기까지(1931) 대단히 활발하게 문서사역과 번역사업에 종사한 셈이다. 특히 당시 신학생들과 목회자들에게 널리 읽히던 『神學指南』(신학지남)에 상당히 많은 글을 기고하기도 했다. 여러 신앙위인과 선교사에 관한 글 중, 1918년 기고한 '근대선교의 아버지' 윌리엄 캐리(William Carey)에 관한 12쪽짜리 글에서 배위량은 먼저 유럽(국)교회가 해외선교에 참여하지 못한 이유와 어떻게 선교에 무관심했던 유럽교회가 캐리에 의해 선교의 물꼬가 트이고 선교에 동참하게 됐는지를 해설한다.[36]

그는 한국교회에 캐리를 소개함으로써 당시 중국 산동성 선교에 힘쓰다가 주춤해있던 한국장로교회에 다시 선교의 불길을 지피려 했던 것 같다고 변창욱은 언급한다. 이 글을 기고한 때는 1913년 한국장로교회 최초로 김훈, 박태로, 사병순 세 가정을 파송함으로 시작된 중국 산동선교가

34 배위량, 『윌리엄 베어드의 선교리포트』 I, 49-50.

35 리처드 베어드, 『윌리엄 베어드』, 176-177. 성신형, "윌리엄 베어드의 교육선교에 대한 연구," 75에서 재인용.

36 변창욱, "윌리엄 베어드의 선교방법과 교육선교 정책," 327.

1917년에 선교사 전원이 철수하게 되었고, 이후 장로교총회전도국이 1917년 방효원, 홍승한 선교사의 두 가정을 새로 산동에 파송한 시기였다.[37] 이처럼 배위량은 자신의 모든 시간과 에너지를 들여 성령의 지혜로 시대의 필요를 분별하면서 그가 할 수 있는 모든 충성을 다하였던 인물이다. 그는 푯대를 향하여 힘을 다해 달음질한 영적전쟁의 승리자였다. 한쪽 길이 막히면 주님의 음성에 귀 기울이면서 자신의 경험을 활용하여 다른 길을 향해 나아가며 한순간도 그의 순례길을 멈추지 않았던 것이다.

또 박삼열은, 개항 이후 격변하는 조선사회에 선교사로 내한한 배위량을 1891년 부인 애니 베어드(Annie Baird)와 함께 조선에 도착한 이래 1931년 장티푸스로 사망할 때까지 40년간 조선의 근대교육과 기독교선교를 위해 가장 열정적으로 헌신한 대표적 인물로 소개한다. 그러면서 "베어드 박사는 1891년 30세의 청년으로 조선에 도래한 이래 40년간 혹은 종교에 혹은 교육에 혹은 저술에 심신을 경주(傾注)하였다.…박사의 교회를 설립하기 不可勝數어니와 교육사업에서는 더욱 그의 공로가 커서 경신, 숭실중학, 숭실전문학교 등을 창립하니 200여 학교다"라는 동아일보 사설을 인용하고 있다.[38]

박삼열에 따르면, 배위량은 국내에 파견된 선교사 중에 매우 독실한 신앙인이었다. 그는 1899년 3월 24일 엘린우드에게 보낸 편지에서 "선교현장에 처음 도착했을 때와 마찬가지로 지금 주님은 저에게 인간 구원의 유일한 희망이며 개혁이나 문명 혹은 발전이 우선이 아니라, 십자가 안에서 우리는 아직도 주님을 믿고 주님께 영광을 돌릴 수 있다"고 쓰고 있

37 변창욱, "윌리엄 베어드의 선교방법과 교육선교 정책," 328.

38 "베어드博士의 逝去"(사설), 『동아일보』, 1931.11.30.; 박삼열, "내한 선교사 윌리엄 베어드의 조선사회에 대한 인식과 선교활동," 『한국민족운동사연구』 100(2019): 57-58에서 재인용.

다.[39] 따라서 조선에서의 배위량의 선교목표는 기독교신앙의 완전한 구현에 있었음을 파악할 수 있다.[40] 그에게 있어 선교사의 사명은 "세속적인 교육에 의한 학생 수의 증가는 물론 좋은 것이지만, 선교사와 교회의 최고 사명은 인간들의 구세주로서 드높여지고 칭송받는 주님을 실교하는 것"[41]이었다. 그러면서도 배위량의 선교를 위한 학교교육은 단지 신앙적 차원에만 머물러 있는 것은 아니었고 근대교육을 수용하려는 한국사회의 역동성에 대해서도 매우 긍정적으로 평가하고 있다.[42] 이로써 인간 영혼구원에 대한 그의 확고부동한 신앙심을 엿볼 수 있는 데다가 아울러 근대교육에 대한 당시 한국사회의 필요를 그가 인식하고 있었음을 알 수 있다. 즉 그는 영혼구원이라는 다소 보수적인 관심과 교육선교적 접근에 대한 다소 열린 관점을 동시에 융통성 있게 가지고 있었다고 보인다. 이에 그를 어느 한쪽으로 치우치지 않으면서도 수직적 · 수평적 필요를 모두 감지할 수 있는 균형잡힌 인물이었다고 평가할 수 있을 것이다.

이처럼 배위량이 민감한 영저 · 시대적 감수성을 소유한 인물이었기에 복음의 불모지인 부산, 대구의 개척선교사임에도 한국문화를 이해하

39 "1899년 3월 24일, 한국 제물포, 엘린우드 박사 귀하," William M. Baird, 김용진 역, 『윌리엄 베어드의 선교편지』(2016), 87.

40 박삼열, "내한 선교사 윌리엄 베어드의 조선사회에 대한 인식과 선교활동," 77.

41 "1893년 5월 23일, 한국 부산, 엘린우드 박사 귀하," 『윌리엄 베어드의 선교편지』, 25-26.

42 박삼열, "내한 선교사 윌리엄 베어드의 조선사회에 대한 인식과 선교활동," 78-79 재인용. "우리는 지금 분명 격동의 시대에 살고 있으며 현 상황에서 우리 사명을 다하기 위해 지혜를 발휘해야 하고 또 해를 입지 않아야 할 필요가 분명히 있습니다. 만일 우리의 장점을 유지하고 주님을 위해 우리가 뿌려놓은 씨앗들의 수확을 보존하길 원한다면, 현재의 교육사업 계획을 대폭 확대하고 인원을 충원하여 최고의 일본학교와 대학과 쌍벽을 이룰만한 교육을 실시해야 한다고 강력히 확신하는 바입니다. 한국은 더이상 잠자고 있지 않으며 교육적 필요성을 빨리 자각하고 있습니다. 선교회는 진정으로 교육문제를 긴급한 당면과제로 직면한 적이 없으며 현상황을 보면 우리는 준비가 되어있지 않습니다. 조만간 교육사역 확대방안과 교육사역에 대한 희망에 관해 박사님께 편지를 쓸 수 있기를 바랍니다"[「1906년3월14일, 한국 평양, 브라운 박사 귀하」, 『윌리엄 베어드의 선교편지』, 169].

고 사랑방 사역을 활용하였고, 중국에서 사용되던 전도용 소책자 『텬로지귀』(天路指歸) 등 한문 전도 책자들을 우리말로 번역하여 한국교회 성장에 공헌할 수 있었던 것이다. 특히 그는 개척사역에서 의료선교사의 역할을 강조한 순회전도자였다. 변창욱에 따르면, 그가 내한한 1891년은 미북장로교 중국 산동성 선교사 네비우스가 20대 후반의 젊은 선교사들에게 선교방법을 전수한지 얼마 안되었고 그 해에 미북장로교 한국선교부는 네비우스 방법을 공식 선교정책으로 채택하였다. 배위량의 사역 기간(1891~1931)은 미북장로교 한국선교부의 선교정책에 큰 영향을 미친 네비우스 자립정책이 한국교회 선교에 상당한 영향을 끼친 시기(1890~1930)와 일치한다. 이에 배위량의 교육선교 정책은 네비우스의 자립선교에 상당한 영향을 받을 수밖에 없었으며, 네비우스 방법이 중국에서의 실패를 발판삼아 새로 개방된 선교지 한국에서는 시행착오를 줄이고 초반부터 실제적인 교회개척 방법론으로 적용됨으로써 초기 한국교회 설립과 성장에 큰 영향을 미쳤던 것이다.[43]

성장궤도에 올라선 한국교회 교육현장의 절박한 상황에 응답할 필요성을 느끼던 차에 1896년 주한 선교부 교육고문과 1904년 교육전임 선교사로 임명된 배위량은, 교회개척 선교사(1891~96)로서의 경험과 미북장로교 선교부 총무가 내린 토착교회 설립에 대한 정책적 지침과 주한 미북장로교 선교부의 반제도적인(anti-institutional) 정서에 공감하여, 네비우스의 자립방안이 반영된 교육선교 정책을 확립하기에 이르렀다. 이로써 한국선교는 교회와 함께 교육사업도 더불어 성장할 수 있는 원동력을 갖게 되었다. 이 점을 교육선교사로서 배위량이 한국교회에 끼친 가장 큰 공헌으로

43 변창욱, "윌리엄 베어드의 선교방법과 교육선교 정책," 335-336.

평가하는 변창욱은, 1897년부터 1930년까지 유지되었던 미북장로교 한국 선교부의 선교정책과 배위량이 주도한 교육정책이 오늘날 우리 한국교회의 선교에 주는 교훈들을 열거한다: 곧 타선교지에서의 시행착오를 되풀이하지 않고 그 실수를 통해 배워야 하며; 각 선교지마나 기독교화(교회설립)와 문명화(기관설립) 간의 상관성과 긴장관계를 유의하여 선교현장에 적합한 선교방법을 모색할 것이며; 선교지에서 초교파적 연합과 협력의 장을 찾아야 하고; 기독교학교의 경우도 최대 50%의 자립을 목표로 해야 한다는 것이다. 변창욱은 배위량의 한국 사역에서 현지인 사역자와 선임선교사들과의 동역이 잘 이루어졌기에 선교사역의 열매를 얻을 수 있었다고 강조한다.[44]

위에서 배위량의 선교사역에 관한 몇몇 연구자의 관찰을 통해 다음과 같이 정리할 수 있을 것이다. 배위량은 당시 한국의 기독교와 시대적 상황을 잘 통찰한 선교사요 교육가로서 기독교 기반의 근대대학 설립을 위해 헌신한 인물이다. 그는 자신이 깊은 내적 신앙을 지키면서도 시대 상황을 고려하는 자세로 당시 한국인들의 기독교신앙을 네비우스 방법으로 극대화하였고, 정작 네비우스에게는 없던 고유한 교육철학을 빚어내면서 소위 '한국실험'을 완성하였다. 그것이 민족 최초의 근대대학 설립으로 드러났고 숭실은 당시 한국기독교의 요구가 가장 잘 반영된 대학으로 자라갔다. 성신형이 강조하듯, 외부적 요인으로 대학에 위기가 찾아왔을 때 배위량은 기독교신앙의 원칙은 고수하면서도 대학을 지키기 위한 최선을 경주하였고, 대학의 위기가 어느 정도 진정될 무렵 자신의 지위를 내려놓고 다른 길을 택함으로 이 대학이 끝까지 지켜지도록 애썼다. 학교를 떠난 후에

44 위의 책, 336-337.

도 그는 한국기독교 및 인문학의 기초가 될 번역 사역에 남은 일생을 드렸다.[45] 이처럼 배위량을 어느 상황에서나 치우치지 아니하고 오직 주님 편에 서는 담대함을 지닌 인물이었다고 평가할 수 있을 것이다. 시대를 읽어내는 영적 혜안으로써 시대적 풍조에 휘말리지 않고 묵묵히 주님의 길로 걸어갈 수 있는 내공은, 내면적 영적전쟁에서의 승리의 결과로 주어지는 것이다. 앞서 *하나님의 주권, 거룩한 헌신, 믿음과 순종*의 원리를 상기해 보라!

B. 배위량, 선교적 그리스도인의 외부적 영적전쟁

이하에서는 배위량의 성경번역을 통한 한국문화 변혁 사역에 초점을 둘 것인데, 이 대목이야말로 그가 문화적/제도적 영적전쟁을 치열하게 치렀을 영역이기 때문이다. 인간 역사의 모든 시공에서 세상은 자기우상화라는 본성을 통해 부단히도 하나님 없는 문화를 만들어 간다. 특히 현대의 첨단 매스미디어를 통해 일반 대중의 기호나 욕구에 맞게 양산되는 대중문화는, 많은 인류가 하나님 없는 문화 속에서 살도록 호도(糊塗)하고 있다. 선교적 그리스도인들은 이러한 세상 한가운데서 하나님 중심의 문화, 곧 하나님이 기뻐하시는 온전하신 뜻에 맞고 하나님 말씀에 준거한 가치관/세계관이 배어있는 문화를 만들어 갈 책무를 가지고 있다.

배위량은 미국에서 태어나 미국교회의 파송으로 한국에서 선교사와 교육가로 일하다가 한국에서 생애를 마쳤다.[46] 특별히 그는 한국민족을 지

---

45 성신형, "윌리엄 베어드의 교육선교에 대한 연구," 75-76.

46 한국에서 교육가로서의 활동에 대하여는 Richard H. Baird, *William M. Baird of Korea: A Profile* (Oakland, Calif., 1968), 203-298을 참조하라.

극히 사랑했고 한글로 성경을 번역하는 데 진력하여 지대한 기여를 하였다.[47] 박용규는 "특히 베어드가 1925~26년의 안식년 동안 프린스턴신학교와 시카고대학에서 히브리어를 연구하고 돌아와 번역 작업을 추진하면서 개역 작업은 가속도가 붙기 시작했다"고 언급한다.[48] 이처럼 배위량의 활약으로 한국어 성경 개역 작업이 급속히 진행되었다. 박용규에 따르면 "1926년에는 창세기 […] 1930년에는 구약 39권 중 17권의 개역 작업을 완성할 수 있었다. 이렇게 수년 사이에 놀라운 진전이 있었던 이면에는 배위량의 숨은 노력이 컸다. 그러나 그가 서울로 옮기고 얼마 후인 1931년 11월 28일, 갑자기 전염병으로 사망하는 바람에 개역 작업은 또다시 위기에 봉착하게 되었다."[49] 배위량이 갑자기 전염병으로 사망했다는 사실로 미루건대 그가 몸이 쇠약할 정도로 성경번역에 혼신의 힘을 쏟았음을 짐작할 수 있다고 박용규는 언급하고 있다.[50]

박용규는 배위량이 다른 동료 선교사들과 함께 헌신했던 개역성경번역 작업을 통해 나온 한글성경이 중대한 역사적 의미를 "번역의 우수성"과 "한글성경이 가지는 복음주의적 성격" 그리고 "한국의 민족복음화와 한글문화발전에 끼친 지대한 공헌"으로 정리한다.[51] 세종대왕의 훈민정음에서 기인하는 한글은 당시 보편적으로 보급되지 못하여 많은 이들이 두루 사용하는 글이 아니었다. 선교사들은 보통사람들이 사용하는 말로 성경을 번역하여 보급하고자 한국어 성경을 번역했다. 로즈(Harry A. Rhodes)는 "한

47 배위량의 한글성경번역에 대하여는 박용규, 『한국기독교회사』(서울: 생명의말씀사 · 한국교회사연 구소, 2004), 572-574를 참조하라.

48 Richard H. Baird, *William M. Baird of Korea*, 92; 박용규, 『한국기독교회사』, 573에서 재인용.

49 위의 책.

50 박용규, 『한국기독교회사』, 574.

51 위의 책, 584.

글성경은 그리스도교 복음전파와 특별히 그리스도교 문학창출에 많은 유익을 끼쳤다"[52]고 하면서 "한국인들이 활용하지 못했던 민중의 언어를 통해 상당수의 민중에게 성경의 부요함을 소개하는 일은 얼마나 감사한 일인가! 암흑 가운데 앉아 있던 사람들이 갑자기 인쇄물을 통해 위대한 빛을 보았다"라고 감탄하였다.[53]

글은 민족의 얼이 담겨있는데, 훈민정음이 창제되고도 조선의 백성들은 글을 모르고 살았다. 그럴 때 기독교가 한국에 전해짐으로 한글로 성경이 번역되어 한글이 사람들의 생각을 담고 표현하는 글이 된 것은 한민족에게 중차대한 변화를 가져왔다. 한글로 번역된 성경이 읽히고 이를 통해 글을 깨치는 것을 보았던 이광수(春園)는 한글로 번역된 성경이 한글보급과 한국문학사에 끼친 영향력을 칭송하였다.[54] 배위량은 한글성경번역으로 말미암아 한국문화 및 문학사에 끼친 영향력을 통해 한국문화 변혁에 놀라우리만큼 크나큰 업적을 남긴 것이다.

여기서 논의를 좀 더 심화시켜 보자. 실상 인간의 문화라는 그릇 역할이 없다면 초월적 복음은 세상에 안착하여 발을 디딜 수 없다. 복음과 문화의 관계는 긴밀하다. 복음을 각 문화권에 전달하여 뿌리내리게 하는 선교는, 해당 문화의 수용과 변혁이라는 두 가지 과제를 수행해야 하므로 문

---

52 Harry A. Rhodes, "Fifty Years of Christian Literature in the Korea Mission, Presbyterian Church, USA," 69. 배재욱, "배위량의 2차 전도 여정과 순례길로서의 가치," 62에서 재인용.

53 Harry A. Rhodes, "Fifty Years of Christian Literature in the Korea Mission, Presbyterian Church, USA," 94. 로즈의 글에 대한 번역은 박용규, 『한국기독교회사』, 586에서 재인용.

54 "한글도 글이라는 생각을 조선인에게 준 것은 실로 야소교회(耶蘇教會)외다. 귀중한 신구약(新舊約)과 찬송가(讚頌歌)가 한글로 번역(飜譯)되며, 이에 비로소 한글의 권위(權威)가 생기고 또 보급된 것이요. […] 만일(萬一) 후일(後日)에 조선문학(朝鮮文學)이 건설(建設)된다 하면 그 문학사(文學史)의 제(第) 1항(項)에는 신구약(新舊約)의 번역(飜譯)이 기록(記錄)될 것이외다.[이광수, "耶蘇教의 朝鮮에 준 恩惠," 『청춘』 9 (1917.7); 『전자책 챕터: 누리미디어』(2011.12), 913.] 배재욱, "배위량의 2차 전도 여정과 순례길로서의 가치," 63에서 재인용.

화는 양날의 칼과 같다고 하겠다.

복음은 한 문화권에서 문화에 순응하는 과정과 동시에 그 문화와의 거리를 확보해야 문화변혁의 과제가 수행된다. 복음이 한 문화와 만날 때 그 안에 함몰되지 않고 문화를 변혁할 수 있으려면, 타문화와의 상호 만남에서 오는 자기반성에 달려있다. 따라서 외부 문화에서 온 선교사가 자신의 복음 이해(해석)와 문화를 표준삼아, 선교지에서의 모든 판단을 주도하던 방식은 바람직하지 않을 것이다. 그러면 현지 문화의 변혁 내용(대상)과 기준은 누가 어떻게 정할 것인가? 그 기준은 선교사 문화도 선교지 문화도 아닌, 그 사이에서 생겨난 상호문화-해석학적인 관점이다.[55] 진정한 복음은 어느 한 문화에도 무비판적으로 갇혀있을 수 없다. 복음이 어느 한 문화권의 포로가 되는 그 순간부터 복음의 예언적 · 변혁적 기능은 발휘될 수 없다.

하나님의 선교(missio Dei)에서 회심과 변혁이 양방향에서 생겨남으로 인해 충만한 구원에 이르도록 더불이시 온전함을 향해 나아갈 수 있다. *하나님의 선교*에서 한 사람이라도 더 구원하려고 여러 사람에게 여러 모습을 취한 것이, 실은 자신도 복음에 참여하기 위함이라고 증언한 바울처럼("I do all this for the sake of the gospel, that I may share in its blessings."고전 9:23 NIV) 인간의 모든 선교적 노력도 우리가 전하는 바로 그 복음에 참여하기

55 사도행전 10장,15장이 좋은 예다. L.뉴비긴은 10장을 (서구)교회의 회심사건으로 본다. 10장에서 이방인들도 하나님이 받으시고 그들에게도 세례가 베풀어지며 성령이 임한다. 15장은 예루살렘 모(母)교회와 안디옥교회 지도자들이 성령을 모시고 동등하게 참여해 서로 수용 및 변혁해야 할 기준과 내용을 결정하는 상황이 나온다. 10장에서 고넬료를 위시한 이방인들이 성령을 받고 새로워졌다면, 베드로를 위시한 교회는 *하나님의 선교* 안에서 구원에 대한 이해가 확장되는 회심을 경험하였다. 예루살렘교회는 할례와 율법준수가 문화적 요인이었지 구원에 필수적인 것(the requisites)은 아니었음을 깨닫게 되었고, 안디옥교회는 그들의 문화를 완전히 포기하지 않고도 신앙공동체와 더불어 생활할 수 있음을 알게 되었다.

위한 것이다. 다음 구절이야말로 바울 사도의 선교적 삶에 나타났던 치열한 영적전쟁에 관한 생생한 고백인 것이다.

> …내가 여러 사람에게 여러 모습이 된 것은 아무쪼록 몇 사람이라도 구원하고자 함이니 내가 복음을 위하여 모든 것을 행함은 복음에 참여하고자 함이라 운동장에서 달음질하는 자들이 다 달릴지라도 오직 상을 받는 사람은 한 사람인 줄을 너희가 알지 못하느냐 너희도 상을 받도록 이와같이 달음질하라 이기기를 다투는 자마다 모든 일에 절제하나니 그들은 썩을 승리자의 관을 얻고자 하되 우리는 썩지 아니할 것을 얻고자 하노라 그러므로 나는 달음질하기를 향방 없는 것 같이 아니하고 싸우기를 허공을 치는 것 같이 아니하며 내가 내 몸을 쳐 복종하게 함은 내가 남에게 전파한 후에 자신이 도리어 버림을 당할까 두려워함이로다[56](밑줄은 필자의 강조)

앞서 언급했듯 배위량 선교사가 한국상황에 고유한 네비우스 방식을 취했던 것은, 자신이 속한 미국문화를 절대시하거나 관례만을 무조건 따르지 아니하고, 당시 미미하게 보였을 한국 사회와 문화를 신중하게 고려한 선택이었다. '한국실험'이란 그 당시 미북장로교 선교회의 정책과는 반대로, '문명화'가 아닌 '기독교화'에 우선적 초점을 두는 시도였다. 이는 한국의 급속한 기독교 수용력이라는 상황이 반영된 것으로서 배위량은 강력한 토착교회를 먼저 세우고 나서, 영어가 아닌 자국어를 사용하는 기독교학교를 설립하자고 주장하였다. 선교비도 옛방식과 달리 외부 선교자금에의 의존 없이 자립을 지향하였다.[57] 이러한 시도들은 매우 이례적인 일이

56 고린도전서 9장 22b~27절 (개역개정판 성경).

57 한국에서 배위량이 취한 독특한 네비우스 방식(자립적 교육정책)에 관한 구체적 내용은 변창욱,

었다.

또한 배위량이 당시 언문이었던 한글로 성경번역을 시도한 일만 보더라도 자신이 전하는 복음을 자신이 속한 문화권의 잣대로 보지 않고, 비천하게 보이는 한국인의 모국어를 크게 존중한 사례로 볼 수 있다. 이러한 시도들이 당시로서는 분명 쉬운 선택이 아니었을 것이다. 이는 주님을 자기 삶의 진정한 주님으로 모시는 배위량의 신실한 믿음과 충절에서 나온 것이었다. 오랫동안 자신에게 익숙한 문화에서 벗어나서 새로운 관점을 견지하는 일이 결코 쉽지 않았을텐데—게다가 당시 한국문화가 자신의 문화보다 열등하게 보였을텐데—배위량 선교사가 그러한 관성을 극복한 것으로 미루어보건대 그가 치열한 영적전쟁을 치렀을 것으로 충분히 짐작할 수 있는 대목이다.

따라서 이러한 측면에서 외부적 영적전쟁은 내면적 영적전쟁과 긴밀하게 연결된다고 할 수 있다. 자기 내면의 신앙적 · 영적인 내공이 쌓여있었으므로 배위량 선교사에게서 가능한 일이있다는 말이다. 곧 배위량의 선교적 삶의 주인은 더이상 자신이 아니었고, 어느 한 문화권에도 갇혀계실 수 없고 가둬 둘 수도 없는 하나님이셨으므로 배위량의 이러한 결단이 가능했다고 필자는 생각한다. 이유인즉, 대개 자신에게 익숙한 것들을 선택하고 낯선 것은 물리치려는 것이 자연인의 본성이다. 자기자신의 편에 서있지 아니하고 주님의 편에 서있으려는 영적전쟁의 승리적 삶이 없었다면, 우리의 배위량조차도 이런 선택을 하기는 어려웠을 것이다.

대개 잘 모르는 낯선 것은 불편감과 두려움을 자아내지만, 그렇다고 낯선 것에 대한 무조건적 방어나 흡수는 바람직하지 않다. 방어기제는 자

"윌리엄 베어드의 선교방법과 교육선교 정책," 329-335를 참조바람.

기 정체성에 대한 은폐된 불안감이나 새로운 도전이 싫은 불편한 양심의 표출이며, 동일화 시도는 은폐된 지배욕이나 자기 신학에 대한 좌절감에서 도피하려는 심리다. 그러나 오히려 그 불편한 낯선 것에 관심을 기울이고 잘 들으면 서로 존중하게 되고 서로 배우게 될 것이며 그때 비로소 기꺼운 교류가 가능해질 수 있다.[58] 낯선 것과의 만남은 어쩔 수 없이 난관에 부딪히게 되는데 그 난관을 피해가려고 낯선 것을 손쉽게 자기식으로 해석해버리는 것은 인식론적 패권주의를 낳는다.

준더마이어(T. Sundermeier)는 지금까지 서구의 실존주의적 해석학이 낯선 것을 자기 중심적으로 이해함으로써 상대를 주체가 아닌 대상적 객체로 삼는 잘못을 범해왔다고 지적한다. 문화 간의 만남은 불가피하게 시련을 가져오는데 낯선 타인이 나의 실존권에 도전하면서 나를 괴롭히고 문제 삼기 때문이다. 갑작스레 가까이 다가오면서 나를 만나는 낯선 이는 내가 피할 수 없는 혼란이다. 나는 혼란을 견디면서 그에게 응답해야 하므로 시련은 나에게 윤리적 도전으로 다가온다. 그 시련이 나의 자아지향성을 어지럽게 흔들지만, 나는 어쩔 수 없이 참고 감수할 수밖에 없다.[59] 이러한 측면에서, 자신에게 익숙하지 않은데다가 비천하고 열등하게까지 보였던 당시 한국문화와 언문인 한글 등에 신중한 관심을 보이고 존중한 배위량의 태도는, 내면적 영적전쟁에서 주님께 순복함으로써 얻어낸 승리의 결과로 주어진 것으로 볼 수 있다.

---

58 테오 준더마이어, “문화 간 이해를 위한 해석학,” 채수일 역, 『선교신학의 유형과 과제』 (서울: 대한기독교서회, 1999), 246-247.

59 위의 책, 171-73.

Ⅳ. 선교적 그리스도인이 직면하는 영적전쟁

마지막으로 서로 다른 시공에서 살아가는 그리스도인들이 맞닥뜨리게 되는 다양한 영적전쟁의 원론적 의미를 정리하고 글을 마치려 한다. 예수의 수제자 베드로는 잠시 잠깐 사이에 주님의 칭찬과 질책을 연거푸 받았다. 그의 생각과 말이 얼마나 옳은가의 문제가 아니었고 사람의 일을 생각하느냐, 하나님의 일을 생각하느냐에 달려있었다. 이 땅에서 그리스도인의 삶은, 자연인 본성 그대로의 옛사람과 거듭난 새피조물 사이의 갈등이요 전쟁의 연속인 것이다.

한국교회가 대형화 · 기업화되어갈수록 정작 교회의 생명력인 역동성은 상실해가고 있다. 그렇게 경직되어 제도화 · 세속화된 한국교회 내부에는 권력, 탐욕, 성공, 명예의 우상들이 득실득실 기생하고 있다. 이에 끈질긴 영적싸움에서의 지속적 승리를 통해 그리스도인의 마음—사고,행동,감정—이 변화되어야만(롬 12:2) 참된 제자로 살아갈 수 있다. 세상과 구별된 사회질서를 만들어내려면 교회 자체가 새로운 사회적 질서가 되어야 한다. 즉 새로운 사회질서인 하나님나라 통치를 구현하려면, 영적전투의 승리자가 되어야 한다. 믿음의 방패, 성령의 검, 의의 흉배, 평안의 복음의 신발로 전신갑주를 갖추고 하나님을 대적하는 견고한 진들(strongholds)을 파하는 승리자로서 매일 분투해야 한다. 우리 내면에서 끈질기게 도사리는 권력, 탐욕, 성공, 명예라는 숙주를 제거해야 비로소 영적바이러스를 퇴치할 수 있기 때문이다.

오늘날 한국의 대학들은 중요한 갈림길에 서 있으며 그 한가운데서 기독대학들이 나아갈 방향마저 불투명해 보인다. 외적으로는 여러 윤리적 문제로 인한 기독교에 대한 반감 내지 혐오로 기독교신앙이 조롱당하는 가운데 기독대학 역시 외면당하고 있는 상황에서, 여타 비기독대학들과의 경쟁이 어려워졌다. 이러한 외적 상황과 맞물려 내적으로는 학내 구성원들 사이에 기독교신앙을 강조하는 교육에 대한 회의가 점점 늘어나고 있다. 외적인 위기보다 내적갈등이 더 큰 위기인지도 모르겠다. 성신형은 이런 상황에서 기독대학이 나아갈 방향에 대해 배위량의 지혜를 배울 것을 종용하고 있다. 한국기독교가 맞닥뜨린 상황을 알면서도 기독교인들의 필요를 파헤치고 교육의 중요성을 붙잡은 배위량의 안목이 절실하다는 것이다. 곧 기독교신앙의 정체성을 지키면서도 사회적 요구를 읽어내고 배우고자 하는 학생들의 필요를 채워나갔던 그의 지혜 말이다. 성신형은 이 시대에 배위량의 신앙적 결단력을 소환하고 있다. 자기자리를 지키며 싸워야 할 때와 떠나야 할 때는 떠날 줄 알고, 또 다른 방향전환을 추진했던 그의 용기[60] 말이다.

우리는 배위량이 좌로나 우로나 치우칠 수 있는 상황 속에서도 하나님의 주권을 신앙하는 담대한 믿음의 소유자였다고 평가할 수 있을 것이다. 그가 시대를 분별하는 영적인 안목을 가지고 나날이 변해가는 시대적 풍조에 휩쓸리지 않으면서 묵묵히 주님의 길을 걸어갈 수 있었던 것은, 내면적 영적전쟁에서의 승리의 결과로 주어진 것이었다.

… 사랑이 없으면 내게 아무 유익이 없느니라 사랑은 오래 참고 사랑은 온

---

60 성신형, "윌리엄 베어드의 교육선교에 대한 연구," 76-77.

유하며 시기하지 아니하며 사랑은 자랑하지 아니하며 교만하지 아니하며 무례히 행하지 아니하며 자기의 유익을 구하지 아니하며 성내지 아니하며 악한 것을 생각하지 아니하며 불의를 기뻐하지 아니하며 진리와 함께 기뻐하고 모든 것을 참으며 모든 것을 믿으며 모든 것을 바라며 모든 것을 견디느니라 사랑은 언제까지나 떨어지지 아니하되 예언도 폐하고 방언도 그치고 지식도 폐하리라 … 그런즉 믿음, 소망, 사랑, 이 세 가지는 항상 있을 것인데 그 중의 제일은 사랑이라[61]

지금까지 배위량의 선교적 삶을 영적전쟁 프레임으로 살펴보았고[62] 이어서 소위 '사랑장'으로 불리는 고린도전서 13장 말씀을 실어보았다. 성경은 사랑으로 행하지 않는 모든 것이 죄라고 말씀한다. 선교적 존재로서 그리스도인의 삶은 사랑의 삶으로 압축할 수 있다. 곧 어떠한 상황에서도 사랑의 삶을 올곧게 실천해가는 삶으로 설명할 수 있을 것이다. 위의 구절에서 표현된 하나하나의 내용은 모두 성령의 열매이다. 모든 것을 참으며 모든 것을 믿으며 모든 것을 바라며 모든 것을 견디어내는 사랑은 언제까지나 닳아지지 아니하는 최고의 선이요 영원한 생명이며 진리 그 자체이다. 곧 선교적 그리스도인의 푯대인 예수 그리스도의 장성한 분량을 향해 분투하며 나아가는 영적전쟁의 궁극적인 달성목표인 것이다.

61 고린도전서13장 3b~8절,13절 (개역개정판 성경).

62 필자는 이글에서 '영적전쟁'의 프레임으로 배위량의 철저한 순종과 섬김의 삶을 강조하였는바, 본회퍼와 볼프의 유사성과 상이성을 순종과 섬김이라는 선교적 삶으로 논의하고 있는 다음의 글을 함께 참조하면 유용할 것이다: 이승현, "순종과 섬김을 실천하는 선교적 삶에 관한 연구-본회퍼의 삶의 신학과 볼프의 일의 신학을 중심으로," 『복음과 선교』 49(2020): 235-276.

V. 나가는 말

2020년 2~3월은 중국 우한에서 발원한 코로나19 바이러스로 인해 전 세계 여러 국가가 비상국면을 맞고 있다. 특히 한국의 대구 및 경북지역이 신천지 이단의 대구교회 집회 등으로 확진자들이 대규모 확산되어 국내 최대 감염지로 지목되었다. 앞서 살펴보았듯 바로 이 대구 및 경북지역은 우리의 배위량 선교사가 비록 짧지만 유의미한 사역을 했던 곳이다. 게다가 코로나 전염병이 창궐하고 있는 시점에서 장티푸스라는 전염병으로 하늘의 부름을 받은 배위량을 떠올리니 새로운 감회가 들기도 한다. 한치앞을 알 수 없는 불안한 현재의 시간 속에 글을 쓰면서 필자는 오래전 배위량의 대구 · 경북 사역이 오버랩되는 아이러니한 경험을 하였다.

이 땅에 사는 동안 참된 그리스도인은 그 본성상 선교적 존재로서 살아간다. 특별한 선교적 활동을 통해서만이 아니라, 일상 속에서 세상의 빛처럼 남에게 빛을 비추어주고 소금처럼 세상이 타락하지 않도록 존재함으로써 세상을 변혁시킨다. 선교적 그리스도인은 자신을 잃음으로써 오히려 얻는다. 옛 자아를 날마다 벗어버림으로써만 새 피조물로서 날마다 장성해갈 수 있다. 필자는 이러한 측면을 그리스도인 내면에서 일어나는 영적전쟁으로 설명하였고, 그에 따라 배위량 선교사의 선교적 삶에서 경험하였을 내면적 영적전쟁을 살펴보았다.

또한 그리스도인의 내면적 영적전쟁과 외부적인 제도적 · 문화적 영적전쟁이 긴밀하게 연관되어 있음을 간파하였다. 그에 따라 배위량 선교사의 성경번역 및 문서사역을 통한 문화변혁적 측면과 그가 취한 독특한 네비우스 방식의 선교 등을 조명해보았다. 그에게 익숙하던 서구 문명화된 기독교를 전해주지 않고 한국 토양에 맞는, 그리고 당대의 시대적 필요에 적합한 선교의 방식과 내용을 분별하였던 배위량의 혜안(慧眼)은 바로 그가 내면적 영적전쟁으로 분투하면서도 주님의 은혜 안에서 승리한 지속적인 삶의 열매로서 나온 것임을 주장하였다.

그랬기에 배위량은 당대의 많은 선교사조차 붙좇던 우세(優勢)한 넓은 길이 아니라, 많은 이들이 다니진 않더라도 주님께서 인도하시는 협착(狹窄)한 십자가의 길을 올곧게 따라갈 수 있었다. 선교사 자신에게 익숙한 문화화된 기독교를 절대시하거나 시대정신에 함몰되지 않고, 시대를 분별하면서도 세상의 필요를 감지하는 영적인 혜안을 가지고 살아갈 때라야 이 세대를 본받지 않고 하나님이 기뻐하시는 온전하신 뜻을 향해 줄곧 순종의 걸음을 디딜 수 있다. 그것은 또한 끊임없이 부딪혀오는 그리스도인의 영적전쟁에서 부단히 승리하는 열매로서 주어지는 것이다!

참고문헌

Baird, Richard. *William M. Baird of Korea: A Profile*. Oakland, Calif.: by the author, 1968.

Hiebert, Paul. *Anthropological Reflections on Missiological Issues*. Grand Rapids: Baker Books, 1994.

Tippet, Alan R. *Solomon Islands Christianity*. London: Lutterworth Press, 1967.

William M. Baird to F. F. Ellinwood, Fusan, May 16, 1892.

Rhodes, Harry A. *History of the Korea Mission Presbyterian Church U.S.A., 1884~1934*, Seoul, Chosen: Chosen Mission Presbyterian Church U.S.A., 1934.

______________. "Fifty Years of Christian Literature in the Korea Mission, Presbyterian Church, USA."

Baird, William. 김용진 역. 『윌리엄 베어드의 선교리포트』 I. 서울: 숭실대기독교박물관, 2016.

___________. 김용진 역. 『윌리엄 베어드의 선교편지』, 2016.

Baird, Richard. *William M. Baird of Korea: A Profile*. 김인수 역. 『배위량 박사의 한국선교』. 서울: 쿰란출판사, 2004.

___________. 숭실대학교뿌리찾기위원회 역주. 『윌리엄 베어드』. 서울: 숭실대학교출판부, 2016.

Cope, Landa. *Introduction to the Old Testament Template*. 김명희 역. 『나라를 제자삼는 하나님의 8가지 영역』. 서울: 예수전도단, 2010.

Eims, LeRoy. *No Magic Formula*. 네비게이토 선교회 역. 『영적전쟁의 성서적 원리』. 서울: 네비게이토 출판사, 2011.

Frangipane, Francis. *Three Battlegrounds*. 이재인 · 박선규 역. 『영적전투의 세 영역』. 서울: 순전한나드, 2010.

Kuyper, Abraham. *The Christianity as the System of Life*. 서문강 역. 『삶의 체계로서의 기독교: 기독교의 세계관과 인간이해』. 서울: 새순출판사, 1993.

Sherman, Dean. *Spiritual Warfare for Every Christian*. 이상신 역. 『모든 그리스도인을 위한 영적전쟁』. 서울: 예수전도단, 2017.

Sundermeier, Theo. 채수일 역. "문화 간 이해를 위한 해석학." 『선교신학의 유형과 과제』. 서울: 대한기독교서회, 1999.

박용규. 『한국기독교회사』. 서울: 생명의말씀사 · 한국교회사연구소, 2004.

주영광. 『마지막 영적전쟁, 오컬트문화』. 경기: 해피비전, 2013.

박보경. "영적전쟁(Spiritual Warfare) 이론에 대한 비판적 고찰." 『선교신학』 28(2011): 67-95.

박삼열. "내한 선교사 윌리엄 베어드(William M. Baird)의 조선사회에 대한 인식과 선교활동." 『한국민족운동사연구』 100(2019): 57-89.

배재욱. "배위량의 2차 전도 여정과 순례길로서의 가치." 『신학과 목회』 45(2016): 53-74.

배춘섭. "영적전쟁에 관한 개혁주의 입장에서의 평가: 전략적 차원의 영적 전쟁을 중심으로." 『한국개혁신학』 51(2016): 88-128.

변창욱. "윌리엄 베어드의 선교방법과 교육선교 정책." 『한국기독교신학논총』 74(2011): 317-340.

성신형. "윌리엄 베어드의 교육선교에 대한 연구." 『복음과 선교』 36(2016): 51-82.

이광수. "耶蘇敎의 朝鮮에 준 恩惠." 『청춘』 9 (1917.7); 『전자책 챕터: 누리미디어』 (2011.12), 913; http://www.dbpia.co.kr/Article/2851454

이승현. "순종과 섬김을 실천하는 선교적 삶에 관한 연구: 본회퍼의 삶의 신학과 볼프의 일의 신학을 중심으로." 『복음과 선교』 49(2020): 235-276.

이종우. "영적전투 이해증진을 위한 여호와의 전쟁론 고찰." 『선교신학』 35(2014): 197-227.

홍기영. "토착화의 관점에서 바라본 존 네비우스 선교방법의 재평가." 『복음과 선교』 34(2016): 281-329.

「베어드博士의 逝去」(사설). 『동아일보』, 1931. 11. 30.

● 2장

숭실 중흥의 대인, 김형남 박사의 선교적 리더십

Ⅰ. 들어가는 말: 어려운 시대, 숭실 중흥의 대인

Ⅱ. 선교적 교회와 선교적 리더십

Ⅲ. 김형남의 선교적 리더십 조명하기

Ⅳ. 나가는 말

Ⅰ. 들어가는 말: 어려운 시대, 숭실 중흥의 대인

"내가 그리스도를 본받는 자가 된 것 같이 너희는 나를 본받는 자가 되라"(고전 11:1)는 말씀을 처음 들었을 때가 떠오른다. 당시 20대 중반의 필자는 한참 하나님 말씀에 취해있었는데 이러한 바울 사도의 만용적(蠻勇的) 자만함에 적잖이 놀랐던 기억이 지금도 생생하다. 이 말씀은 또한 한경직 목사가 종교계의 노벨상인 템플턴상(賞) 수상기념으로 영락교회에서 설교하실 때 택하신 본문이었다.[1] 지금은 이 말씀의 진의(眞意)를 앞의 두 시기보다는 좀더 깊이 깨닫고 있다. 첫째는 하나님 앞에서 자기 사명을 충실히 감당하며 살아온 사람들이 할 수 있는 고백이라는 것이며, 둘째로 인간존재는 간격이 너무 큰 신적 존재를 직접 본받을 수 없는고로 그 매개체로서 동료 인간의 역할모델이 필요하다는 사실이다. 이것이 바로 성부 하나님이 성자 예수를 이 땅에 육신의 모양으로 보내신 이유가 아니겠는가.

숭실대학교에는 모교 출신으로 탁월한 업적을 남긴 인물의 이름으로 불리는 건물이 5개 있다. 한경직기념관, 조만식기념관, 베어드홀, 안익태기념관 그리고 형남공학관이 그것이다. 그 가운데 김형남 박사는 숭실중학 3년과 숭실대학 2년을 다닌 경험을 평생 감사히 여기고 후대에 모교의 이사장과 학장, 총장, 재단이사장을 역임하면서 하나님의 부르심에 응답하여 숭실 중흥의 거목이 되어준 인물이다. 그의 선한 영향력은 다양한

1 한경직 목사의 경건 생활에 대한 최근의 글을 소개한다: 윤은석, "습관을 따라 하는 한경직 목사의 체험적 기도: 나, 교회, 세상을 향한 삼중적 기도," 『선교와 신학』 55(2021): 217-254 참조.

분야에서 조명된다. 무엇보다도 근면 성실한 기업인이요 산업선교의 효시이며, 탁월한 교육행정가요 언행일치의 모범을 보여준 고매한 인격의 신앙인이며, 수십 개의 교회 개척 사역과 기독교기관 등을 섬긴 사회봉사로써 어려운 시대를 진실하게 섬긴 애국자였다. 그런데도 그의 이름은 깊이 숨기어있었다. 차제에 필자는 철저하게 '선교적 그리스도인'(missional Christian)으로 살다 간 김형남 박사의 선교적 삶(missional life)에 대해 숙고해 보는 기회를 가지려 한다. 물론 그 당시 그가 이런 단어에 대해서는 전혀 몰랐겠지만 말이다.

현금의 시대가 역할모델을 상실한 시대라고 하면 과장된 표현일까? 사회나 교회를 막론하고 누구라도 단숨에 떠올릴 만한 롤모델이 있는가? 그것이 쉽지 않은 혼돈의 시대에 진리의 큰 빛을 반사하여 세상 속에 작은 빛을 비추며 살다간 역사적 인물의 뒤안길을 되짚어보는 것은 충분히 의미 있고 가치 있는 일이 될 것이다.

이에 필자는 선교적 교회론(missional ecclesiology) 개념에 근거한 선교적 리더십(missional leadership)을 먼저 논의할 것이다. 선교적 교회론은 수십 년 전에 서구에서 발단되었고 십수 년 전부터 한국에서 회자(膾炙)되면서 지금은 어느 정도 자리 잡아가고 있는 교회론이다.[2] 선교적 교회 논의

---

2 현재까지 한국에서 "선교적 교회론"에 대한 연구자들의 소속을 통해서 볼 때 한국의 장로교 통합/합동, 감리교, 성결교, 침례교, 순복음, 성공회, 가톨릭 등에서 두루 수용되고 있다. 한국학술지인용색인(KCI)에서 '선교적 교회' 관련 논문이 643건 검색되는데 연도별 추이를 살펴보면 흥미롭다: 2021(52건), 2020(69), 2019(57), 2018(59), 2017(59), 2016(59), 2015(55), 2014(67), 2013(27), 2012(36), 2011(25), 2010(30), 2009(17), 2008(17), 2007(5), 2006(3), 2005(4), 2004(1), 2001(1). 또 연구자 소속기관 중에서 대학기관만 보면 다음과 같다(교명 축약): 장신대(80건), 서울신대(44), 백석대(37), 주안대학원대(32), 성결대(24), 협성대(24), 아신대(18), 총신대(16), 목원대(15), 한일장신대(15), 숭실대(18), 한남대(14), 연세대(12), 전주대(13), 서울장신대(13), 한신대(13), 삼육대(11), 안양대(10), 감신대(10) 등이다. 이상은 10편 이상의 논문이 검색되는 대학만 옮겨 보았다. https://www.kci.go.kr/kciportal/po/search/poTotalSearList.kci [2021. 10. 25 접속].

는 그리스도인들의 일상적 삶속에서 활력 있게 드러나는 살아있는 신앙, 곧 일상의 선교적 영성이 강조된다. 본 글은 숭실대학 중흥의 대인이면서도 정작 숨기어 있던 김형남이라는 인물에게서 그러한 영성을 찾아 캐어내려 한다. 그의 삶을 여러 방면에서 조명하여 어떻게 그가 어려운 시대와 역사를 섬기면서 선교적 그리스도인으로 살아냈는지를 들추어보면, 현시대의 우리가 그러한 삶의 흔적을 수용하여 우리 삶에 적용할만한 실마리를 찾아낼 수 있을 것이다.

그런데 '선교적 리더십'에 대한 글들 가운데는 목회자의 리더십에 관한 내용이 대다수이므로[3] 이글에서는 평신도의 선교적 리더십에 대해 다루고자 한다. 주지하듯 선교적 교회론은 일반 성도들이 일상의 삶의 자리에서 하나님의 통치를 드러내며, 선교적 존재로서 살아가는 일이 중요하다. 목회자(교역자)나 해외파송 선교사가 아닌, 세상 속에서 직업인으로 살아가는 일반 성도들 가운데서, 신앙의 진정성과 인격적 덕성과 직업적인 전문실력을 지니고 성실하고 정직한 삶을 살아감으로써 주변에 선한 영향력을 두루 끼친 인물을 소개하여 롤모델 부재 시대의 목마름에 대한 한줄기 해갈이 되기를 바라마지 않는다.

3 한국학술지인용색인에서 "선교적 리더십"을 검색하면(2021. 10. 30 현재) 13건이 찾아지는데, 모두 다 (선교적)교회의 목회자 또는 선교사를 위한 목회적 리더십을 다루고 있다.

Ⅱ. 선교적 교회와 선교적 리더십

한국교회의 영성 추구는 '영성'과 '인격'의 통합적 성장[4]이라는 쉽지 않은 과제를 떠안고 있다. 필자가 보기에 이러한 지향성은 선교적 교회가 추구하는 바와 일맥상통한다. 기존교회와 선교적 교회를 비교 대조해보면, 우리가 이해하기에 비교적 쉬울 것이다.

'선교적 교회론'(missional ecclesiology)은 하나님의 본성과 마음에서 나오는 하나님의 선교(*missio dei*)를 교회의 본질로 간주한다. 선교적 교회론은 교회라는 건물 성전보다는, 하나님이 각자를 보내시는 사회문화적 상황 속으로 흩어져서 하나님의 성전으로 세상에서 살아가는 크리스천들의 삶에서 하나님의 다스림이 나타나고 하나님나라를 향한 운동이 일어나기를 지향한다. '미시오 데이' 아래서 교회의 선교는 교회 자체의 확장이 아니라 이 세상에서 하나님의 통치를 이루려 한다. 선교적 교회론에서 선교사역을 통해 하나님의 주권이 두루 구현되려면 크리스천 삶의 모든 과정마다 하나님나라의 가치가 드러나는 선교적인 삶을 수행해가야 한다.[5]

기존의 교회들은 선교라고 하면, 선교라는 특정한 활동이나 해외 선교프로그램에 치중하였고, 그러다 보니 그리스도인의 인격과 삶은 부차적으로 고려된 채 선교사업과 프로그램에 집중하는 경향이 대체로 농후하였

4 임영수, "영성과 인격의 통합적 발전을 추구하는 목회자가 되십시오," 『목회와 신학』 (2013. 3). http://moksin.duranno.com/moksin/view/article.asp?articleNO=32682 [2021. 10. 30 접속].

5 강아람, "포스트코로나 시대의 선교적 교회론 고찰," 『선교신학』 60(2020. 11): 25-26.

다. 이에 비하여 선교적 교회는 신앙과 삶이 조화를 이루는 하나님 백성의 선교적 삶이 강조되다 보니 그들의 삶의 터전인 지역사회가 중요한 선교 현장으로 부각되었다. 선교적 교회는 복음의 사회적 영향력과 공적 제자도 실천에 대한 관심이 많다.[6] 주지하다시피 기존의 한국교회들은 사회적 구원의 개념보다는 개인의 회심과 영혼 구원에 우선적 관심이 쏠렸다. 선교적 교회론은 하나님의 선교(*missio dei*) 개념이 전제되어 있으므로 하나님이 선교의 궁극적 주체이시며 하나님나라의 성장을 추구한다. 기존의 교회들 가운데는 하나님나라의 가치관을 따르지 않고 자본주의적 사고로써 개교회의 이기적 성장을 추구한 경우가 적잖았다. 선교를 실행해나가는 태도에서도 기존의 교회들은 승리주의적이고 권위주의적인 방식을 취한 경우가 많았다면, 선교적 교회는 온유와 겸손의 자세를 통한 성육신적 섬김과 약함의 선교를 지향하고 있다.[7] 종교 따로, 삶 따로여서는 선교적 리더십이 발휘되지 못할 것이다. 하나님의 나라는 말에 있지 않고 능력에 있기 때문이다.

선교적 교회론은 서구교회 존립이라는 위기상황 속에 형성되었는데, 교회가 복음 자체로 돌아갈 것을 촉구하며 교회의 지속적인 회심이 요청되었다. 전세계를 향해 많은 선교사를 파송해왔던 서구교회가 세속화의 정점에 맞닥뜨리자 정작 교회가 속한 사회 안에서의 존립 목적과 능력을 상실할 위기에 봉착하였다. 교회가 지나치게 세속화되어 세상과 다를 바가 없어지면 그때 교회는 세상에서 버림받아 세상에 짓밟히는 교회로 전

6 교회의 공적 제자도에 관하여는 성석환, "지역공동체를 세우는 선교적 교회," 『목회와 신학』 (2013. 3). http://moksin.duranno.com/moksin/view/article.asp?articleNO=32711 [2021. 10. 30 접속]. 이와 같은 주제에 관하여는 성석환의 책 『지역공동체와 함께하는 교회의 새로운 도전들: 한국적 '선교적 교회'를 향하여』 (서울: 총회한국교회연구원, 2018)을 참조 바람.

7 최동규, "선교적 교회, 무엇이 다른가?," 『목회와 신학』 (2013. 3): 43.

락한다(마 5:13 참조). 오히려 교회는 세상과는 구별된 존재일 때 바로 거기에서, 곧 구별됨 그 자체에서 교회의 존재 목적과 능력이 나타난다.

최근의 한국교회는 서구의 선교적 교회론이 출현한 때와 비슷한 상황에 놓여 있었고, 포스트코로나 시대가 한국교회를 위기의 정곡으로 볼아넣었다. 사실상 교회의 가장 큰 위기는 양적인 쇠퇴보다 질적인 침체—교회의 정체성—에 있다. 코로나19 사태는 한국의 교회와 사회의 민낯을 고스란히 들추어냈고 그동안은 알면서도 외면했던 화두 앞으로 더는 회피하거나 연기할 수 없도록 강제소환 되었다. 포스트코로나 시기가 우리 눈앞으로 가지고 온 근원적인 교회론적 질문들은 제도적이고 조직적인 차원의 교회 이해를 통해서는 해결될 수 없다. 이에 '선교적 교회론'의 전망이 한국교회에 도움을 줄 수 있다고 필자는 생각한다.

선교적 교회론은 교회의 본질을 선교에서 찾는데, 이때 선교란 행위론이 아닌 존재론적 개념이다. 이러한 선교적 교회론의 선교개념을 대럴 구더(Darrell Guder), 크리스토퍼 라이트(Christopher Wright) 등도 윤리적이고 존재론적인 차원의 선교개념으로 칭한다.[8] 즉 교회가 어떤 선교 활동을 하기 이전에도 세상에서 구별된 교회의 삶 자체로서 '이미' 선교적 공동체로 존재한다는 것이다. 그러려면 소금의 짠맛(마 5:13)을 맞바꾼 이데올로기적 가치들—질서, 효율, 진보, 근대적 성장의 이데올로기, 종교적 소비주의 등—이 뿌리뽑혀야 하는데 이때 성찰의 기준은 복음 자체이다.[9]

그런데 흥미로운 것은 이러한 교회론의 전환이 리더십 이론의 발전과도 결을 같이 한다는 점이다. 리더십의 발전 방향에 대하여 계재광은 의미

8 존재론적 · 윤리적 선교개념에 대하여는 강아람, "선교적 교회론의 성경적 근거: 크리스토퍼 라이트의 선교적 해석학 중심으로," 『선교신학』 34-Ⅲ(2013): 11-46 참조.

9 최동규, "GOCN의 선교적 교회론과 교회성장학적 평가," 『선교신학』 25-Ⅳ(2010): 235-236.

심장한 흐름을 주목한다. 그에 따르면, 리더십 이론은 시대의 필요에 부응하여 발전해왔다. 20세기 들어서야 체계적인 접근이 시작된 리더십 연구는 **리더 자체에 방점**을 두고 당대의 탁월한 리더들에게서 리더의 자질과 특징을 찾아내는 귀납적이고 통계적인 시도를 하였다. 예를 들어 타고난 능력, 지능, 동기, 성격, 가치관을 갖춘 인물이 리더가 된다는 '특성'(Trait)이론, 리더들이 실제 취하는 행동에 주목하여 바람직한 리더의 스타일을 찾아가는 '행위'(Behavior)이론, 주어진 상황에 따라 효과적인 리더십이 달리 나타난다고 보는 '상황'(Contingency)이론 등으로 변화해 왔다.[10] 이는 모두 특정 분야의 리더가 지닌 힘과 능력으로 그 팔로워들에게 효과적인 영향을 끼치기 위해 고민하는 리더의 관점에서 보는 리더십 연구로 볼 수 있다.

1980년대의 리더십 연구는 **리더와 구성원의 관계성에 주목**하면서, 리더가 그 팔로워들에게 미치는 영향력과 아울러 리더를 따르는 구성원이 그 리더에게 미치는 영향력까지 고려하는 양방향성에 관심이 쏠렸다. 수십 년간 학자들은 현대 리더십 이론의 연구와 리더를 따르는 구성원들에 대한 이해를 통해, 리더는 혼자가 아니라 그 팔로워들에 의해 정의됨을 인식하게 되었다. 그 예로써 구성원 모두를 하나의 집합체로 보지 않고 리더와 구성원 각자 간에 존재하는 개별적인 관계에 관심을 두고 그 과정을 연구하는 리더-구성원 교환(Leader-Member Exchange)이론, 구성원의 정서, 윤리, 가치관, 행동규범, 장기적 목표 등을 바꿔줌으로써 개인의 변화와 조직의 변혁 과정을 연구하는 변혁적 리더십(Transformational Leadership)이

10 Walter C. Wright, "Introduction: Mentor to Mentor," in *The Three Tasks of Leadership: Worldly Wisdom for Pastoral Leaders*, ed. Eric O. Jacobsen (Grand Rapids: Eerdmans, 2009), 2-5.

론, 팀의 성공을 확보하는 데 필요한 리더십과 의사결정 방법을 연구하는 팀 리더십(Team Leadership) 등이 있다.[11]

이러한 이론은 리더십의 관계적 요소, 특히 리더와 그 구성원들 간의 상호관계에 초점을 두고 있다. 그러니 2000년대부터는 일선 현장의 리더십에서 리더의 능력과 기술이나 구성원들과의 관계보다는, **리더 자신이 어떤 사람이어야 하는가**의 중요성이 부각되고 리더의 동기, 성품, 정체성에 좀 더 비중을 두되 구성원들과의 관계에 집중하기 시작했다. 따라서 최근에는 리더의 정체성에 방점을 두는 섬김의 리더십(Servant Leadership), 윤리적 리더십(Ethical Leadership), 진정성 리더십(Authentic Leadership) 등의 이론이 보완되고 있다. 섬김, 윤리성, 진정성 리더십과 같은 최근의 리더십 이론은 **초기 리더십의 특성론적 관점인 리더의 능력보다 더욱 중요한 정체성, 성품, 소명을 강조**하고 있다. 특히 이러한 리더십은 리더가 개인적/공동체적으로 명확한 정체성과 소명의식이 있어야만 감당할 수 있는 리더십 양상이다.[12]

한편 계재광은 영향력을 발휘하여 리더와 구성원들이 이루고자 하는 '목표'(공동의 목표/하나님의 뜻)와 '리더가 누구인가'를 정의하는 부분(한 개인/하나님이 주신 능력과 책임을 지닌 자)을 일반 리더십과 기독교 리더십의 차이로 본다.[13] 그리고 **기독교 리더십을 '소명'(*vocation*)의 렌즈로 볼 때 '선교적 리더십'으로 정의**할 수 있다고 한다.[14] 그의 이러한 논지는 교회를 '에클레시아'

---

11 Ronald E. Riggio, Ira Chaleff, and Jean Lipman-Blumen eds., *The Art of Followership* (San Francisco: Jossey-Bass, 2008), 5.

12 계재광, "기독교 리더십과 선교적 교회론의 소명에 대한 연구," 『신학과 실천』 68(2020. 2): 560-562.

13 위의 글, 563.

14 위의 글, 578.

(ecclesia) 곧 특별한 목적을 위해 부름받은 공동체로 정의하는 맥락과 일치하며, 기독교 리더십에서 **하나님의 비전을 따라 부름받은 개인이나 공동체라는 관점을 강조**할 때 '선교적 리더십'으로 부를 수 있다는 것이다. 선교적 교회론에서 그리스도인의 일상에서 살아가는 매일의 삶이 하나님의 선교에 동참하는 선교적 자리라면, 이때 그리스도인 각자를 '선교적 그리스도인'이라 부를 수 있으며 그의 삶은 '선교적 삶'이라고 칭할 수 있을 것이다. 여기에서 "선교적"이라는 표현은 그리스도인의 정체성의 본질, 그의 삶의 정체성의 본질이 궁극적으로 하나님의 선교에 동참하도록 부름받은 데 있음을 보여준다.

정리하자면 선교적 교회는 제도나 프로그램으로 규정하기보다 근원적인 '하나님나라를 향한 운동'이라고 정의하는 것이 옳다. 선교적 교회의 중심개념은 하나님의 통치, 하나님의 선교, 세상 속으로 파송된 교회, 모든 그리스도인의 선교적 삶 등이다. 곧 선교적 교회의 초점은 하나님의 다스림 자체에 있으며 제도적이고 기능적인 차원의 교회 이해를 극복하고자 한다.[15] 선교적 교회론은 하나님께서 부르시고 보내시는 행위가 교회의 정체성을 규정하므로 교회의 선교는 교회 자체의 확장 노력이 아니라 세상에서 하나님의 통치를 이루는 것이 된다.[16] 즉 선교적 교회론은 교회 중심개념이 아니며, 창조세계를 구속하시려는 하나님의 성품이 반영되는 모든 과정까지로 선교의 실제 내용이 확대된다. 선교사역에서 하나님의 주권이 철저히 구현되려면, 그분의 통치가 드러나는 하나님나라의 가치가 모든 과정에서 구석구석 구현되는 선교가 수행돼야 한다.[17] 하나님의 성품이 반

15 최동규, "GOCN의 선교적 교회론과 교회성장학적 평가," 『선교신학』 25(2010): 238.

16 최형근, "선교적 교회란 무엇인가?," 『목회와 신학』 (2013. 3): 39-40.

17 이대헌, "선교적 교회론에 입각한 선교 및 교회 이해," 『목회와 신학』 (2013. 3): 46-47.

영되는 모든 과정까지 선교의 실제 내용이 확대될 때는 일터와 삶터의 각 영역으로 파송 받은 크리스천들의 진정성 · 성품 · 소명의식이 중요한 선교적 화두가 되며, 이는 진정성 · 성품 · 소명의식이 강조되는 최근 기독교 리더십의 방향성과도 일치한다.[18] 기독교 리더십의 이러한 지향성을 '선교적 리더십'으로 명명하기로 한다.

Ⅲ. 김형남의 선교적 리더십 조명하기

한국교회는 기반을 흔들어버릴 만한 커다란 위기 앞에 내던져졌다. 어떻게든 모여야만 하는 교회의 뿌리를 뒤흔드는 '코로나19'라는 강풍에 뽑히지 않고 다시 도약하려면 무엇보다 교회론의 재정비가 긴요할 텐데, 이에 필자는 선교적 교회론을 그 대안으로 제시하였고 이하에서는 선교적 교회론에 준하여 선교적 그리스도인으로 선교적 삶을 철저하게 살아낸 한 인물을 조명해볼 것이다. 물론 그 당시 한국 상황에서 선교적 교회론을 아는 사람은 없었겠지만, 누구보다도 한 명의 어엿한 선교적 교회로 살다 간 탁월한 선교적 리더십의 예가 될 것이다.

주지하듯이 숭실대학은 이 민족의 흥망성쇠와 더불어 동고동락을 함께하며 흥하기도 하고 폐교하기도 하고 다시 16년 만에 재건하여 중흥해 온, 이 민족 역사 가운데 비운의 시기와 함께한 산 증인이라 할 수 있다. 필자는 2020년 2학기에 나에게 분담된 채플 시간을 맡아 '숭실대학교의 뿌

---

18 기독교대학 상황에서 이러한 리더십을 다루고 있는 좋은 논문을 소개한다: 박형순, "기독교학교 보직자를 위한 서번트 리더십의 신학적 패러다임 연구,"『대학과 선교』21(2011): 109-131 참조.

리 찾기'라는 주제로 강연 준비를 하게 되었다. 숭실의 역사를 이끌어온 여러 증인들 곧 학교의 창시자인 베어드 선교사 부부, 커밍 선교사, 조만식 선생, 모의리 총장, 김양선 박사 등 여러 인물을 다룰 수 있겠으나 차기에는 한경직 목사와 김형남 박사에 대하여 강연하기로 정하였다. 한경직 목사와 그의 삶에 대하여는 영락교회 출신인 필자가 어느 정도 알고 있었으므로 필자에게 낯선 인물인 김형남 박사에 대하여 자료를 찾아보았다.

우선 인터넷 검색을 해보았는데 『한국장로신문』(2014)에 길게 게재된 기사 외에, 간단한 인터넷 사전[한국민족문화대백과사전]과 『한국기독공보』(2003)의 짤막한 기사, 숭실대학 신문인 『숭대시보』에서 다른 인물들과 함께 조금씩 다룬 내용 외에는 전무하였다. 그리고 김형남 박사에 대한 학술논문은 1건도 찾을 수 없었고, 오프라인 자료도 다음과 같이 화보집을 포함하여 극소수였다. 『김형남전: 한알의 밀알』(1985), 『인물로 본 숭실 100년』(1992), 『(추모사진전)숭실 중흥의 大人, 김형남 총장』(2011)이 그것이다.

이와 같은 자료의 결핍에도 불구하고 필자는 채플 강연을 준비하다가 그의 인품과 삶을 조우(遭遇)하게 되었고 그 삶의 향내에 깊이 빠져들었다. 그는 언제 어디서나 무엇을 하건, 일이 잘될 때나 안될 때나 선교적 존재로 부르심을 받은 자로서의 뚜렷한 자의식을 가지고 있었다. 그는 일하기 위해 태어난 사람 같았으며 그 일의 풍성한 열매들이 하나님이 주신 결실임을 명확하게 알고 아낌없이 나누며 살았다. 그가 살아생전 자기 자신이 드러나는 것을 지독히 원치 않았던 것처럼, 이 땅을 떠난 후에도 단지 아는 사람만 알뿐 그가 없었다면 숭실 중흥의 역사가 쓰이지 못했을 것이라는 생각에 필자는 감사와 안도감이 솟구쳐 올라왔다.

포스트코로나 시대에 그와 그의 삶에 대한 성찰이 절실한 이유 중의 하나는, 신앙영성과 인격이 통합되어 살아낸 본을 보여준 귀중한 실례를 제공하기 때문이며 그로써 현시대 교회의 진정성의 위기 앞에서 교회됨과 교인됨의 의미(meaning)와 의의(significance)를 제시해주기 때문이다. 아래에서 김형남의 선교적 삶의 자취를 몇 가지 영역으로 나누어 살펴볼 것이다. 이를 통해 선교적 교회론이라는 개념이 나오기도 전에, 한 명의 선교적 교회로서 자신에게 위탁된 선교적 삶을 빈틈없이 살다 간 선교적 리더십의 면면을 엿보고 뒤따라갈 수 있을 것이다.

A. 김형남 박사의 일생 스케치

먼저는 그의 일대기를 훑어보고자 한다. 1919년 가을, 온 겨레가 독립쟁취 실패로 침울해 있었을 때 평양 숭실학교 기계창에는 14세 소년이 망치를 들고 무언가를 열심히 만들고 있었다. 이 소년은 "얼굴에 땀을 흘리고야 밥을 먹는다"는 좌우명으로 한평생을 살았는데 이가 훗날 한국방직공업의 기틀을 세운 양심적 기독실업인 김형남이다. 그는 1905년 기독교를 일찍이 받아들여 신문명에 눈을 뜬 평안남도 강서 출신으로 선교사들이 세운 명신학교와 숭실중학, 숭실대학을 다녔다. 가난이 극심한 집은 아니었어도 형제가 함께 학교에 다녀야 했기에 김형남은 줄곧 일을 병행하며 학교에 다녔다. 윌리엄 베어드(William Baird)가 숭실학당을 세울 때 "일하며 배우는 프로그램"(work-study program)의 하나로 기계창을 만들었는데 김형남은 여기서 일하면서 공부하였고 미국에 유학했을 때도 이런 방식의 생활이 계속되었다.[19]

19 박정신, "신교회인물열전/(25)김형남 장로," 『한국기독공보』, 2003. 8. 23.

숭실대학 2학년 때(1924년) 켄터키주 웨슬리안대학 화학과에 편입했을 때도 잔디 깎기, 식당일, 눈 치우기를 하며 공부했다. 이곳을 우수한 성적으로 졸업한 김형남은 뉴욕 프레트 공과대학에 진학하여 공학사 학위를 더 받고 26세에 귀국하였다(1930년). 학부를 마치고 대학원에 진학하여 석박사학위를 취득했던 다른 이들과 달리 김형남이 두 학교를 통해 이학사와 공학사를 의도적으로 고집스레 취득한 이유는 후에 우리나라에 돌아와 일할 때 필요하리라 여겼기 때문이다. 유학의 동기는 "산업을 일으키는 것만이 우리 민족이 살길"이라는 그의 역사관 때문이었는데 이는 당시 우리 사회의 통념을 깨는 것이었다. 그의 말로 직접 들어보자.

> 근면과 노력, 이것 없이 개인이나 국가가 융성할 리 만무하다. 종종 이야기되는 일이지만 우리 백성은 부지런하지 못하다. '자력갱생'이란 표어를 한국농촌에 퍼뜨리게 한 것이 오래지만 그런 기풍은 좀처럼 일어나지 못하고 있다. 나는 1930년 미국에서 공부하고 돌아왔을 때 일하지 않고 수고 없이 얻은 것을 오히려 자랑으로 아는 고질화된 우리의 기풍에 한숨을 지은 적이 있다. 그러나 그런 시대는 지났다.[20]

귀국 후 김형남은 평양에 '대동피혁사'를 설립하고 또 목포에서 '3.1서점'을 운영하기도 했지만, 일제 식민통치 막바지라서 사업이 순탄치 못했다. 해방되자 남쪽엔 미군이, 북쪽엔 소련군이 주둔하였고 김형남은 미국 유학 경험으로 인해 미군정청에 일자리를 얻었는데 이를 계기로 '종연방직' 전남공장의 관리인이 된다. 해방 후 좌우이념 갈등의 심화로 파업이

---

20 김형남, 『기독교사상』 (1969. 1), 김형남 전기편찬위원회 편, 『김형남전: 한알의 밀알』 (서울: 숭전대학교 출판부, 1985), 220 재인용.

끊이지 않고 적산기업을 인수하려는 농간꾼들로 인해 공장을 정상으로 가동하기 어려웠음에도 불구하고 김형남은 타고난 뚝심과 신앙으로 어려움을 헤쳐나갔다. 그러나 다시 6.25전쟁으로 '전남방직'이 폭격을 당해 잿더미가 됐지만, 김형남은 전쟁이 채 끝나지도 않았는데 공장복구작업을 개시한다. 휴전되었을 때는 완전히 복구되어 정상화됐고 이 공적을 인정받아 불하(拂下)를 받게 된다. 그는 이 회사의 성장과 맞물려 우리 사회에 '성공적인 기업가'로 우뚝 서게 되었다.[21]

우리가 김형남에 주목하는 것은 단순히 성공한 한 사업가의 삶 때문이 아니다. 김형남은 사업을 성공적으로 펼쳐나가며 이윤획득에만 혈안된 사람이 아니었다. 그는 공장 내에 교회를 세워 전 사원의 신자화(信者化)를 도모하고 전국 각지에 교회를 세우고 어려운 교회를 재정적으로 돕는 일에 앞장섰다. 기독실업인으로서 전도와 봉사에 탁월한 본을 보였다. 이와 더불어 기독교대학이자 그의 모교인 숭실대학이 서울에 재건되어 재정적 어려움을 겪을 때 이사로서 또 총장으로서 충성스럽게 운영하였다. 악덕 재단이 기승을 부리던 당시 김형남은 사비로 건물을 짓고 공과대학과 정보통신 분야를 확대하는 등 학교운영에 사재를 털었다. 이는 오늘날 흔히 말하는 이윤의 사회환원을 넘어서는 것으로서 그의 모교 사랑과 기독교적 소명의식과 어릴 때부터 터득해온 "일, 그 자체가 즐거운"이라는 그의 확고한 철학에서 나온 것이다. 1978년 그는 하늘의 부르심을 받아 갔지만 수십 년이 지난 오늘도 우리는 아직 김형남을 상기한다. 면밀하고 충실하게 참다운 기독실업인으로서 선교적 그리스도인으로 올곧게 살아간 흔적을 쉽게 보지 못한 까닭일 것이다.[22]

---

21 박정신, "신교회인물열전/(25)김형남 장로," 『한국기독공보』, 2003. 8. 23.

22 위의 기사.

〈표1〉 김형남 연보[23]

연도	연령	김형남 관계사항	사회일반 관계사항
1905	1	1월18일, 평남 강서군 동진면 합성리에서 광주 김씨인 부 김찬희 씨와 모 이진희 씨의 2남1녀 중 막내로 출생(후에 김형남은 국치년에 태어났음을 부끄러이 여겨 아호 갖기를 굳이 고사했다 함)	2월, 제2차 한일협약(을사보호조약)으로 일본 보호정치에 들어감 9월, 러일 강화조약
1912	8	3월, 명신학교 입학	조선총독부"숭실대학"인가
1917	13	2월, 명신학교 졸업	러시아 10월 혁명
1920	16	3월, 평양숭실중학교 2학년에 독학으로 편입학	국제연맹 성립
1922	18	숭실중학교 졸업, 숭실대학 입학	2월6일, 신교육령 공포 『숭실활천』창간(숭실중학교지)
1924	20	3월, 평양숭실대학 2년 수료 9월, 미국 켄터키주 웨슬레안대학 화학과 입학	5월20일, 경성제국대학 설립 『숭실』지 창간 (숭실대학 학생기독교청년회)
1926	22	웨슬레안대학 화학과 졸업 9월, 디트로이트시 웰손 우유회사 기사로 입사	6.10 만세사건 11월15일, 『중외일보』 발간
1927	23	디트로이트시 웰손 우유회사 퇴직 9월, 뉴욕 프래트 공과대학 공예화학과 입학	2월15일, 신간회 결성 3월, 이동령 이시영 김구 등 상해에서 한국독립당 조직
1928	24	6월, 프래트 공과대학 공예화학과 졸업(후에 2남 김영호도 이 학교를 졸업하니 부자 2대에 걸친 동문수학임) 10월, 뉴욕 제혁회사 기사로 입사 근무	5월23일, 『숭실중학』이 『숭실학교』로 지정 윤산온(G. S. McCune)이 제4대 숭실전문학교 교장으로 취임
1929	25	11월, 뉴욕 제혁회사를 사임	11월3일, 광주학생사건 발발 뉴욕 주식폭락, 세계경제대공황
1930	26	6월, 평양제혁회사 공장장 근무 9월27일, 우관실 여사와 결혼	
1932	28	8월31일, 장녀 김교숙 평양부 동대원리에서 출생	1월8일, 이봉창 동경에서 일황에 투탄. 11월8일, 미국 루스벨트 대통령 당선
1934	30	2월, 평양제혁회사 공장장 사임 3월, 전남목포에서 『3.1서원』 경영	9월5일, 한국선교 50주년 기념 9월18일, 소련 국제연맹 가입
1935	31	6월20일, 장남 김창호 진남포부 용정리에서 출생	7월, 한국독립당 등 5당 대표 남경에서 민족혁명당 조직
1939	35	2월13일, 차녀 김인숙 진남포부 비석리에서 출생	9월1일, 제2차 세계대전 발발

23 『김형남전: 한알의 밀알』 (서울: 숭전대학교 출판부, 1985), 331-336 참조. 이 책에 한자(漢字)로 기술된 김형남 연보의 내용을 필자가 한글로 옮기면서 정리하였다.

연도	연령	김형남 관계사항	사회일반 관계사항
1944	40	3월9일, 차남 영호 전남 목포시 남교동 115에서 출생	6월6일, 연합군 노르망디 상륙 11월24일, 미군기B29 동경폭격
1945	41	4월, 전남목포에서 『3.1서원』을 정리하고 귀향, 향리에서 해방 맞음 9월, 공산치하의 고향을 등지고 단신으로 월남, 동월 미군정청 관공국 근무 11월, 전남광주 소재 종연방직 전남공장 관리책임자로 임명, 동월 전남방직공사 이사장 취임	8월15일, 민족해방
1946	42	2월10일, 공장교회(전방교회)를 세우고 신자 12명과 첫 예배를 드리니 한국산업선교의 효시 3월(음), 이북 향리에 두고 온 가족과 서울에서 상봉합유	2월8일, 대한독립촉성회 결성 12월12일, 남조선 입법의원 개원
1947	43	4월18일, 3녀 김명숙 전남 광주시 림동 100에서 출생	11월14일, UN총회 한국의 임시독립 결의
1948	44	10월, 광주서림교회(전신인 전방교회)에서 장로 안수받음	7월20일, 초대대통령에 이승만 당선 8월15일, 대한민국 독립 선포
1950	46	1월21일, 4녀 김혜숙 서울 종로구 신문로2가 1의 142호에서 출생 4월, 민간무역사절단의 일원으로 홍콩 등 17개국 순방 7월, 6.25동란으로 가족과 사원들을 대동하고 부산으로 피난(공장에서 부산으로 옮겨진 광목으로 군복 20만 벌을 지어 국군에게 입히게 함) 7월25일, 폭격으로 2만여평의 공장건물 폐허화	6월25일, 북한공산군 선변남침 9월15일, 나치군, 인천상륙 10월25일, 중공군 개입
1951	47	3월, 대한방직협회의 부이사장에 선임 8월, 폭격으로 공장은 폐허화되고 엿가락처럼 된 방직기 등 기계를 손수 재생복구에 전력투구하여 초인의지를 보이니 그의 생애에 최고의 장인정신을 발휘함 11월3일, 전남방직 공사를 불하받아 전남방직주식회사를 창립, 대표 취체역사장에 취임 ~1962년, 공장내 전방교회(후에 서림교회)를 비롯하여 광주시 운암교회, 나주군 다시면의 다시교회, 영암군 월산리의 월산교회, 광산군 극락면의 유덕교회, 충남 진천군 광덕면의 광덕교회, 광산군 비아면의 신창교회, 화순군 이서면의 도석교회, 광주시 광천동의 광천교회, 영광군 월흥리의 월흥교회, 장성군 북하면의 약수교회 등 많은 개척 설립을 하였을 뿐 아니라 상도리교회, 사거리교회 등에 전도사를 파송함 10월22일, 광주공과기술학교 설립 초대교장에 취임	4월11일, 맥아더 원수 해임 9월8일, 대일 강화조약 조인 12월23일, 자유당 창당

연도	연령	김형남 관계사항	사회일반 관계사항
1956	52	10월22일, 숭실대학 재단이사에 선임 9월, 재단법인 전방학원 설립, 재단이사장에 취임, 광주공과기술학교 교명을 전남공업학교로 개명(1980년 11월4일 국가에 헌납하니 현재의 전남 중고등학교의 전신)	4월10일, 대전 기독교학관 개교
1957	53	6월24일, 재건 제2대 숭실대학 재단이사장에 취임 9월, 대한예수교장로회 회계에 피선	3월28일, 일정부 재한재산의 포기를 선언. 6월, 숭실대학 상도동의 신축교사로 이전
1959	55	5월6일, 한국면방직공업 총대표로 18차 국제면화자문위원회(I.C.A.C.) 총회에 참석 8월, 기독교세계대학 봉사회 이사 피선	4월20일, 자유당 정부 경향신문에 폐간처분
1960	56	4월, 대한예수교장로회 신학교 이사 피선	4.19 혁명
1961	57	5월, 일본국 동경에서 개최한 제20차 국제면화자문위원회에 한국업계 대표로 참석 8월, 일신방직 주식회사 설립 대표이사사장에 취임(고 백낙준 박사가 회사명을『일신』이라 작명함)	5.16 군사쿠데타 3권 장악
1962	58	2월, 기독공보사 이사장에 취임 및 평생 이사에 추대 2월, 사단법인 대한소년단 이사에 피선 4월, 대한예수교장로회 총회 자선사업재단 이사장 취임 5월8일, 미국 워싱턴에서 개최한 제21차 국제면화자문위원회 총회에 한국업계 대표로 참석	제1차 경제개발계획 5개년 계획
1963	59	1월, 대전대학 재단이사에 선임 12월, 전방교회를 서림교회로 개칭	10월, 박정희 제5대 대통령 당선. 11월, 케네디 대통령 피살
1964	60	2월, 대한방직협회 회장에 피선	3월, 경제외교 반대 학생 데모 11월, 존슨 미 대통령에 당선
1965	61	11월, 대한방직협회 이사장에 피선 12월, 한국크리스천아카데미 감사에 피선	2월, 국군 파월 개시 6월, 한일협정 조인
1966	62	6월10일, 모교인 뉴욕의 프래트 대학으로부터 명예법학박사학위 수여받음. 6월, 중앙YMCA 이사 피선	12월, 숭대 고병간 학장 별세
1967	63	2월8일, 숭실대학 제8대(재건4대) 학장에 취임	제2차 경제개발 5개년 계획
1968	64	4월, 전국경제인연합회 이사 선임	11월, 미 대통령에 닉슨 당선
1969	65	8월, 세계대학봉사회 한국위원회 회장(/재단이사장) 취임	4월28일, 현충원 중건

연도	연령	김형남 관계사항	사회일반 관계사항
1971	67	12월, 숭실대학과 대전대학을 통합하여 종합대학교인 '숭전대학교'로 하는 학교법인 연합기독교교육재단 설립을 문교부로부터 인가받음	1월, 타요한(J. E. Talmage) 재단 이사장에 취임 5월, 박정희 제7대 대통령 당선 제3차 경제개발 5개년 계획
1972	68	1월20일, 숭전대학교 초대총장에 취임	1월, 문교부로부터 숭전대학교 대학원 인가 10월7일, 유신헌법 공포
1973	69	2월, 총장 임기를 3년여나 남겨놓고 젊은 이한빈 박사에게 총장직을 넘겨주고 재단이사장으로 취임	11월4일, 호남 남해고속도로 개통
1975	71	1월, 일신방직 주식회사 회장으로 경영 2선에 물러나 형남장학회를 설립하는 등 사원의 후생복지와 사원 자녀들의 교육에 정성을 기울임	10월, 한국기독교박물관 준공 12월, 박정희 제8대 대통령 당선
1976	72	8월14일, 대한예수교장로회 평신도 전국연합회에서 수여하는 제1회 모범 평신도상 수상 9월, 기독공보사 제1회 공모상 수상	11월2일, 카터 미 대통령 당선
1977	73	국민훈장 목단장 수여	12월말, 1백억불 수출 달성
1978	74	6월20일, 오후 3시30분 74세를 일기로 하나님의 부르심을 받고 자택에서 영면 6월22일, 교계 실업계 교육계에 큰 업적을 남기고 많은 이들의 애도 속에 숭전대학교장으로 용인군 아곡리 가족공원묘지에 안장	7월6일, 박정희 제9대 대통령 당선

B. 정직 · 근면 · 검소 · 성실한 기업인: 어려운 시대의 애국자

김형남이 마치 일하기 위해 세상에 태어난 사람 같았다는 것이, 한결같이 주변 사람들의 입에서 나오는 그에 대한 첫번째 증언이다. 김구 선생이 김형남의 공장을 방문했을 때 "우리처럼 정치 일선에 나서서만이 아니라, 당신 같은 사람이 바로 애국자"라고 언급할 만큼 그는 기업경영에서도 항상 나라와 민족을 앞서 생각하는 대국적인 면모를 보여왔다.[24] 일신방

24 일례로 김형남의 회갑을 앞두고 자녀들이 잔치계획을 세우고 우관실(毋) 여사에게로 병풍, 보료, 방석, 교자상을 준비해왔지만 이를 알아차린 김형남은 국치의 을사년에 태어난 몸이 뭐 자랑스럽

직 당시의 김홍배 공장장에 따르면, 김형남은 회사일을 단지 좋아하는 것을 넘어 일을 너무 사랑한다고 느껴졌다고 한다. 공장현장에서 기계 하나하나를 손으로 쓰다듬으면서 다녔고 손으로 먼지를 닦고 하나하나 애착심을 가지고 기계들을 살피고 온통 먼지를 뒤집어쓰며 다녔다. 그는 다른 오락이나 운동, 취미가 없이 일 자체가 취미였다! 매우 신중하게 보수적으로 건실하게 일들을 키워나갔으며 한번 공장에 나오면 4~5시간 둘러보기가 일쑤여서 뒤따라다니는 젊은이들이 다리가 아플 정도였다. 또 기계, 전기, 공작, 원동기 등 모르는 것이 없어서 기술자들도 그 앞에서는 꼼짝을 못했다고 한다. 그의 인품의 근면 성실한 면모에 대해서는 일일이 다 언급할 수 없을 만큼 그의 삶 자체가 마치 일하기 위해 태어난 사람 같았다는 데에 모두가 입을 모은다. 김형남을 추모하며 숭실 동문인 이중 시인이 지은 추모시는 그의 부지런함을 이렇게 표현하였다:

> 그리고도 밤과 낮 / 해와 달도 잊으신 채 / '당신의 품군'으로 평생을 관철하신 / 당신에게도 더 큰 부르심이 계셔 / '당신'의 품으로 / '당신'의 곁으로 / 하늘의 영광 찾아 조용히 길 떠나시니 / 애통하고 비통한 건 / 이승의 우리 마음일 뿐 / 일흔네 해 하루도 쉴 틈 없던 / 그 바쁘신 몸 / 하늘나라에서도 오늘도 무슨 / 일 찾고 계시는 건 아니옵니까.[25]

다음은 김형남의 정직한 품성을 엿볼 수 있는 장면이어서 옮겨 본다. 1945년 5월 목포를 떠나기 전날 밤, 가족들을 먼저 이북의 고향으로 올려

냐고 잔치를 거절하였고, 같은 이유에서 호(號)를 지으라는 주위의 권고를 한사코 거절하며 살았다. 그 외에도 애국적인 면모는 그의 삶의 군데군데에서 일관되게 나타나고 있다.

25 이중, "당신의 품군"(獻詩), 『김형남전: 한알의 밀알』(서울: 숭전대학교 출판부, 1985), 13.

보낸 후 그는 혼자 방에 누워 잠을 이룰 수 없었다. 제2의 고향인 10여 년의 목포 생활을 청산하는 착잡한 감회로 이런저런 생각에 잠겼던 그는 혹이라도 불의한 방법으로 재산을 모은 적은 없는지, 남에게 억울한 일을 당하게 한 적은 없는지 생각하던 중 한 사건이 떠올랐나. 10여 년 전 목포에 내려와 3.1서원을 열고 두 해가 지나 점포를 구할 때 마침 공설시장 앞에 좋은 점포가 나와서 소개인을 통해 당시 화폐 5천 원(1968년 현재 추산 5천만원, 편집자주)에 매매하고 계약금 5백 원을 지불한 후 소개비로 100원을 주었는데, 의외로 집주인이 다시 와 딱한 사정을 하소연하였다. 자기 형편상 해약을 하자며 계약금을 들고 왔는데 사유를 들으니 해약해줄 수밖에 없었지만, 대신에 5백원의 2배인 천 원을 받을 수 있었다. 그런데 그는 소개비 100원만을 되돌려받고 순순히 해약해주었다. 그 사건이 그 밤에 떠올라 그의 마음을 괴롭혔다.[26]

'재산을 모으고 떠나는 사람이 나보다 못한 사람에게 부담지울 일이 못 된다.' 이튿날 아침 김형남은 백원권(1968년 현재 추산 1백만원)을 봉투에 넣어 그 사람을 찾아갔다. 그가 소개비만 물고 해약해준 것도 감사했었는데 받을 수 없다고 하자, 김형남은 홀가분한 마음으로 목포를 떠나도록 받기를 강권하였고 결국 그 돈을 전달했다. 김형남은 목포를 떠나오는 기차간에서 '그도 살아있고 나도 살아있었고 내 수중에 돌려줄 돈도 있었으니 이는 하나님의 은혜다'라고 중얼거렸다. 이 셋 중에 하나라도 빠졌던들 그 날 일은 이루어질 수 없었기 때문이다.[27] 이날의 에피소드는 훗날 그 자신에게 교훈이 되었다. 이 장면은 물론 아주 작은 사건이긴 하지만, 성경 속

26 "교육계의 선구자 김형남 장로," 『한국장로신문』, 2014. 8. 1. https://blog.naver.com/kjyoun24/220079035814

27 위의 기사.

삭개오 이야기와도 겹쳐진다. 그가 얼마나 하나님 앞에서 정직한 코람데오의 삶을 살아갔을지가 엿보이는 장면이기도 하다. 특히 그가 기업을 일으켜 사회봉사와 육영사업 등에서 물심양면의 지원으로 헌신한 이면에는 이러한 체험에서 받은 은혜가 있었을 것이다. 하나님께서 자신에게 맡기신 부(富)를 살아있는 동안 부지런히 이웃에 전달하는 청지기의 소임을 늘 명심하고 살았던 것이다.

C. 산업선교의 효시, 교회개척 사역과 사회봉사

1946년 전남방직 안에 공장교회가 시작되었다.[28] 같은해 2월 10일 둘째 주일에 여기숙사 2층 강당에서 12명이 찬미기도와 성경봉독으로 첫 예배를 드렸으며, 광주시내 교회에서 시무하는 나명수 목사와 타요한(J.E.Talmage) 선교사가 교대로 예배를 인도하였다. 김형남이 처음 공장에 부임했을 때 공산분자의 발호와 선도가 팽배하였고 무신론과 유물사상을 제창하는 그들을 선도하는 방법은 교회를 세워 하나님의 사랑을 가르치는 길밖에 없다고 그는 판단하였다. 사람이 육신을 가진 이상 빵과 하나님 말씀이 필요하기에 이 두 가지를 함께 주는 일터를 만들고 싶었던 것이다. 1947년 신도 100명을 넘어서자 교회를 공장 내의 유치원 원사로 옮겼고

28 예수교장로회는 아시아교회협의회 산업전도부 총무 존스(Henry D. Jones)의 권유로 한국에서 처음으로 1957년 4월 총회전도부에 예장산업전도위원회를 두고 산업전도를 시작했다. 45회(1960년) 예장총회는 산업전도위원회를 산업전도국으로 격상하고 3월10일 직전 주일을 노동주일로, 그 다음 한 주간을 산업전도 주간으로 정하였고 총회신학교에 관련 과목과 과정을 개설토록 결의했다. 1961년에는 산업전도국에 산업전도연구원을 개설하고 목회자와 신학교 졸업생 가운데 산업전도 사역자를 뽑아 공장노동체험, 산업사회에 대한 공부, 산업전도실습 후에 현장배치를 각 1개월씩 총 3개월 동안 훈련시켰다[이병옥, "선교학 관점에서 보는 조지송의 선교의 다양한 주제들," 『신학과 사회』 35(2021): 174]. 이에 따르면 김형남의 전방교회는 10여년이나 앞서 시작된 것이었다.

신도수가 교회를 조직할 정도가 되자 1948년 6월 초대목사로 백리언 목사가 부임하였다. 6월 9일에는 대한예수교장로회 전방교회로 칭하고 7월4일에는 교회직원을 두었으며 헌금을 합쳐 55평의 아담한 예배당을 신축해 12월에 헌당하였다. 백 목사의 인도하에 교회가 부흥하였고 1949년 4월 노회에 두 장로를 청원하여 10월 23일 구피득, 김형남이 장로 장립됨으로써 순전히 공장종업원으로 성립된 조직교회가 되었다. 이런 조직교회의 과정 이야기 이면에는 김형남이 얼마나 그의 사원들을 가족처럼 아꼈는지에 대한 수많은 에피소드가 숨어 있다.[29]

6.25전쟁으로 피난 갔던 종업원들이 1950년 10월에 공장수습을 시작하자 다시 모여들었다. 11월 3일 공장불하가 결정되면서 2대 목사로 최화정이 부임하고 운크라 등의 원조로 복구작업이 활발해지자 이동선 전도사가 부임하며 본격적 전도활동이 이루어졌다. 1955년 우상필 목사가 부임하며 예배당을 증축하여 102평의 큰 예배당이 되었고 주일예배에 300명이 모이는 교회로 성장하였다. 김형남은 공장뿐 아니라 인근 교회 확장에도 애를 썼다.[30] 1956년 4월 김경환, 김홍배, 구원옥을 장로 장립하였고 1960년 9월에는 4대 목사로 박봉윤이 부임했고, 1962년에는 월흥교회를 개척하였다. 많은 여종업원들의 인생관이 바뀌어 돈 벌려고 왔다가 예수를 믿게 된 것이 가장 행복하다고 신앙 간증을 할 때면 김형남은 묵묵히 눈을 감고 한동안 눈을 뜰 수 없었다. 그를 할아버지라고 따르던 여종업원의 수는 4천 명을 헤아리는데 한 번 세례를 받으면 6~7백명이나 되었다.[31]

---

29 "교육계의 선구자 김형남 장로," 『한국장로신문』, 2014. 8. 1.
https://blog.naver.com/kjyoun24/220079035814

30 이러한 인근 교회들의 이름은, 앞의 〈표1〉: 김형남 연표에서 1951년에 해당하는 내용을 참조 바람.

31 "교육계의 선구자 김형남 장로," 『한국장로신문』 2014. 8. 1.
https://blog.naver.com/kjyoun24/220079035814

그들이 나이가 차서 회사를 그만두면 고향으로 돌아가 전도사가 되었다. 농촌으로 간 그녀들은 결혼하여 식구와 자녀들을 교회로 인도했으며 또 전국각지의 교회로 퍼져나가 전도사가 되기도 했고 또 여럿이 뜻을 모아 교회를 세우기도 했다. 그들의 편지를 받으면 김형남은 찾아가서 어려운 점을 해결해주고 전국 어느 교회든지 그가 미처 알아보지 못해도 그녀들이 먼저 전방교회를 다녔었다며 찾아와 인사하는 일이 잦았다. 이때 산업선교의 효시가 되는 전방교회로 인해 당시 종업원들은 전국의 공장에서도 최고의 능률을 발휘하였다. 전방제품의 품질이 그 사실을 증명해 주었던 것이다.[32]

서림교회(전방교회의 후신) 등 수십여 개의 교회개척 및 교회 봉사의 면면과 더불어 광주기술고등학교 교장으로, 대한예수교장로회 총회 회계로, 『기독공보』를 회생시킨 섬김 등 숭실대학 외의 기독교기관 등에 대한 김형남의 사회봉사와 자선사업의 면면도 특기할만하다. 당시 기독공보 전무이사 정봉덕 장로는 김형남을 이렇게 회상한다: "오직 자신에게 맡겨진 직분을 교회를 위해 최선의 봉사를 다한 기업인이요 평신도로서 교회의 일을 우선순위로 생각하셨다. 예장총회 자선사업재단 이사장 재임 시 은퇴교역자를 위한 은급금을 희사하고 은급위원장을 역임하였고 세계대학봉사회 이사 재직 시에는 그 사업을 깊이 이해하고 그 책임을 조금도 소홀히 하지 않았으며 작은일이나 큰일이나 자신이 필요할 때마다 회사에서 달려오셨다."[33]

김형남은 전남방직공사의 소유인 광주무등경기장을 광주공설운동장부

32 위의 기사. 당시 고질적이었던 '검신제도'를 폐지한 김형남의 용단에서도 사원들을 향한 그의 신뢰와 애정을 찾아볼 수 있다. 검신제도에 관련한 내용은 위의 기사를 참조 바람.

33 위의 기사.

지로 흔쾌히 내놓았고, 광주시 서림초등학교(구 임동초등학교)와 수창초등학교의 강당 건립에도 거금을 희사했다. 전남방직공장의 종업원 자녀들이 두 학교에 통학하고 있었기 때문이었다. 5.16 이후 광주 YMCA회관 건축에도 가장 큰 액수를 보태었고 광주 기독교방송국 설립에도 큰 힘을 보태었다. 운영위원장이던 그는 기자재 전부를 기증하여 전남지역과 제주도를 커버하는 복음방송을 실시하게 되었다. 그는 사회봉사를 실행할 때 자신의 선행징표를 신간과 장소에 기록되게 하지 않았다. '오른손이 하는 일을 왼손이 모르게 하라'는 말씀 그대로 자신의 행적을 드러냄 없이 하나님이 주신 재물의 청지기 신분을 투철하게 인식하고 전달하는 삶으로 일관하였다.[34]

D. 모교 사랑과 탁월한 교육행정가

필사가 본 글의 제목을 "숭실 중흥의 대인, 김형남 박사의 선교적 리더십"으로 정하였을 만큼 김형남 박사가 아니었다면 감히 숭실 중흥의 과업이 성취되기 어려웠다고 말해도 과언이 아닐 것이다. 숭실대학 재단이사장으로 1957년 취임한 후 재정지원, 형남기념학사 건축, 대운동장 건설 등 대학을 뒤에서 도와오다가 1967년 김형남은 숭실대학의 제9대 학장에 취임함으로써 직접 일선으로 나서게 되었다. 10년간 숭실대학 이사장을 역임하다가 학장으로 취임한 이후 그는 그간 대학당국에만 떠넘겨왔던 학교운영에 대해 실망한다. 교육계 전체의 무책임과 시정되어야 할 학생들의 면학태도 등을 지적한 김형남은 공업화되어가는 한국사회가 요구하는 실력 있고 봉사정신을 갖춘 공학도를 키워내야 한다고 굳게 믿고 도서관,

34 위의 기사.

채플 건축 등의 시설 확충, 시대에 맞는 커리큘럼 작성, 전임교수 보강, 공학부 신설 등을 당면시책으로 추진하였다. 또한 미국 대학들의 교육 현황을 여러번 직접 시찰한 후에, 가능한 좋은 시설을 갖추어서 작은 학교지만 다른 학교 못지않은 교육을 실시하겠다는 다짐을 하였다. 특별히 공과대학 설치와 종합대학인 숭전대학으로 통합될 때 김형남의 리더십이 없었다면 도저히 성사될 수 없을 만큼 말할 수 없는 고초와 우여곡절의 과정을 거쳤다. 한국 최초의 전자계산학과 설치와 전자계산연구소의 설치 운영은 한국의 근대화에 이바지한 공이 실로 대단한 것이었으며, 한국인을 전적으로 신뢰하지 않던 대전대 타요한(J.E.Talmage) 학장이 사재를 털어 숭실대학을 재건해가는 김형남의 인격을 절대 신뢰하지 않았다면 종합대학(숭전대학)으로의 통합은 불가능한 일이었다. 종합대로 승격한 후 김형남은 서울과 대전 양 캠퍼스를 분주히 왕래하며 내외시설 확충에 힘을 쏟았다. 1965년 638명이 재학하던 숭실대학은 10년 사이에 7배의 정원으로 늘어난 숭전대학으로 발전하고 있었다.[35]

1967년 2월의 학장취임 이래 총장을 역임할 때까지 6년간 무보수로 봉사한 김형남은 초대총장 취임 1년 만에 사의를 표하였다. 이유는 종합대학의 기틀이 잡힌 만큼 숭전대학의 발전을 위해 유능한 인물에게 일선은 맡기고 자신은 이선에서 학교를 계속 돕고 싶었다. 1~2차 이사회에서 그의 사의가 번번이 무산되다가 3번째 이사회에서는 완강한 김형남의 뜻으로 인해 수락하지 않을 수 없었다. 성장일로에 있던 대학 총장으로 취임한 지 얼마 안 되어 내려놓는 예는 우리 사회에서 흔히 볼 수 있는 풍경이 아니다. 총장직 사퇴 후 김형남은 젊고 유능한 이한빈 총장을 추대하고 그

35 위의 기사.

는 재단이사장에 취임하여 모교발전 기금으로 일신방직 주식 2만 주(총액면가액 2천만 원, 시세 7천만 원, 연이익배당율 20%)의 거금을 희사하였다.[36]

그는 모교 운영을 맡으면서도 친인척을 단 한 명도 고용치 않았고 비서도 고용치 않았다. 단지 일신방직에서 데려온 운전기사만을 두었으므로 월급을 따로 줄 필요가 없었다. 살펴보았듯이 김형남의 행정추진력은 기민한 상황판단력에서 나오는 것이었으며 무엇보다 그의 애교심은 출중하였다. 그는 큰일뿐만 아니라 소소한 잔디 가꾸기와 담배꽁초 줍기와 화장실 청소까지도 서슴지 않았다. 그러나 무엇보다도 김형남은 한평생 사심없이 위를 올려다보며 소명의식을 놓지 않고 매사에 임했기 때문에 자신이 맡아야 할 자리와 때, 놓아야 할 자리와 때, 떠나야 할 때를 감지하는 행정적 통찰력과 과감한 추진력을 가질 수 있었던 것으로 보인다.

E. 언행일치의 고매한 삶

'언행일치' 또는 '신행일치'라는 말은 쉽고 이 이슈에 대하여 타인을 흠잡거나 나무라기는 쉬워도 정작 이러한 영성과 인격이 통합된 삶을 실제로 살아내는 것은 여간 어려운 일이 아닐 수 없다. 이 지점이 바로 현시대 선교적 교회론에서 선교적 리더십과 선교적 삶을 이야기하는 바와 일맥상통하는 중요한 부분이다. 앞서 리더십 이론의 발전양상을 논할 때 리더자 개인의 능력을 강조하는 일방향적 관점에서부터 리더와 구성원들 간의 상호관계에 초점을 두는 관점에로, 특히 가장 최근에 와서 일선현장의 리더십이 리더의 능력/기술이나 구성원들과의 관계보다는 리더 자신이 어떤

36 위의 기사.

사람이어야 하는가의 중요성이 인식되고 리더자의 동기, 성품, 정체성에 무게가 실리면서 구성원들과의 관계에 집중하기 시작했다고 설명하였다.

이에 따라 리더의 정체성에 방점을 두는 섬김,[37] 진정성, 윤리적 리더십 등의 이론이 보완되고 있는데 이런 최근의 리더십 이론은 초기 리더십의 특성론적 관점인 리더자의 능력보다 더욱 근본적인 정체성, 성품, 소명을 강조한다고 기술하였다. 이러한 리더십은 리더가 개인적/공동체적으로 명확한 정체성과 소명의식이 있어야만 감당할 수 있는 리더십 양상인데, 김형남의 리더십을 최근의 리더십 관점에서 해석해볼 때, 그가 개인적으로나 공동체적으로 명확한 정체성과 성품과 소명의식을 가지고 초지일관했던 인물임을 리더십 이론을 통해 더욱 또렷이 확인하게 된다. 위에서 김형남의 삶에 대해 묘사했던 많은 내용이 곧 언행일치, 신행일치의 보기드문 리더십을 시사해주는 김형남의 고매한 자화상이다. 그리고 그의 모든 삶이 진리 가운데 행한 것이었음을 고스란히 드러내 주는 증거가 바로 언행일치 부분이라 할 수 있다. 또 바로 이로써 그가 행사한 리더십을 선교적 리더십이라 칭할 수 있겠다.

F. 김형남의 선교적 리더십의 선교학적 성찰

인물을 연구할 때는 그의 삶의 명암(明暗)과 공과(功過)를 아울러 다룰

37 기독교대학에서 섬김의 리더십에 관한 다음 논문을 참조 바람: 박형순, "기독교학교 보직자를 위한 서번트 리더십의 신학적 패러다임 연구," 『대학과 선교』 21(2011): 109-131. 또 연대 교목실이 연세대학교의 섬김의 리더십을 실행하는 데 기반이 되는 주요지표와 글로벌 사회를 이끌어갈 참된 리더상이 무엇인지를 찾고자 국내외 학자들에 의해 수행된 리더십 관련 논의들을 염두에 두고 대학생들의 이해 판단 요청이 무엇인지 설문조사하여 분석 정리한 글을 소개한다: 조재국, 박정세, 박명철, 한인철, 정종훈, 이대성, "기독교적 리더십 배양을 위한 현황분석에 관한 연구," 『대학과 선교』 18(2010): 110-150 참조.

필요가 있을 것이다. 이를 통해 우리는 반면교사로서 그 인물의 실수를 통해서도 교훈을 얻을 수 있기 때문이다. 서론에서 제기하였듯이 롤모델 부재의 시대에 마치 성인전(hagiography)을 읽는 느낌이 들 정도로 김형남은 고매한 삶을 살았음에도 불구하고 너무 숨기어 있었다. 그는 사례를 쉬이 찾아보기 힘들 만큼 철저하게 선교적 그리스도인으로 자신의 소명을 따라 살아간 인물이다.

그럼에도 차제에 산업선교에 대하여 선교학적으로 잠시 짚어보려 한다. 김형남이 사장으로 있으면서 사원들을 모두 기독교인으로 만들려 했던 시도는 오늘날의 관점에서 보면 위험성이 존재하는 부분이기도 하다. 즉 자칫하면 흔히 비판받고 있는 권위주의적이고 강압적인 선교방식이 될 수 있는 것이 산업전도의 어두운 일면이다. 군(軍) 선교현장도 이와 유사성이 있는데, 개인의 자발적인 회심을 통해 교회의 일원이 되기보다 집단개종을 통해 교회가 성립되기 때문이다. 이때 직장에서의 계급이 동일직장 안에 있는 교회에서의 계급으로 그대로 투사될 수 있으며(교회의 직분과 직장의 계급은 구별되어야 함에도 불구하고), 진급 관련이나 상사를 거스르지 않으려고 자원하지 않는 마음으로 일터교회에 출석할 수도 있다.

이를 교회성장학의 종족운동(people movement) 및 동질집단원리(homogeneous unit principle)에 비추어 성찰해보자. 동질집단원리에서 말하는 동질단위는 범위가 큰 개념으로서 언어, 문화, 사회, 경제 등의 영역에서 그 장벽을 헐지 않은채로 기독교인을 만드는 것이 복음전도에 효율적이라고 교회성장학자들은 주장하였다. 교회성장학의 이 실용적인 원리는 찬반토론을 많이 유발시켰는데, 복음으로 인해 넘어서야만 할 장벽들을 오히려 이용하여 복음전도를 행한다는 점에서 특히 성서학자들의 반발을 많이 샀던 이론이다. 산업전도의 경우, 같은 직장 및 공장 안에 교회를 세우고 신앙공동체를 이루는 것이라서 동질집단원리로 본다면 사회적 장벽을 이용한 선교방식으로 이해할 수 있을 것이다. 여기에서 문제는 복음수용의 결과로 복음을 영접한 개인이나 공동체는 여러 장벽을 넘어서야 하는데, 오히려 그 장벽을 타고 복음을 수용한다는 점이다. 또 이러한 공동체는 예언적 기능을 가진 기독교공동체라기보다는, 사회적 동질집단으로 존재하게 된다.

맥케이(John A. Mackay)에 따르면, 예수가 통일시키는 분이며 복음이 통일시키는 원리다.[38] 예수는 치밀한 조직의 획일적인 일치가 아니라, 다양한 사람들 사이에서 주님에 대한 동일한 고백으로 하나되는 언약공동체를 만드셨다. 기독교복음은 동질성의 경계를 넘어가는 것이므로 문화적/사회적 동질성 안에 머무르는 교회는 성경적 의미에 부합하지 않을 수 있다. 즉 끼리끼리 모인 교회는 진정한 의미의 성경적 교회가 아니라는 것이며, 세상질서에 순응적인 사회적 회합이 되므로 세상을 향해 기독교의 본질적 기능인 예언적인 목소리를 낼 수 없게 된다. 성도들이 그리스도의 몸으로 하나 됨은 편리한 익숙함의 문제가 아니라 그리스도의 주권하에 새로운 인간성으로 통합되는 문제이다. 복음으로 하나님과 화해된 성도들은 인종/문화/사회계급/성별보다는 그리스도 안에서 본질적인 자신들의 정체성을 찾아야 하고 결국은 다른 사람과도 화해시키는 공동체로 세워져 나간다.

한국 산업선교[39]의 변화추이는 크게 보아 '산업전도'에서 '산업선교' 패

---

38 John A. Mackay, *God's Order: The Ephesian Letter and the Present Time* (London: Nisbet & Company, 1953), 84.

39 이 글 전체에서 굳이 '산업전도'와 구별하지 않는 맥락에서의 '산업선교'는 총칭하는 의미이다.

러다임으로 변모해갔다.[40] 곧 초기 산업전도는 공장목회 패러다임으로서 크리스천 기업주가 운영하는 공장에 목회자가 주기적으로 방문해 예배드리고 그로써 비신앙인 노동자들에게 복음 영접의 기회가 제공되었지만, 기업주의 입장에서 설교나 프로그램이 진행되었다.[41] 그러나 점차 노동자의 입장에서 노동자들과 함께하는 산업선교로 변모되어갔다. 공장사회에서 약자로 억압당함으로써 하나님께서 주신 인간 존엄성을 상실하고 저임금과 노동착취로 가난에 처함으로써 개인 · 사회 · 국가의 발전을 저해하는 구조악을 제거하는 사회구원의 주제로까지 확대되어갔다.[42] 사실상 김형남의 경우는 산업전도(**사원들의 영혼구원에 관심**)와 산업선교(**당시로선 획기적이었던 검신제도 폐지[43] 등 사원복지에 힘쓴 부분**)의 의미가 모두 나타나고 있음을 이미 보았다.

---

40 1971년 총회는 공식적으로 "산업전도(Industrial Evangelism) 대신에 도시산업선교(Urban Industrial Mission, 약자 UIM)"라는 표현을 채택하였다[이병옥, "선교학 관점에서 보는 조지송의 선교의 다양한 주제들," 『신학과 사회』 35(2021): 177].

41 영등포산업선교회 40년사 기획위원회, 『영등포산업선교회 40년사』 (서울: 영등포산업선교회, 1998), 35-62 참조.

42 조지송, "영등포 도시산업선교회(예장)," 조승혁 외 6인 편, 『노동자와 함께: 산업선교와 노동자 인권』 (서울: 기독교대한감리회 도시산업선교중앙위원회), 53.

43 공장 정문 수위실에서 회사를 출입하는 종업원들의 온몸을 수색하는 검신제도는 방직공업을 침투시킨 일제에서 시작되었다. 당시 종업원들의 속옷에서 찾아낸 실타래나 천조각은 몇 포대가 될 정도로 만연된 관행이었다. 김형남은 1947년 교회가 시작되면서 이 제도를 문제삼고 종업원들을 믿어주기로 했고 검신할 때보다 20~30%가 감소하였다고 한다["교육계의 선구자 김형남 장로," 『한국장로신문』, 2014. 8. 1. https://blog.naver.com/kjyoun24/220079035814].

Ⅳ. 나가는 말

한경직 목사가, 쓰러져서 병원에 누운 김형남을 찾아가서 건넨 첫마디가 "김 장로님, 어서 일어나서 일하셔야죠! 일을…"이라고 하실 만큼 김형남은 일의 사람이었다.

리더의 영향력을 발휘하여 리더와 구성원들이 이루고자 하는 공동의 목표(하나님의 뜻)와 하나님이 주신 능력과 책임을 지닌 자가 리더라는 사실에서 일반 리더십과 기독교 리더십이 구분된다. 또 기독교 리더십을 소명의 관점에서 볼 때 선교적 리더십으로 칭할 수 있다. 김형남은 하나님의 선교에 일평생 순응하여 봉사·희생·사랑의 삶을 살면서 신실한 선교의 도구로 올곧게 쓰임받았다.

김형남은 성장하면서 주변에서 받았던 모든 도움을 하나님과 이웃과 모교의 은혜로 믿었고 그가 받은 모든 은혜는 남을 위해 보답해야 하는 것으로 간주하고 그대로 행했다. 정신적이든 물질적이든 그가 받은 은혜를 사회에 환원해야 한다는 그의 철학은 철저한 기독교적 가치관에 따른 것이었다. 또 그는 한국 산업계의 최일선에 일하면서도 의리와 지조가 있는 실업가였다. 한국의 기업 성장 과정에 부조리가 많았음은 숨길 수 없는 사실인데 그는 실업계 일선에 선 사람답지 않게 원칙에 입각한 발전을 추진하였다. 외국차관에 의한 무리한 기업확장을 반대하고 관청에 드나들며 탈법적 운영을 꾀하지도 않았다.

그는 하나님이 그에게 부여하신 부와 권력 앞에서도 줄곧 사심 없이 하나님의 뜻을 품고 발걸음마다 동행했으며 그분의 푯대를 향하여 나아갔다. 하나님나라 가치관을 왜곡시키는 부와 권력에 대한 세속적인 인식을 따라 살지 않고, 하나님의 선교에 헌신한 선교적 교회의 일원으로서 선교적 리더십을 발휘하며 살아낸 소중한 본을 우리에게 극명히 시사하고 있다.

시대마다 롤모델이 같을 수는 없을 것이다. 각 시대는 그 시대를 사는 크리스천에게 시대적 소명을 불러일으킨다. 김형남의 삶을 통해 일제강점기와 해방과 뒤이은 한국전쟁이라는 국가적 소용돌이 속에서, 자신의 신앙적 양심 안에 직업적 본분에 충실하면서 동시대인과 후세대와 나누며 책임적 삶을 살다간 궤적을 엿볼 수 있다. 자신의 은사를 따라 직업적 소명에 충실한 삶을 일관하면서 고난 앞에 굴하지 않았고, 자신을 드러내려 애쓰지도 않았으며 입에 발린 말로만 자기의 신앙을 표출하지 않았다. 언행/신행이 분리된 기독교인이 많은 이 시대 한국 교계에 김형남의 삶이 던져주는 깊은 울림의 메시지가, 포스트코로나 시대 기본에 충실한 한국교회로 거듭나도록 도전하는 큰 반향이 되기를 바란다.

참고문헌

Mackay, John A. *God's Order: The Ephesian Letter and the Present Time*. London: Nisbet & Company, 1953.

Riggio, Ronald E. Ira Chaleff and Jean Lipman-Blumen. eds. *The Art of Followership*. San Francisco: Jossey-Bass, 2008.

Wright, Walter C. "Introduction: Mentor to Mentor." in *The Three Tasks of Leadership: Worldly Wisdom for Pastoral Leaders*. ed. Eric O. Jacobsen. Grand Rapids: Eerdmans, 2009.

김형남. 전기편찬위원회 편. 『김형남전: 한알의 밀알』. 서울: 숭전대학교 출판부, 1985.

성석환. 『지역공동체와 함께하는 교회의 새로운 도전들: 한국적 '선교적 교회'를 향하여』. 서울: 총회한국교회연구원, 2018.

영등포산업선교회 40년사 기획위원회. 『영등포산업선교회 40년사』. 서울: 영등포산업선교회, 1998.

이중. "당신의 품군"(獻詩). 『김형남전: 한알의 밀알』. 서울: 숭전대학교 출판부, 1985.

조지송. "영등포 도시산업선교회(예장)." 조승혁 외 6인 편. 『노동자와 함께: 산업선교와 노동자 인권』. 서울: 기독교대한감리회 도시산업선교중앙위원회.

강아람. "선교적 교회론의 성경적 근거: 크리스토퍼 라이트의 선교적 해석학 중심으로." 『선교신학』 34-Ⅲ(2013): 11-46.

______. "포스트코로나 시대의 선교적 교회론 고찰." 『선교신학』 60(2020. 11): 9-42.

계재광. "기독교 리더십과 선교적 교회론의 소명에 대한 연구." 『신학과 실천』 68(2020. 2): 555-582.

김형남. "슬기와 근면." 『기독교사상』 (1969. 1) : 128-131

박형순. "기독교학교 보직자를 위한 서번트 리더십의 신학적 패러다임 연구." 『대학과 선교』 21(2011): 109-131.

성석환. "지역공동체를 세우는 선교적 교회." 『목회와 신학』 (2013. 3).

윤은석. "습관을 따라 하는 한경직 목사의 체험적 기도: 나, 교회, 세상을 향한 삼중적 기도." 『선교와 신학』 55(2021): 217-254.

이대헌. "선교적 교회론에 입각한 선교 및 교회 이해." 『목회와 신학』 (2013. 3): 46-47.

이병옥. “선교학 관점에서 보는 조지송의 선교의 다양한 주제들.” 『신학과 사회』 35(2021): 169-203.

임영수. “영성과 인격의 통합적 발전을 추구하는 목회자가 되십시오.” 『목회와 신학』 (2013. 3).

조재국, 박정세, 박명철, 한인철, 정종훈, 이대성. “기독교적 리더십 배양을 위한 현황분석에 관한 연구.” 『대학과 선교』 18(2010): 110-150.

최동규. “GOCN의 선교적 교회론과 교회성장학적 평가.” 『선교신학』 25-Ⅳ(2010): 235-236.

______. “선교적 교회. 무엇이 다른가?.” 『목회와 신학』 (2013. 3): 41-44.

최형근. “선교적 교회란 무엇인가?.” 『목회와 신학』 (2013. 3): 39-40.

박정신. “신교회인물열전/(25)김형남 장로.” 『한국기독공보』, 2003. 8. 23.

“교육계의 선구자 김형남 장로.” 『한국장로신문』 2014. 8. 1. https://blog.naver.com/kjyoun24/220079035814

https://www.kci.go.kr/kciportal/po/search/poTotalSearList.kci [2021. 10. 25 접속].

● 3장

채플에서 기독교 세계관에 근거한 내러티브 코칭적 접근

Ⅰ. 들어가는 말

인류는 힘을 얻었지만, 의미를 잃었다! 역사학자인 유발 하라리(Yuval N. Harari)는 과학기술혁명과 인공지능, 생명공학의 시대를 이렇게 한 문장으로 표현하였다. 『사피엔스』[1]와 『호모데우스』[2]로 이 시대 베스트셀러 작가로 부상한 하라리는 『사피엔스』에서 "인류가 어떻게 지금 같은 지배적인 위치에 이를 수 있었던가"라는 질문에 대해, 인지력과 이야기의 힘이 있었기 때문이라고 답한다. 보잘것없는 신체조건의 사피엔스가 지구를 평정한 것은 특출난 사회적 *협동력* 때문이며, 그러한 협력은 허구의 *이야기*와 *제도*를 만들 수 있는 능력 덕분에 가능했다는 것이다.[3]

즉 인류가 세계를 정복한 것은 연대와 협력을 가능케 한 허구적 이야기를 만들고 그것을 믿는 능력에서 기인한다는 통찰이다. 그럼에도 자유주의는 모든 우주적 드라마를 부인함으로써 급진적으로 진보하긴 하였으나 인간존재 내부의 드라마 속으로 뒷걸음질 쳤다고 분석한다. 게다가 지금까지 대부분의 이야기는 그 지반의 튼튼함보다는 지붕의 무게로 버텨왔다고 지적한다. 정작 이야기를 떠받쳐온 것이 의미 자체의 설득력이라기보다는 집단들이 관행적으로 이어온 의례/의식의 힘이었다는 뜻이다. 이

---

1 Yuval Harari, *Sapiens*, 조현욱 역, 『사피엔스』 (경기 파주: 김영사, 2017).

2 Yuval Harari, *Homo Deus*, 김명주 역, 『호모 데우스: 미래의 역사』 (경기 파주: 김영사, 2017).

3 Yuval Harari, *21 Lessons for the 21st Century*, 전병근 역, 『21세기를 위한 21가지 제언: 더 나은 오늘은 어떻게 가능한가』 (서울: 김영사, 2018), 550. 이는 『사피엔스』에서 시종일관 펼쳐지는 주된 논지로서 책에서 줄곧 언급된다.

제 각종 신화와 믿음의 구속에서 풀려난 개인은 온갖 쇼핑몰에서 자기만의 포트폴리오를 짜고 분산투자할 수 있게 됐지만, 이것이 과연 축복일까[4] 반문한다.

하라리는 『호모데우스』에서 이러한 인간의 의미 창출 능력이 과학기술로 전환되면서 신의 자리를 넘보고 신놀이를 하는 정도가 되었으며, 그것이 역설적으로 인류를 위기로 몰아갈 수 있다고 경고하고 있다. 이야기 경쟁의 최종 승자였던 자유민주주의가 근대에 와서 한계를 드러내면서 과학기술의 결과물은 인간의 조건과 정체성까지 위협할 상황에 처했다는 것이다. 인간 인지능력의 정점인 과학기술의 힘은 이제 인간을 인간보다 더 잘 파악하고 길들이고 조종할 기세다. 이는 인간이 의존해온 자율과 의미의 기반을 허물기 시작했으며 인간 종(species)의 분화 가능성마저도 내포하고 있다고 그는 예견한다. 부지불식간 우리는 세상에서 무용하고 무관한 다수대중으로 전락할 수도, 운 좋게 기술적 이점에 편승한 슈퍼휴먼으로 도약할 수도 있다. 이 그림이 사회적으로 빚어낼 혼돈과 파국의 위험은 누구의 몫이 될 것인가? 하라리는 "인류는 힘을 얻었지만, 의미를 잃었다"라고 단언한다.[5] 하라리는 자신의 저작들을 통해 이제는 더이상 허구의 이야기가 아니라, 진정 내가 어떤 존재이며 어떤 존재가 될 것인가에 대해 자문하고 성찰해야 한다고 역설하고 있다.

그러나 인류가 '이야기'를 떠난다면 그 어디에서 잃어버린 의미를 되찾을 수 있을까? 마치 현란한 드리블을 지켜보다가 마지막 문전 앞에서 슈팅 순간 공을 넘겨받은 그런 기분이다. 그러면 또 우리 시대 청년들의 삶

---

4 Yuval Harari, 『21세기를 위한 21가지 제언: 더 나은 오늘은 어떻게 가능한가』, 552-553.

5 Yuval Harari, 『호모 데우스: 미래의 역사』, 307, 546-548 외 도처에; Yuval Harari, 『21세기를 위한 21가지 제언: 더 나은 오늘은 어떻게 가능한가』, 551-553.

은 어떠한가? 소위 '헬조선' 안에서 N포세대로 생존해야 하는 청년들이 '혼밥'에 '혼술'을 즐기고 '소확행'에 만족해하며 근근이 연명해가고 있다고 말한다면 지나친 과장일까? 가속화되는 무한경쟁의 소용돌이 속에서 신음하며 지내느라고 자신의 존재가치나 삶의 의미는 잃어버리고 자신만의 고유한 삶의 비전도 꿈꾸지 못한채 끊임없이 앞을 향해 질주하는 길들어진 경주마처럼 내달리고 있다. 이에 이 글은 기독교대학이라는 현장에서 기독교교양교육의 일환으로 운영되는 채플에서, 기독교상징을 담지한 이야기를 통한 내러티브 코칭적 방식으로 접근할 필요성이 있음을 제안하려 한다.

포스트모던의 급류 가운데 점점 수평사회로 치환되면서 분산화, 소형화, 비표준화의 기치 아래 다양한 가치의 공존, 협력, 네트워킹이 관건이 되면서[6] 지시하고 가르치는 자(teacher)로서의 수직적인 일방적 역할이 코치(coach)나 조력자(facilitator)로서의 쌍방적 역할로 변모되어 가고 있다. 획일적이 아닌 파편화된 사회에 잘 적응하려면 자신의 잠재력을 잘 파악하여 자신이 기여할 수 있는 분야에서 최고조로 능력을 발휘하는 사람, 즉 메타인지력이 높은 사람들이어야 효율적으로 살아갈 수 있다. 이에 삶의 파트너로서 고민을 들어주며 질문함으로 고착되어있는 고리를 풀고 스스로 길을 찾아가도록 용기를 주며 돕는 코치의 역할이 부각되고 있다. 리더십 관점에서 코칭은 "개인의 잠재력을 최대한 키워내 스스로 생각하고 움직이는 주도적인 인재로 성장시키는 상호존중의 쌍방향 리더십"으로 정의할 수 있다.[7] 코칭은 개인이나 조직의 잠재력을 극대화하여 최상의 가치를 실현할 수 있도록 돕는 수평적 파트너십으로, 사람들이 자신의 비전을

6 장성배, "선교 코칭 모델 연구," 『신학과 세계』 88(2016.12): 326.

7 이희경, 『코칭 입문』 (서울: 교보문고, 2005), 5.

확장하고 자신감을 갖고 잠재력과 기술을 개발하여 목표를 향해 발걸음을 내딛도록 돕는 것이다.[8] 수평적 파트너십 측면에서 코칭은 가르침이라기보다는, 배우는 것을 돕는 행위다.

이 글은 다음과 같이 전개된다. 먼저 포스트모던 사회에서 그 정체성으로 고민하고 있는 기독교대학 채플의 방향성에 대하여 논의한 이후에 코칭에 대한 이해, 특히 내러티브 코칭에 대하여 살펴볼 것이다. 그러고 나서 기독교 세계관에 근거한 이야기라는 상징을 통한 내러티브 코칭적 접근법을 채플에서 활용하는 몇 가지 방안에 대하여 정리하고 글을 마칠 것이다.

Ⅱ. 기독교대학 채플의 정체성 및 방향성

많은 기독교대학들이 대다수가 비기독학생인 청중들을 대상으로 채플을 운영하는 상황 속에서 채플의 정체성을 어떻게 정하고 운영할지에 대한 고민이 만만치 않은 형편에 처해있다. 기독교대학의 채플은 예배인가, 공연인가, 강연 또는 토론의 장인가? 지금까지의 과거와 현재가 어떠했다면, 미래에는 또 어떤 모습으로 나가야 할 것인가?

오스머(Richard R. Osmer)는 그의 책 *Practical Theology*(2008)에서 실천신학 연구방법론을 제시한다: 즉 기술적-경험적 과제(descriptive-empirical task: Priestly Listening); 해석적 과제(interpretive task: Sagely Wisdom); 규범적

8 Gary Collins, *Coaching Bible*, 양형주 · 이규창 역, 『코칭 바이블』 (서울: IVP, 2014), 27.

과제(normative task: Prophetic Discernment); 실제적 과제(pragmatic task: Servant Leadership)가 그것이다.[9] 그에 따르면 이 4가지 과제는 다음과 같은 4가지 질문에서 기인한다: 무엇이 일어나고 있는가?(What is going on?); 왜 이것이 일어나고 있는가?(Why is this going on?); 무엇이 일어나야만 하는가?(What ought to be going on?); 우리는 어떻게 응답해야 하는가?(How might we respond?)이다.[10]

오스머의 연구방법론에 대입시켜 보자. 만일 현재 기독교대학 채플에서 많은 비기독학생들이 적극 참여하지 못하고 오히려 채플이 그들을 재우고 있다면?(What is going on?)--그들은 왜 그들에게 유익하도록 기획된 채플에 와서 자고 있는가? 그들과 무관한 기독교라는 종교의식에 오도록 강요되어 억지로 끌려왔다고 생각하는 것은 아닌가?(Why is this going on?)--그렇다면 채플 시간에 어떻게 해야 그들이 적극적으로 참여하는 동시에, 기독교가 그들에게 주어야만 하는 것을 효과적으로 전달할 수 있을까?(What ought to be going on?)--그러려면 우리는 어떤 방식으로 채플을 운영해나가야만 하는가? 우리는 Z세대인 그들에게 어떻게 응답해야만 하는가?(How might we respond?).[11]

이러한 과제 앞에서 필자는 정체성과 의미를 추구하는 인간의 본성에 집중하여(focusing) 이 질문들에 답하고자 한다. 현금의 한국 사회 속에서 살아가는 사람들은 돈, 직장, 경력, 주택 대출금, 자녀교육, 정치 문제 등

---

9 Richard R. Osmer, *Practical Theology: An Introduction* (Grand Rapids/Cambridge: Wm. B. Eerdmans Publishing Co., 2008), 목차 및 도처에(et al.). 각각의 과제 뒤에 부연되어 있는 정의—제사장적 듣기, 현자의 지혜, 예언자적 분별력, 섬기는 리더십—는 해당 과제의 신학적 특성을 잘 설명해준다.

10 위의 책, 4.

11 Z세대는 1995년대 중반~2000년대 중반에 태어난 이들을 가리킨다. 참고로 X세대는 1965년~1980년에 태어난 이들을, Y세대는 1980년~1995년에 태어난 이들을 지칭한다.

에는 혈안이 되어있으면서도 정작 인생이 무엇인지, 그 의미가 무엇인지에 대한 궁극적인 큰 그림에 대하여는 무지할 정도로 태평이다. 매일 코앞에 닥쳐오는 일상의 세상사에 함몰되어 인간으로서의 근원적 질문에 대하여는 천하태평인 것이다. 정치 경제 사회 문화 등 거의 모든 영역에 걸쳐 혼돈을 더해가는 불확실한 세계에서 자신의 정체성과 참된 가치와 의미를 찾고자 하는 사람들의 내적인 욕구가 건강하게 채워져야 하는 절실한 과제 앞에 놓여 있는 것이다.

청년들은 어떠한가? 단적인 예를 하나 들어보자. 2010년 3월 고려대학교 교정에 '김예슬 선언'이라는 대자보가 붙었다. 당시 경영학과 3학년이던 김예슬은 이 선언문과 함께 조용히 1인 시위하였다. 이 작은 선언문에는 황폐해진 대학사회 분위기를 생생하게 고스란히 전해주는 내용이 가득차 있으므로 다른 말로 풀어쓰기보다 그대로 일부를 옮겨본다. 그녀의 이러한 행동에 대한 찬반의 견해를 표하려는 의도는 없음을 밝힌다.

> 오늘 나는 대학을 그만둔다. 아니 거부한다! G세대로 '빛나거나' 88만원 세대로 '빛내거나' 그 양극화의 틈새에서 불안한 줄타기를 하는 20대. 그저 무언가 잘못된 것 같지만 어쩔 수 없다는 불안과 좌절감에 앞만 보고 달려야 하는 20대. 그 20대의 한가운데서 다른길은 이것밖에 없다는 마지막 믿음으로… 나는 25년간 경주마처럼 길고긴 트랙을 경주해왔다. 우수한 경주마로, 함께 트랙을 질주하는 무수한 친구들을 제치고 넘어뜨린 것을 기뻐하면서, 나를 앞질러 가는 친구들 때문에 불안해하면서, 그렇게 소위 명문대입학이라는 첫관문을 통과했다.… 지금 나는 멈춰서서 이 경주 트랙을 바라보고 있다. 저끝에는 무엇이 있을까? 취업이라는 두번째 관문을 통과시켜줄 자격증 꾸러미가 보인다. 너의 자격증 앞에 나의 자격

증이 무력하고, 그리하여 새로운 자격증을 향한 경쟁질주가 다시 시작될 것이다.… 이름만 남은 '자격증 장사 브로커'가 된 대학, 그것이 이 시대 대학의 진실임을 마주하고 있다. 대학은 글로벌 자본과 대기업에 가장 효율적으로 '부품'을 공급하는 하청업체가 되어 내 이마에 바코드를 새긴다. 국가는 다시 대학의 하청업체가 되어 의무교육이라는 이름으로 12년간 규격화된 인간제품을 만들어 올려보낸다. 기업은 더 비싼 가격표를 가진 자만이 피라미드 위쪽에 접근할 수 있도록 온갖 새로운 자격증을 요구한다. 이 변화 빠른 시대에 10년을 채 써먹을 수 없어 낡아 버려지는 우리들은 또 대학원에, 유학에, 전문과정에 돌입한다. 고비용 저수익의 악순환은 영영 끝나지 않는다. '세계를 무대로 너의 능력만큼 자유하리라'는 세계화, 민주화, 개인화의 넘치는 자유의 시대는 곧 자격증의 시대가 되어 버렸다. 졸업장도 없는 인생이 무엇을 할 수 있는가? 자격증도 없는 인생이 무엇을 할 수 있는가? 학습된 두려움과 불안은 다시 우리를 그 앞에 무릎 꿇린다.[12]

이날의 조용한 시위와 대학거부 선언은 예상외로 격렬한 반응을 불러왔다. 다음날 MBC 9시 뉴스와 경향신문 1면 등 여러 방송과 칼럼으로 보도되고 인터넷 포털 메인에 떠오르고 블로그, 트위터로 재빨리 확산되었다. 대학생과 네티즌들이 밤새 자판을 두드리며 토론했고 분노하며 냉소하고 슬퍼하면서 오랫동안 참아왔던 울분을 쏟아냈다. 김예슬은 이러한 반응에 스스로조차 놀랐으며 이것이 이 시대 누구도 자유로울 수 없는 대학문제나 사회양극화의 뇌관인 교육문제라서만은 아닐 것이며, 세계화 시

12 김예슬, 『나는 오늘 대학을 그만둔다, 아니 거부한다』 (서울: 느린걸음, 2010), 11-12.

대 무한경쟁의 현실 앞에서 인간성의 근원적인 문제이기 때문일 것이라고 진단한다.[13]

현금의 기독교대학들은 세계화 시대 무한경쟁의 현실 앞에서 인간성의 근원적인 문제 앞에 직면하고 있다. 명지대학교 교목인 정대경은 기독교대학의 채플 및 기독교교양과목의 목표를 인성교육으로 정리하면서 다음의 논조로 말한다. 현상학적으로는, 서로 다른 상징체계로 인간이 추구해야 할 궁극적 가치를 다룬다는 데서 기독교와 비기독교 인성교육은 뚜렷이 구별되지만, 본질적 차원에서 비기독교 집단과 사회가 추구하는 궁극적 차원의 인성 즉 '인간의 인간됨'이라는 것이 초월적/궁극적 차원을 보장하는 신적인 실재 없이는 가능할 수 없다는 것이다. 즉 비기독교 인성교육이 상정하는 이상적 인간상이 단지 사회구성원들의 합의로 결정되는 차원이 아니라 실재적 의미에서 인간의 본질성을 지시하는 개념이라면, 이는 신학적 의미에서 '하나님의 형상으로서의 인간'이라는 상징이 지시하는 바와 크게 다르지 않다고 그는 주장한다. 고로 기독교대학이 추구하는 인성교육의 '최종'목표와 비기독교대학이 추구하는 인성교육의 '최종'목표는 '인간의 인간됨'이라는 맥락에서 크게 다르지 않다는 것이다.[14]

정대경은 명지대학교 채플의 형식과 내용은 가시적 형태로서의 기독교 범주를 초월하지만, 그 이면에 내재하는 분명한 신학적 입장은 하나님

13 앞의 책, 18-19. 김예슬 사건을 시작으로 서울대생 유윤종에 이어, 연세대 신방과 4학년이던 장혜영도 2011년 자퇴하는 사건이 일어났다. 당시 그녀가 자퇴를 공개 선언한 대자보의 제목은 '공개 이별 선언문'이었다: "새들에게 날개의 자유가 있다면 인간으로 태어난 우리에게는 스스로가 믿고 사랑할 것을 선택할 자유, 그렇게 선택한 아름다움을 지켜낼 자유, 즉 '사랑에의 자유'가 있습니다.… 사랑에의 자유, 잎사귀에 이는 바람에도 괴로워하던 선배를 둔 우리가 사랑 앞에 자유롭지 못하다면 그 누가 한 점 부끄럼 없이 그의 이름을 부를 수 있습니까. 나는 이제 연세가 아닌 다른 사랑을 향해 떠납니다."(장혜영, 2011년 11월 '공개 이별 선언문' 중에서)

14 정대경, "기독교대학의 인성교육," 『대학과 선교』 40(2019): 18-19.

의 창조주 되심에 대한 고백이라고 언급한다. 만일 기독교가 선포하는 하나님이 모든 것의 궁극적 창조자라면 '모든 것이 선하매 버릴 것이 없다'는 것을 그 신학적 내용으로 채택한다는 것이다. 그의 입장은 다음과 같다. 성서가 담아내고 교회전통에서 해석되어온 진리를 표현하는 형식은 끊임없이 상황화되어야 한다. 그 토대는 하나님나라의 범주가 가시적 형태의 교회에 국한되지 않고 이를 포함해 전세계 온우주에 미친다는 신학적 전제이다. 물론 대중문화에는 파괴적이고 마성적인 인간실존의 왜곡성을 담아내는 측면도 있다. 그럼에도 문화콘텐츠와 형식들을 신학적으로 분별력 있게 비판하면서 차용한다면, 대학 내 기독교선교와 인성교육의 폭을 넓혀갈 수 있다는 것이다.[15]

이러한 확신 가운데 명지대학교 채플의 교육내용은 성서가 담고 있는 내러티브들을 현재 상황에 맞게 풀어내는 성서 중심 강연, 취업면접의 에티켓, 코디, 미용, 그리고 현대인들이 향유하는 문화들에 대한 교육(커피 등)까지 다양하다. 정기적인 채플의 형식은 뮤직&토크 형태로 드린다. 기독학생들과 기독뮤지션 중심으로 구성된 채플공연팀이 공연을 담당한다. 공연은 토크의 주제들이 담지하는 의미나 가치를 환기할 수 있는 대중음악이나 CCM으로 구성된다. 그 외 세족채플과 교수음악회도 있고 최근에 MSS 채플도 시도했다고 한다.[16] 이처럼 다양한 형태의 채플을 시도한 결과 실제로 명지대학교는 70% 이상의 비기독학생들의 기독교에 대한 반감정서를 개선하고, 기독교가 담지하는 궁극적인 진리와 의미와 가치 등을 통해 공감을 얻어내고 있으며 학생들 사이의 유대감 형성과 관계성 증진

---

15 위의 논문, 23.

16 MSS 채플에 관련해서는 이 글의 뒷부분 Ⅳ부에서 좀더 다룰 것이다.

의 장으로도 활용되고 있다고 한다.[17]

위에서 명지대학교의 사례만을 약간 다루었지만, 국내 기독교대학의 채플 및 기독교교양과목 수강자들을 체감비율로 보자면 90% 정도가 무교 또는 비기독학생들이다. 따라서 대다수가 비기독학생들인 기독교대학의 채플 및 기독교교육이 처한 상황 속에서 취해야 할 방향성은, 그 기반에 있어서는 확고한 기독교신학적 정체성을 가지면서도 동시에 그 형식에 있어서는 유연함을 취하여 기독-비기독 학생 모두의 공감을 이끌어내는 일일 것이다. 사람들이 숨 쉬며 살아가고 있는 시공이 끊임없이 빠르게 변화하고 있으므로 채플도 그 내용이나 형식 면에서 지속적으로 변화를 가함으로써 학생들의 상황에 맞는 적합하고도 적실한 교육을 제공[18]하는 일에 경각심을 가지고 깨어있어야 할 것이다.

특별히 이 글에서는 신에 근접하리만치 힘은 얻어가고 있는 듯하지만, 성삭 의미상실의 위기 앞에 있는 포스트모던 사회의 인류, 그것도 그 한 중심에서 신음하고 있는 청년대학생들에게 자기 자신의 가치와 삶의 의미를 일깨우기에 적절한 내러티브 코칭의 방식으로 채플을 운영할 것을 제안하려 한다. 먼저 코칭의 개념과 내러티브 코칭에 대하여 좀더 살펴보기로 한다.

17 정대경, "기독교대학의 인성교육," 『대학과 선교』 40(2019), 21-24 참조.

18 위의 논문, 30.

Ⅲ. 코칭, 크리스천 코칭, 내러티브 코칭[19]

코칭에 대한 관심이 고조되는 현실 속에서도 일반 코칭과 크리스천 코칭 사이의 간격 때문에 무조건적 수용은 어렵다. 전자는 스스로 문제해결 능력이 있는 무한한 잠재력을 가진 휴머니즘적 인간관에 서 있으며, 후자는 하나님의 형상을 잃어버리고 타락하여 자력구원을 이룰 수 없으며 스스로는 문제해결 능력도 없는 인간관에 자리한다. 이에 근본적 해결자이신 하나님의 역할이 중요하다. 물론 모든 코칭에서 코치는 코치이(coachee)에게 답을 주기보다는 스스로 문제해결을 하도록 돕는 자로서 자리한다.[20]

크리스천 코칭에 관한 영미권의 연구는 많이 있는 데 비해, 한국에서는 매우 미비한 편이다. 크리스천 코칭 중에서 선교 코칭(missional coaching)은 장성배에 의해 모델개발이 시도되었으나 이어지는 후속연구는 거의 없는 편이다.[21] 앞서 지적했듯이 세계관이나 인간관에 대한 일반적인 코칭 철학과 기독교 신학의 근본적인 차이로 인해 크리스천 코칭 모델에

---

19 이 글에서 '크리스천 코칭'은 '선교 코칭'보다 다소 넓은 의미로 사용되지만 유사한 개념으로 보면 될 것이다. 하여 때로는 '크리스천 선교 코칭'으로 칭하기도 할 것이다. 또한 내러티브 코칭이라고 쓸 때는 코칭의 본질적인 내러티브적 특성이 강조된 것으로 이해하면 될 것이다. 따라서 '크리스천 내러티브 선교 코칭'이라는 호칭도 가능할 것이다. 본 글의 Ⅲ부는 "영화 〈오두막〉을 통해 본 선교 코칭 사례연구," 『선교신학』 55(2019. 8)에서도 코칭 이론에 관한 유사한 내용을 다루고 있다.

20 장성배, "선교 코칭 모델 연구," 『신학과 세계』 88(2016.12), 328.

21 동일저자의 글로서 장성배, "다문화 코칭과 선교," 『신학과 세계』 94(2018), 307-354를 참조 바람.

관한 연구가 활발하지 못해왔지만, 향후 양자간의 근원적인 상이성을 명확히 규명하면서도 성경에 근거하여 신앙 성장을 도모하는 크리스천 코칭 모델이 필요하다고 하겠다.

최근에는 내러티브 코칭(narrative coaching) 개념도 부상하고 있다. 내러티브 탐구란 개인의 경험을 시간의 흐름과 상황에 대한 고려를 바탕으로 탐구하여 인간의 경험을 이해하는 방법이다. 내러티브 탐구방법을 코칭에 적용한 것은 호 로(Ho Law)에 의해서다. 그는 영국의 지역사회 코칭 프로그램에서 이민자를 대상으로 내러티브를 적용한 코칭 사례를 발표했다. 현재는 스텔터(Reinhard Stelter)를 중심으로 이론화 작업이 진행 중이며 3세대 코칭 운동의 일환으로 주목받고 있다.[22] 3세대 코칭은 성찰적 관점의 코칭이다. 초복잡계적 사회는 특정 관찰자의 관점에서 다양한 세계를 인식하는 특징이 있으며 4차 산업혁명의 격변을 겪는 개인에게 요구되는 것이 바로 성찰성(reflexivity)이다. 내러티브 코칭은 개인의 경험과 이야기를 중심으로 '성찰성'개념을 사용하여 코치이의 긍정적 현실인식과 관점전환을 통한 성장을 모색한다.[23]

내러티브 코칭은 아직 이론적으로 정립되지 않았지만 긍정심리학, 사회구성주의, 시스템 이론, 현상학, 경험과 정서 중심 접근, 정신화 기반

---

22 Stelter는 1세대 코칭을 문제와 목표 관점의 코칭이라 명칭하며 대표적 모델로는 GROW 모델(Whitemore, 2002), NLP(O'Connor&Lages, 2004), 정신역동 코칭(Sandler, 2011), 인지행동 코칭(Palmer&Szymanska, 2007)을 들고 있다. 2세대 코칭은 해결중심 및 미래 지향적 관점의 코칭으로서 해결중심 코칭(Berg&Szabo, 2005; Moltke&Molly, 2010; Stelter, 2002), 강점탐구 코칭(Orem, Binkert&Clancy, 2007), 긍정심리학 코칭(Biswas-Diener, 2010) 등이 있다. 이것은 코치이가 가지고 있는 실존 자원과 강점에 집중하여 미래 해결책을 탐색하며 가능성의 확장을 도모한다.

23 Reinhard Stelter, *Guide to third generation coaching*, 최병현 · 이혜진 역, 『내러티브 상호협력 코칭: 1세대 코칭을 넘어 3세대 코칭으로』 (서울: 한국코칭수퍼비전아카데미, 2018), 217-221 참조.

접근 등을 사용한 이론화 작업이 시도되고 있다. 셀리만(Matin Seligman)에 의해 본격적인 심리학의 한 분야로 주창되었으며 긍정적 정서, 회복 탄력성, 강점, 낙관주의, 희망과 같은 신념을 강조하며 등장한 긍정심리학은 내러티브 코칭에서도 크나큰 역할을 한다. 국내 연구로는 김미숙이 긍정심리학을 기반한 내러티브 코칭적 접근의 유용성을 연구했다.[24] 김미숙에 의하면 내러티브 코칭은 긍정과 부정의 통합을 통해 통합적 인간 이해가 가능하며 성찰성, 정체성 형성, 개인에서 공동체로의 관계영역 확대라는 강점을 가진다. 내러티브 코칭은 개인의 내러티브를 '외재화'하고 '재저작'하는 과정에서 긍정정서가 강조되고, 강점을 기반으로 개인의 정체성을 형성하며 내러티브를 재구성하도록 돕는다. 내러티브 코칭의 큰 장점은 단순한 문제해결 중심이 아니라 성찰성을 통해 정체성 형성과 관점전환을 통한 근본적인 변화를 모색할 수 있다는 점이다.[25] 내러티브 코칭을 활용하면 크리스천의 정체성과 기독교 세계관으로의 변화가 용이해진다고 전망할 수 있다.

크리스천 코칭 모델은 기본적으로 코치이가 기독교적 가치관에 기반한 사람들이라는 전제하에 개발된다. 따라서 기독교적으로 삶의 의미를 추구하며 초월적 존재와의 교제 속에서 삶을 영위하므로 크리스천 코칭 과정은 기독교 세계관에 입각해서 진행되어야 한다. 콜린스(Gary Collins)는 크리스천 코칭의 핵심은 개인이나 집단을 도와 그들이 현재 있는 지점에서 하나님이 원하시는 지점으로 옮겨갈 수 있도록 인도하고 힘을 북돋우는 것이라 정의했다.[26] 이대준도 비슷한 의미로, 크리스천 코칭은 한 개인

24 김미숙, "성숙한 리더십을 위한 내러티브 코칭 유용성 연구," 『연세상담코칭연구』 4(2015): 33-54.
25 Reinhard Stelter, 『내러티브 상호협력 코칭: 1세대 코칭을 넘어 3세대 코칭으로』, 245-259 참조.
26 Gary R. Collins, *Christian Coaching* (Colorado: NavPress, 2011).

을 볼 때 하나님이 바라보시며 기대하시는 것이 무엇인지를 발견하고 그것을 실현하는 데 초점을 둔다고 강조한다.[27] 또 강연정 · 양은경은 기독교 코칭이란, 모든 사람은 하나님의 형상으로 지음받았고 각 개인이 지닌 다양한 은사들이 있는데 믿음과 가능성을 가지고 각자의 삶에서 하나님의 뜻을 발견하고 자신의 목표를 이룰 수 있도록 변화와 성장을 돕는 과정이라고 설명한다.[28] 크리스천 코칭도 변화와 성장이라는 지향점은 일반 코칭과 유사하지만, 하나님과의 관계 안에서 인간관, 목표, 과정을 재정의하고 있다.

즉 일반 코칭 공간에서는 코치와 코치이 가 파트너십을 수행한다면, 크리스천 코칭은 여기에 한 요소—하나님의 현존—가 더해진다. 그러므로 코칭이 이뤄지는 시공간에는 코치, 코치이, 하나님이 함께 역동적으로 상호작용하는데, 궁극적인 주도권은 코치나 코치이가 아닌 하나님에게 있다. 그분은 보이지 않는 주권자로서 코칭 대화를 이끌어가신다. 크리스천 코칭 모델에서 사람을 변화시키고 모든 것을 고치는 것은 전적으로 성령에게 달려 있기에 코치와 코치이는 성령을 신뢰해야 한다. 즉 크리스천 코치는 코치이 내면에 있는 성령에게 코칭의 주도권을 넘기고 코칭 프로세스를 운영해야 한다.

코치와 코치이는 이 과정에서 하나님의 긍정정서에 참예한다. 일반적으로 코칭은 긍정심리학에 기반하여 대화 과정 가운데 긍정정서의 고양을 매우 중요하게 다룬다. 기독교적 관점에서도 긍정정서가 역시 강조되지만, 하나님의 긍정정서에 참예한다는 점에서(마 25:23) 일반 긍정정서와 차

---

27 이대준, "목회 지도력으로서의 크리스천 코칭 연구" (한신대학교 신학전문대학원 미간행 박사학위논문, 2006).

28 강연정 · 양은경, "고등학생의 자기관리와 리더십 계발을 위한 기독교코칭 프로그램," 『한국기독교상담학회지』 22(2011): 11-34.

이가 있다. 기독교 관점에서 긍정심리학을 연구한 최용성은 예수 그리스도에게 기반한 긍정정서와 덕의 성품들이 긍정심리학의 강점 및 긍정정서와 연결점이 있다고 주장하였다. 즉 긍정정서의 원천은 하나님과 그리스도라는 초월적 존재이며 내주하는 성령으로 말미암아 긍정정서가 고양된다는 것이다(요 15:11; 17:13). 코칭의 모든 과정에서 성령님과 동행한다면 코칭 대화 가운데 기쁨의 긍정정서가 생겨난다. 기쁨은 성령의 열매로 나타나기 때문이다(갈 5:22).[29] 더 나아가 기독교는 긍정정서와 부정정서의 통합을 지향한다. 지금 우리가 가진 근심과 같은 부정감정은 종말론적으로 예수 그리스도 안에서 긍정정서로 통합될 것이다(요 16:20). 이러한 종말론적 비전은 기독교인들이 환란이나 위기의 때에도 긍정정서를 유지할 수 있도록 한다.[30]

정리해보자. 크리스천 코칭의 본질적인 긍정정서는 하나님의 기쁨에 참예하는 것이며 성령의 열매로서 맺어지는 것이다. 크리스천 코칭 과정을 통해 초월적 존재의 고양된 긍정정서가 인간 내면에 통합됨으로써 근심 · 걱정 · 염려와 같은 부정정서를 극복하고 새로운 관점과 행동으로 나

---

29 최용성, "긍정심리학과 행복 · 덕윤리교육의 적용: 기독교적 관점에서," 『철학연구』 140(2016), 75-127.

30 리쾨르(P.Ricoeur)는 긍정의 해석학을 변증법적으로 수용하여 프로이트, 마르크스, 니체의 해석학을 접목하는 학자다. 사람의 일상적 의식은 욕망 · 지배 · 의지에 대한 의식으로 투명한 의식이 아니므로 의심의 해석학으로 자기의식의 관념론적 오류를 밝혀야 한다. 한편 하이데거와 가다머가 행하는 (존재)긍정의 해석학을 통해서는 잃어버린 의미를 되찾는다. 인간은 유한하고 오류를 범하기에 절대적 해석을 주장할 수 없고 절대적 해석을 안하는 것이 옳다. 사유와 철학을 포기해서도 안 된다. 리쾨르는 절대적 해석을 부정하면서 의심과 긍정의 해석학의 조화를 추구한다. 주체의 고고학과 목적론은 함께 간다. 기독교 종말론이 이를 종합한다. 처음을 이해하려면 끝을 통해 보아야 하고, 끝은 처음이 있어야 가능하다. 신과의 화해를 통해서야 완전무결을 꿈꿀 수 있는 불완전한 인간은, 종교적 상징이 있기에 꿈꾸기가 가능하다. [정기철, 『상징, 은유 그리고 이야기』(서울: 문예출판사, 2002), 17-19.]

아가는 정서적 · 심리적 자원을 얻을 수 있게 된다.[31]

크리스천 코칭의 대화 과정에서 코치와 코치이 외에 초월적 존재의 영향력을 염두에 두는 일이 중요하다고 강조했는데, 그러한 대화 과정에서 무엇보다도 하나님의 관점에서 내러티브를 재구성하는 일이 필요하다. 하나님과 예수와 성령의 관계 안에서 새로운 관점과 전망이 생겨나는 것은 크리스천 코칭에서 대단히 중요한 의미를 지닌다. 스텔터(Stelter)는 내러티브 코칭을 통해 개인 및 사회적 의미를 재구성해야 한다고 제안하였지만, 크리스천 내러티브 코칭은 여기서 한걸음 더 나아가 개인적, 사회적 의미뿐만 아니라 영적 의미까지 재구성해 내야 한다. 그러한 영적 의미 재구성을 위한 내러티브는 성경의 내러티브에서 찾을 수 있다.

이와 같은 코칭의 개념들을 잘 이해하였다면, 다음은 내러티브 코칭의 방식을 기독교대학 채플에서 활용할 수 있는 방안들에 대하여 모색해 보기로 한다.

Ⅳ. 내러티브 코칭을 활용한 채플 방안

절대타자이신 하나님 또는 다른 인간 타자들의 이야기는 에둘러서 오히려 자기 자신의 이야기를 보게 해준다. 초월적인 절대타자이건 동료 인간으로서의 타자이건 간에, 사람은 자기가 아닌 타자들의 이야기를 통해 자신의 이야기를 에둘러 보게 된다. 타자들의 이야기 앞에 노출될 때라야

31 김미숙, "성숙한 리더십을 위한 내러티브 코칭 유용성 연구," 『연세상담코칭연구』 4(2015), 33-54.

자신의 이야기가 보이는 것이다. 타자들의 이야기가 곧 자기 이야기를 들여다보고 비추어주는 거울의 역할을 하는 것이다.

크리스토퍼 라이트(Christopher H. Wright)는 성경 안에 나오는 다양한 작은 이야기들을 포괄하면서도 일관되게 흐르고 있는 하나님의 선교라는 큰 이야기를 '메타내러티브'라고 부른다. 그리고 이 큰 이야기가 우리의 작은 이야기들의 현재 좌표를 알려주고 미래 방향성을 보여주며 그 시작과 끝을 알게 함으로써 우리의 작은 이야기들의 의미를 밝혀준다고 말한다.[32] 마이어즈(Bryan Myers)도 이와 유사한 언급을 한다. 성서의 이야기는 우리의 이야기들이 무엇을 위한 이야기인지, 그 이야기들은 어디로 가고있는지, 누구의 이야기가 진짜 참된 이야기인지를 탐문하는데 유용한 틀을 제공한다는 것이다. 즉 모든 공동체가 가진 이야기가 어떻게 시작되는지, 왜 그 이야기는 고통과 불의와 투쟁으로 가득차 있으면서도 기쁨과 사랑과 소망으로 가득한지를 설명해준다. 또 공동체의 이야기들이 창조주께서 의도한 방향으로 다시 되돌아서게 하는 방안에 대한 답을 주며, 하나님나라의 은유를 통해 가장 좋은 인간이야기가 어떤 것인지도 묘사해준다고 한다. 또 우리의 모든 이야기가 어떻게 끝날 것인지를 말해준다. 무엇보다 우리의 이야기들이 무엇을 위한 것인지를 성서의 메타내러티브를 통해 배울 수 있다고 설명한다. 결국 그것은 한분 참 하나님을 예배하기 위한 것이다.[33]

어디 성서에 나타나는 메타내러티브 뿐이겠는가! 시공의 역사 속에서 살아가는 존재인 인간에게 있어 내러티브의 중요성은 의미심장하다. 인

32 Christopher Wright, *The Mission of God*, 정옥배 · 한화룡 역, 『하나님의 선교』 (서울: IVP, 2010), 61-64 참조.

33 Bryan Myers, *Walking with the Poor: Principles and Practices of Transformational Development* (Maryknoll, NY: Orbis, 1999), 11-12.

간의 시간 속에서의 경험은 이야기로 이해되고 이야기로 서술되기 때문이다. 이야기가 없이 인간의 삶을 말하거나 이해하는 일은 불가능하다. 그래서 인간은 이야기적 존재이다. 모든 인간은 자신들의 삶을 통해 많은 이야기를 만들어가면서 살아갈 뿐만 아니라 자신들이 옳다고 믿는 이야기들에 의해서/준해서 살아가고 있다. 즉 스스로 이야기를 구성하면서도 이야기에 의해 구성되는, 본질적으로 이야기로 말미암아 살아가는 존재가 인간인 것이다.[34]

인간 삶의 이해와 의미 찾기를 위하여 이야기의 역할이 중요함을 언급했는데, 코칭의 영역에서도 최근 부상하고 있는 내러티브 코칭 개념을 소개했었다. 내러티브 코칭은 개인의 경험과 이야기를 중심으로 '성찰성'개념을 사용하여 코치이의 긍정적 현실인식과 관점전환을 통한 성장을 모색한다.[35] 스텔터(Stelter)는 코치이가 특정 문제에 대한 지나친 집중보다는 궁극적으로 *삶의 본질인 의미 찾기*를 향해 나아가야 한다고 주장하였다. 고로 내러티브 코칭은 직접적인 문제해결보다는 *정체성 변화*와 *관점전환*과 *의미형성*이 주목적이다. 이를 기독교대학 채플에서 활용하는 방안

34 이야기를 통한 인간 해석에 집중하는 리쾨르(Paul Ricoeur)의 상징 해석학은 거룩한 것을 상실한 현대인에게 거룩한 것을 되돌려주려는 시도다. 그가 은유/비유/상징/이야기에 집중하는 것은 해석이 필요없는 과학적/논리적 언어보다, 해석이 필요한 비논리적 언어가 표현하는 의미와 세계를 통해 인간 이해가 더 용이하다고 보기 때문이다. 상징은 생각을 낳고 은유는 현실을 재기술한다. 언어로 인해 잃어버린 세계를 은유가 다시 기술해주며 현실을 새로이 조명하게 한다. 은유는 의미의 잉여(剩餘)를 낳고 은유가 재기술한 세계를 '이야기'가 삶의 영역에 적용하라고 요구한다. 리쾨르가 추구한 의미는 절대명증한 자기의식에서 나오지 않기에 상징/은유/이야기 같은 텍스트를 경유하여 산출된다. 텍스트는 텍스트 자체의 삶, 역사, 문화를 상징화하거나 이야기한 것이다. 인간은 텍스트를 통해 주어졌고 텍스트를 통해 얻은 의미를 통해 자기 존재에 의미를 부여한다. 의미는 직접적이고 투명한 것이라기보다 간접적이고 해석이 필요한 것이다[정기철, 『상징, 은유 그리고 이야기』, 26].

35 Reinhard Stelter, *Guide to third generation coaching*, 최병현 · 이혜진 역, 『내러티브 상호협력 코칭: 1세대 코칭을 넘어 3세대 코칭으로』, 217-221 참조.

을 아래와 같이 제안해본다. 필자가 제안하는 방식들이 이미 유사한 형태로 시행되고 있는 대학들도 있을 것이라고 사료된다. 만일 그러한 경우라면 이미 시행하고 있는 채플의 철학을 특히 내러티브 코칭이라는 관점에서 되새겨보는 기회가 된다면 유용할 것이다.

A. 코칭 영화를 통한 영상 채플

그런데 특히 영화 매체가 내러티브로 구성된다는 특성에서 '영화 코칭'(또는 코칭 영화)이라는 분야도 있다. 예를 들어, 코칭 철학을 배울 수 있는 '코칭 영화'로서 *October, Crash, August Rush, Seabiscuit, Accepted, 패치 아담스, 행복을 찾아서, 굿 윌 헌팅, 에반 올마이티, 버킷 리스트, 콘택트, 클릭, 코러스, 매트릭스, 베가번스의 전설, 롱기스트 야드, 라스트 캐슬, 마지막 군단, 묵공, 크림슨 타이드* 등을 꼽을 수 있다.[36]

한편, 영화라는 예술매체를 통해 코칭을 쉽게 이해하고 코칭 노하우를 습득하며 다양한 사례를 통해 학습할 수 있는 프로그램도 존재한다. 영화속 롤모델을 통해 효과적인 코칭 노하우를 실천적으로 학습하며 일상의 다양한 사례연구를 하거나, 또 영화제작 과정을 통해 이상적인 코치로서의 모습과 자신의 장점을 발견하고 성장할 수 있도록 하는 프로그램이다.[37] 이로써 영화와 코칭의 긴밀한 연결성을 엿볼 수 있는데, 무엇보다 둘 다 내러티브의 특성을 띤다는 데서 그 주된 연결점을 찾을 수 있을 것

36 "내가 본 코칭 영화들," 『미주중앙일보』 (2009.9.2), http://blog.koreadaily.com/view/myhome.html?fod_style=B&med_usrid=bizcoach&cid=134825&fod_no=6 [2019. 6. 13 접속].

37 '영화예술로 배우는 부하코칭'이라는 *엑스퍼트아카데미*의 프로그램이다. (cf.) 다음은 싸이트 주소: http://www.excacademy.co.kr/program/program_total/program_detailpage.asp?progno=EPQ506Q62015102010461391KUTB1Q

이다.

그러면 내러티브 코칭을 채플에서 활용하는 방안의 하나로서, 코칭 영화를 통한 영상 채플을 시행할 수 있을 것이다. 크리스천 코칭의 훌륭한 모델을 보여주는 영화 한 편을 잠시 소개하면서 논의해보고자 한다. 영화〈오두막〉(2018)은 크리스천 내러티브 코칭을 위한 영화라고 해도 과언이 아닐 만큼 그대로 '코칭 영화'다. 이 영화에서는 성부-성자-성령이 세 분의 인물로 등장하여 주인공 맥과 깊은 교감을 나누며 맥의 상처치유를 돕고, 쌍방적 소통과 심오한 논쟁을 통해 주인공 스스로 깨닫게 하시면서 그렇게 삼위일체가 일심협력하여 맥을 새로운 삶으로 인도해 가신다. 이로써 맥은 삶의 의미와 자신의 정체성을 새롭게 발견하게 되고 새로운 세계관 속에서 희망을 가진 사람으로 살아가게 된다. 이 영화에서 삼위일체 하나님의 내러티브 코칭은 맥의 정체성 변화와 관점전환과 의미형성을 주목적으로 이루어진다. 이 영화는 그 전체가 마치 코칭의 교과서적인 내용을 다루고 있는 것 같다.

윌리엄 폴 영(William Paul Young)의 원작소설인『오두막』은 입소문만으로 베스트셀러가 되어 전세계적으로 2천5백만 부 이상 판매되었으며 '세계에서 가장 많이 팔린 책 Top100 명예의 전당'에 등록되었다. 영화〈오두막〉은 *Life of Pie* 제작진(스튜어트 하젤딘 감독; 존 푸스코 각본)에 의해 만들어져 2017년 3월 개봉되었으며, 한국은 2017년 4월에 개봉되었다. 같은 해 전세계 88개국에서 개봉하는 기록을 세웠다. 이 영화는 성경재현 영화나 예수영화 같은 직접적인 종교영화라기보다는 판타지 힐링 영화로 소개되었다. 즉 성경의 사건이나 인물에 대한 직접적인 다큐멘터리도 아니고, 예수나 초대교회 등을 재현한 예수영화나 성경재현 영화도 아니며, 기독교 판타지 장르의 힐링 드라마로 분류되는 것이 맞을 것이다.[38] 박형철도 '대면'이라는 주제로 이 영화를 조망하면서 기독교 판타지 드라마로 분류하고 있다.[39]

이 시대의 '천로역정'과도 같은 이 소설은[40] 맥켄지 필립스(이하 맥)에게 일어나는 이야기다. 맥의 막내딸 미시는 가족 캠핑 중에 유괴된다. 딸의 시체는 발견되지 않았지만, 경찰은 폐허인 숲속 오두막에서 아이들만 노리는 악명 높은 연쇄살인범에 의해 잔혹하게 살해된 증거를 찾아낸다. 그로부터 4년 뒤 거대한 슬픔 속에서 헤매던 맥은 하나님('파파'라는 발신자)으로부터 오두막으로 찾아오라는 쪽지를 받는다. 위험을 무릅쓰고 맥은 거대한 슬픔이 시작된 사건 현장을 방문하게 되고 그곳에서 주말 동안 파파와의 만남을 경험한다. 삼위일체의 성부, 성자, 성령은 각각 인간의 형태로 출현한다. 하나님은 덩치가 큰 흑인 여성으로, 예수는 중동 출신 목공으로, 성령은 아시아 여성이다. 이들은 같은 집에 살고 있으면서 그들의 집에 방문한 맥을 크게 환영한다. 또 한편, 맥은 지혜의 여신(wisdom)을 동굴 속에서 만나기도 한다.

필자는 기독교대학 채플 시간과 교양필수 기독교과목 시간 중에 〈오두막〉영화를 시청하는 시간을 가졌다. 영화는 거대한 슬픔에 빠진 맥이 오두막에 있는 세 사람과의 길고도 심오한 대화와 때론 격렬한 논쟁을 통해, 기독교 신학 내에서도 논쟁이 되어온 삼위일체에 대한 쟁점 및 사회적이고 종교적인 여러 이슈를 잘 풀어내고 있다. 즉 기독교(또는 종교)의 본

---

38 영화와 신학의 관계에 대한 다음의 글을 참고 바람: 강아람, "영화의 선교해석학적 성찰," 『선교와 신학』 46(2018. 10): 103-139.

39 박형철, 『구원의 드라마 in Film』 (서울: 도서출판 예술과영성, 2019), 57.

40 영화와 원작소설의 제목, 등장인물, 줄거리, 대사 등이 거의 동일하게 전개되므로 이하의 이야기는 소설과 영화에서 공통되는 내용임을 밝힌다. 물론 소설이 훨씬 더 많은 대사로 구성되어 있다.

질, 선악의 문제, 신정론, 삼위일체의 친밀한 교제, 판단/심판, 죄의 문제, 용서, 회복, 치유, 사랑, 자유의지 등의 심오한 종교적 · 사회적 이슈들을 유기적으로 연결하여 풀어내고 있다. 영화가 진행되는 내내 삼위일체는 일심으로 협력하여 맥의 상처를 품어주고 질문과 응답으로 스스로 깨닫게 하면서 사랑으로 어루만지어, 결국 맥은 자기 정체성과 현실에 대한 새로운 인식을 통해 변화된 사람이 되어 오두막을 떠난다.

이 영화가 기독교 영화임이 분명한데도 80%에 육박하는 비기독교 학생들도 채플이나 기독교교양과목 시간을 통해 상당히 흥미롭게 시청하는 것을 여러 학기를 통해 목격하였다. 또한 크리스천 교수자로서 기독교에 관한 다양한 이슈를 전달할 때도 영화의 다양한 상징과 접촉점을 통해 흥미롭게 강의를 진행할 수 있었다. 종교 차이나 유무를 막론하고 이 영화에 대한 호응도가 높은 이유 중의 하나를 들자면, 영화를 보는 내내 주인공 맥을 따라 시청자들도 크리스천 내러티브 코칭을 받고 있다는 느낌—시청자들이 코칭의 개념을 인식하지 못할지라도—이 생생하게 들기 때문이라고 생각한다. 이 영화를 시청한 후 많은 비기독학생들이 다른 토론시간에, 함께 공유하고 있는 이 영화에 대한 내용을 거론하면서 토론하는 장면도 수차례 목격하였다.

코칭 영화를 보여주면서 영상 채플을 시행하는 경우, 1회의 채플에 전달하고자 하는 내용을 다 담아낼 수 없을 때는 몇 차례로 나누어 연속으로 진행하는 것도 하나의 방법이 될 것이다. 영화를 그대로 또는 자르거나 편집하여 보여줄 수 있겠지만, 무엇보다 중요한 것은 암묵적으로 내러티브 코칭을 행하는 강연자로서 영화를 어떻게 소개하는지가 참으로 중요하다. 코칭 철학을 잘 담아서 영화에 대해 일목요연하면서도 흥미롭게 잘 설명하여 전달해주는 일이 영화 내용 못지않게 중요하다는 사실을 경험을 통해 깨닫게 되었다.

그러한 면에서 크리스천 내러티브 코칭의 개념으로 영화를 정리해본다. 크리스천 코칭은 하나님이 사람들을 사랑으로 보듬고 들어주고 깨닫게 하시는 방식을 취한다. 성육신하신 성자는 사람들에게 찾아오시어 눈높이를 맞추시고 친구처럼 그들의 신음과 이야기를 경청하시며 때론 질문을 던지셔서 스스로 깨닫도록 하신다. 또 성령은 사람들의 마음을 위로 감찰하시며 하나님의 말씀이 생각나게 하심으로써 스스로 깨닫도록 인도하신다. 주인공 맥은 막내딸이 비참하게 죽은 이후로 거대한 슬픔과 분노에 휩싸여 지내다가, 파파의 초대장을 받고 문제의 장소(topos)인 오두막[41]으로 간다. 거기에 모든 것이 얽혀서 고뇌하며 신음하는 맥의 삶을 회복하고 자신이 사랑받는 존재임을 확인시켜주어 새로운 삶을 살아가도록 하기 위함이었다. 성부 성자 성령은 위에서 나열한 경청과 질문들을 통한 잘 디자인된 일련의 코칭 과정을 통해, 맥의 과거와 현재의 불만족스러운 부정적인 상태에서 맥을 끄집어내어 믿음과 소망과 사랑의 관점을 가진 자로 새롭게 살아갈 수 있도록 놀라운 변화를 일으켜주었다. 맥은 이제 하나님을 기쁘시게 하는 사명자로 살아가게 된 것이다. 내러티브 코칭을 통한 정체성 변화가 관점의 변화를 낳았고 삶의 의미를 새로이 발견하게 된 것이다.

B. 학생참여 채플

다음으로 또래 학생들이 강연자로 나서서 그들의 이야기를 직접 들려

41 맥에게 있어 오두막은 딸이 살해당한 곳이기도 하면서, 자신이 어렸을 때 폭행을 일삼던 아버지를 간접 살해했던 맥의 숨은 죄와 상처가 맞물려 있는 문제의 장소였다.

주는 학생참여 채플을 활용할 수 있을 것이다. 채플은 교회 내에서의 선포적 설교와는 물론 달라야 하며, 또 단지 대단위의 강연으로만 머물지 않고 학생들이 주도적으로 참여하는 학생참여방식의 채플이나 소그룹 중심의 참여 채플로 나아갈 필요가 있다. 정대경은 명지대학교가 최근 시행한 학생참여 채플(Myongji Sharing Square, MSS 채플)의 예를 들면서 학생들이 수동적으로 관람하는 자세를 벗어나 능동적으로 자신들의 삶의 궤적과 거기서 얻은 교훈과 경험을 나눌 수 있는 채플을 마련했다고 소개한다. 강연자로 나온 학생들은 친구나 가족과의 관계에서 생긴 어려움 등에 대한 자기 경험을 진솔하게 나누거나 또는 자기 비전이나 꿈을 이루려고 어떤 노력을 경주하고 있는지 등을 나누었다. 정대경은 이를 통해 학생들의 참여를 이끌어내고 자기 이야기를 대중강연의 형태로 전달하는 장을 마련해주고, 또한 또래 수강생들과 자기 삶을 공유하고 공감하는 기회를 제공했다는 데서 진일보하였다고 스스로 평가한다.[42]

학생참여 채플의 경우 숭실대학교도 최근 한 학기 행하였는데, 화자와 청자 모두에게 유익한 경험임을 체험하였다. 이를 통해 화자와 청자들이 함께 성장해 갈 수 있기 때문이다. 강연자인 화자는 자신만의 경험을 대중 앞에서 표출함으로 과거의 내재화된 아픈 경험을 외재화 할 수 있게 되며, 또 한편 대중 앞에 자기 이야기를 드러내고 듣는 사람들의 반응 앞에서 강연자 스스로의 이야기도 어느 정도 재저작 과정을 겪는다고 볼 수 있다. 자신이 겪은 이야기를 정리할 수 기회에 노출되었기 때문이다.

청자들 또한 그 누구에게도 미처 말할 수 없는 고통이나 상처를 타인의 입을 통해 들음으로써 그러한 어두운 일들을 자기만 겪고 있는 것이 아

42 정대경, “기독교대학의 인성교육,” 『대학과 선교』 40(2019): 22-23.

니라는 안도감과 더불어, 그에 대한 하나의 대안적 해결방안을 얻어갈 수도 있기 때문이다. 그러므로 청자의 입장에서 자기 내면의 상처가 외재화되기도 하지만, 다른 사람의 이야기를 들으며 그 이야기 앞에 대면함으로써 자기 이야기와의 상호작용을 통해 자기 이야기를 재저작하는 기회를 갖게 되는 것이다. 이러한 일련의 과정은 의식적/무의식적으로 이루어질 것이다. 이러한 점이 바로 내러티브 코칭의 진정한 상호적 유익이라 할 수 있다.

2019년 1학기에 처음 도입한 학생참여 채플에서는 숭실대학교 내의 기독교연합단체(숭기연), 기독교동아리(CCC), 학생찬양팀(도브, 러비너스), 단기 해외선교봉사팀(임팩트) 등에서 참여하였다. 강연으로 나서는 학생들을 지도하면서 지나치게 직접적인 복음전도의 어투와 문법으로 전하는 방식을 지양하고, 좀더 부드럽고 자연스럽게 청중들에게 다가가도록 주문하였다. 이를 통해 강연 학생은 믿지 않는 친구들의 사고체계를 좀더 이해하는 입장에 서게 되고, 대다수가 비기독학생인 청중들은 누구나 사람이라면 삶 속에서 으레 닥쳐오는 고통이나 난관 앞에서 기독교인이건 비기독교인이건 동병상련의 마음이나 공감, 또는 종교체계가 다름으로 인한 이질감 등을 느낄 수도 있다. 화자와 청자들 모두 모종의 해방경험을 하게 됨으로써 내러티브 코칭이 상호간 협력적인 작용을 하게 됨을 알 수 있다.

이처럼 학생참여 채플이 지니는 매력과 힘은 의미심장하다. 화자와 청자 모두에게 유익하며 서로를 변화시키고 서로를 성장시킨다. 사람은 독립적으로가 아니라 함께 연대함으로써 성장해 나간다. 우리의 삶의 이야기를 바꾸면, 우리의 삶이 변화될 것이다. 진정한 코칭은 서로 반대편에 서 있는 두 사람의 세계를 변화시킬 것이다. 코칭은 상호협력적인 내러티브다. 코칭은 단지 해결책만을 찾는 기술이 아니라, 코치와 코치이의 상호협력을 통해 새로운 이야기를 창조하는 사건이다. 코칭의 진정한 가치는 목표의 해결에만 머물지 않고 삶에 새로운 내러티브를 창조하는 데 있다. 코칭은 코치이를 억압된 과거에서 해방시킴으로 현재의 기억을 새롭게 하고 변혁적 미래를 만들어가도록 돕는다. 이 창조적 행위는 코치와 코치이 사이에서 발생하는 일방향적 독백을 무너뜨리고 상호협력적 대화를 이끌어내며, 코치이 내면에 깃들어있는 진정한 힘을 이끌어내는 변증법적 대화[43] 사건인 것이다.

앞으로는 이러한 변증법적 대화 상대자들의 범위가 넓혀지길 바란다. 예를 들어 학교 안에 점점 늘어나고 있는 중국 학생들이 유창하지 않은 한국말로 자신들의 이야기를 들려주는 시도라든가, 심지어는 반드시 크리스천이 아닌 학생들이 강연자로 나서는 일도 필자는 좋은 시도라고 생각한다. 중국 학생들로부터 유창하지 못한 어눌한 한국어로 그들이 한국 대학과 사회에 들어와 살면서 피부로 느끼는 다양한 이야기들을 듣게 되면, 한국 학생들에게는 정감넘치는 시간이 될 것이며 좀더 가까이에서 그들이 필요로 하는 것들로 도와주고 싶은 마음이 생생히 차오를 수도 있을 것이다.

이처럼 내러티브 코칭은 긍정과 부정의 통합을 통해 통합적 인간 이해가 가능하며 성찰성, 정체성 형성, 개인에서 공동체로의 관계영역 확대라는 강점을 가진다. 또 무엇보다 일방적이고 공격적이며 권위적인 방식이 아닌 상호협력적인 방법론이 Z세대들에게 매력적으로 어필된다. 내러티브 코칭은 개인의 내러티브를 '외재화'하고 '재저작'하는 과정에서 긍정정서가 강조되고, 강점을 기반으로 개인의 정체성을 형성하며 내러티브를

43 Reinhard Stelter, 『내러티브 상호협력 코칭: 1세대 코칭을 넘어 3세대 코칭으로』, 29-30.

재구성하도록 돕는다.[44] 내러티브 코칭을 활용하면 특별히 청년층에게 크리스천으로의 정체성과 기독교 세계관으로의 변화가 좀더 용이해진다고 전망할 수 있겠다.

V. 나오는 말

글을 마치며 유발 하라리의 언급을 다시 상기해보자. 허구의 이야기를 만들고 믿고 의미를 부여함으로써 연대 · 협력하고 또 제도를 만드는 능력 덕분에 신체조건이 열악한 인간이 만물의 영장이 될 수 있었다는 피력 말이다. '허구의 이야기'라는 그의 표현은 민족, 기업, 종교, 인종주의 등이 그것들이 신봉하는 이야기에 갇혀서 서로 반목하면서, 정작 고통당하고 있는 생명체의 정신의 실체를 놓쳐서는 안 된다고 강조를 하기 위함이다. 한 영혼이 천하보다 귀하다는 말이다! 그의 말대로 혁명적인 과학기술로 현금의 인류는 힘은 얻었는지 모르지만, 정작 의미상실의 시대를 살아가고 있다. 그리고 그러한 인간성 상실의 시대 한가운데서 신음하며 살고 있는 청년들이 있다.

시공 안에 살아가는 인류는 '이야기'를 떠나서는 잃어버린 의미를 되찾을 수 없다. 그러므로 허구의 이야기가 아닌 진정한 이야기—*성경의 메타내러티브*—에 준거할 때 내가 어떤 존재이며 어떤 존재가 될 것인가를 성찰할 수 있을 것이다. 가속화되는 무한경쟁의 소용돌이에 휩쓸려 자신의 존

44 위의 책, 245-259.

재가치와 삶의 의미를 잃어버리고 고유한 삶의 비전도 꿈꾸지 못한 채 앞만 향해 질주하는 청년들에게, 특히 기독교대학 현장에서 기독교교양교육의 일환으로 운영되는 채플에서 기독교상징을 담지한 이야기를 통한 내러티브 코칭적 방식을 활용하는 방안을 제안해보았다.

이 글에서 다루지 못하였지만, 수평적 접근으로서의 코칭이 수직적 예배형식을 견지해온 채플에 어떻게 적용될 수 있는지에 대하여 내러티브를 강조하는 콘텐츠의 제시라는 대안을 넘어서 형식적인 변화까지도 이루어져야 할 것으로 사료된다. 수많은 학생들이 한 공간에서 서로의 등을 향해 앉아 일방적인 형식으로 진행되어야 하는 현 채플형식은 코칭을 위한 적절한 세팅이라고는 볼 수 없다. 앞으로 콘텐츠뿐 아니라 소통의 기술적인 방법론에 대한 대안적 연구도 당연히 필요할 것이다. 이미 코칭적 관점에서 형식과 내용에 변화를 시도하고 있는 대학들도 있는 것으로 안다.

필자는 일방적 선포로 기독교 교리를 전달하는 방식이 아닌, 내러티브 코칭적 접근을 통해 청중들이 스스로 깨달음을 얻도록 인도하는 방식을 모색해보았다. 내러티브 코칭은 직접적인 문제해결보다는 정체성 변화, 관점전환, 삶의 본질인 의미 찾기를 지향한다. 다양한 진리가 난무하는 불확실성과 무한경쟁으로 의미상실과 정체성 위기를 겪고 있는 청년들에게 내러티브 코칭을 활용한 채플을 통해, 삶에 대한 긍정정서가 고양되고 자신들이 보편적인 신적 은총 안에 살고 있다는 새로운 정체성을 부여받아 관점의 전환과 의미 찾기로까지 나아가기를 소망하며 글을 마친다.

참고문헌

Collins, Gary R. *Christian Coaching*. Colorado: NavPress, 2011.

Myers, Bryan. *Walking with the Poor: Principles and Practices of Transformational Development*. Maryknoll, NY: Orbis, 1999.

Collins, Gary R. *Coaching Bible*. 양형주 · 이규창 역. 『코칭 바이블』. 서울: IVP, 2014.

Harari, Yuval. *21 Lessons for the 21st Century*. 전병근 역. 『21세기를 위한 21가지 제언: 더 나은 오늘은 어떻게 가능한가』. 서울: 김영사, 2018.

__________. *Sapiens*. 조현욱 역. 『사피엔스』. 경기 파주: 김영사, 2017.

__________. *Homo Deus*. 김명주 역. 『호모 데우스: 미래의 역사』. 경기 파주: 김영사, 2017.

Stelter, Reinhard. *Guide to third generation coaching*. 최병현 · 이혜진 역. 『내러티브 상호협력 코칭: 1세대 코칭을 넘어 3세대 코칭으로』. 서울: 한국코칭수퍼비전아카데미, 2018.

Wright, Christopher. *The Mission of God*. 정옥배 · 한화룡 역. 『하나님의 선교』. 서울: IVP, 2010.

김예슬. 『나는 오늘 대학을 그만둔다. 아니 거부한다』. 서울: 느린걸음, 2010.

박형철. 『구원의 드라마 in Film』. 서울: 도서출판 예술과영성, 2019.

이희경. 『코칭 입문』. 서울: 교보문고, 2005.

정기철. 『상징, 은유 그리고 이야기』. 서울: 문예출판사, 2002.

강아람. "영화 〈오두막〉을 통해 본 선교 코칭 사례연구." 『선교신학』 55(2019. 8): 11-40.

______. "영화의 선교해석학적 성찰." 『선교와 신학』 46(2018. 10): 103-139.

강연정 · 양은경. "고등학생의 자기관리와 리더십 계발을 위한 기독교코칭 프로그램." 『한국기독교상담학회지』 22(2011): 11-34.

김미숙. "성숙한 리더십을 위한 내러티브 코칭 유용성 연구." 『연세상담코칭연구』 4(2015): 33-54.

장성배. "다문화 코칭과 선교." 『신학과 세계』 94(2018): 307-354.

______. "선교 코칭 모델 연구." 『신학과 세계』 88(2016. 12): 325-359.

정대경. “기독교대학의 인성교육.” 『대학과 선교』 40(2019): 7-35.

최용성. “긍정심리학과 행복 · 덕윤리교육의 적용: 기독교적 관점에서.” 『철학연구』 140(2016): 75-127.

이대준. “목회 지도력으로서의 크리스천 코칭 연구.” 한신대학교 신학전문대학원 미간행 박사학위논문, 2006.

“내가 본 코칭 영화들.” 『미주중앙일보』(2009. 9. 2).

http://blog.koreadaily.com/view/myhome.html?fod_style=B&med_usrid=bizcoach&cid=134825&fod_no=6 [2019. 6. 13 접속].

엑스퍼트아카데미. ‘영화예술로 배우는 부하코칭.’

http://www.excacademy.co.kr/program/program_total/program_detailpage.asp?progno=EPQ506Q620151020104613 91KUTB1Q [2019. 7. 5 접속].

● 4장

기독교대학 상황에서 선교적 교회론 모색

: 소그룹 채플을 중심으로

Ⅰ. 들어가는 말: 두 개의 키워드, '대학 채플'과 '선교적 교회론'

Ⅱ. 포스트코로나 시대 기독교대학이 처한 컨텍스트

Ⅲ. 포스트코로나 시대의 선교적 교회론: '선교적 공공교회론'

Ⅳ. 소그룹 채플을 시도한 기독교대학들의 사례

Ⅴ. 기독교대학 소그룹 채플에 대한 선교학적 성찰

Ⅵ. 나오는 말

Ⅰ. 들어가는 말:
두 개의 키워드, '대학 채플'과 '선교적 교회론'

기독교대학에서 기독교 정체성을 위한 명시적인 교육은 대개 교양필수인 기독교과목과 채플로 운영된다. 이 글에서는 채플의 정체성을 다루는 것만으로 범위를 제한하려 한다.

코로나19 팬데믹(pandemic) 이전에는 집합형 대그룹 채플이 일반적인 채플의 형태였다. 학교마다 차이는 있지만 수백의 학생들이 큰 홀에 모여 채플을 관람하는 형태가 된다. 물론 이런 상황에서도 원웨이(one-way) 극복을 위해 학생들의 참여를 이끌어내고자 다양한 시도가 행해지기도 한다. 대그룹 채플의 장단점과 한계는 어렵지 않게 정리할 수 있을 터인데, 바로 그러한 한계점에서부터 다른 형태의 채플을 모색할 수 있을 것이다. 즉 익명성의 한계, 집중력의 한계, 친교(관계 맺음)의 한계 등을 지닌 집합형 채플은, 수강 학생들에게 무간섭과 익명성에 파묻힌 자유를 허락해오고 있었다. 아예 채플실 입실 전부터 이어폰을 끼고 들어온다던가, 목베개를 착용하고 들어온다던가, 강연 내내 핸드폰에만 눈길을 준다든가 하는 장면은 낯설지 않은 풍경이었다.

설상가상으로 코로나 팬데믹은 채플의 장소로 이동해야 하는 이들의 수고조차도 생략시켜 주었다. 주마다 수백 명씩 십여 개 반이 채플실로 향하던 대이동의 물결을 못본 지 꽤 되었고, 그에 따라 그들의 머릿수를 헤아리던 근로학생들의 바쁜 손놀림도 멈춘 지 꽤 되었다. 온라인채플의 편리함을 맛본 학생들은 온라인채플 만족도 조사에서 이전보다 좋은 평가를 해주어[1] 앞으로도 계속 편한 자리에서 채플을 켜놓든지 음소거하고 다른 과제를 하는 자유를 누리고 싶어 한다. 물론 온라인 상황에서도 성실하게 채플을 수강하는 학생들도 있다.[2]

그런데 막상 Z세대들은[3] 일반적으로 개인주의를 표방하면서도 동시에 공동체를 그리워하는 특징을 가지고 있다. 천사무엘에 따르면, Z세대는 자신이 집단 중 하나가 아닌 독립적 인격체로 인정받는 특별한 개인적 관심과 친근감을 원하므로 이들에게는 집단적 돌봄보다는 개인맞춤형 돌봄

---

1 숭실대학교 최근 3개년(2019년도~2021-1학기) 채플 만족도 통계는 다음과 같다(단위:%): 비대면 온라인채플로 전환된 2020-1학기부터 만족도가 확연히 오른 것을 확인할 수 있다.

만족도	2019-1	2019-2	2020-1	2020-2	2021-1
매우 그렇다	6	7.3	20.4	19.1	24.7
그런 편이다	24.6	21.8	31.4	37.6	32.6
보통이다	41.9	45.6	37.3	34.7	33.7
만족	**72.5**	**74.7**	**89.1**	**91.4**	**91.0**
그렇지 않은 편이다	13.6	12	4.8	4.4	4.9
전혀 그렇지 않다	13.9	13.3	6.1	4.2	4.1
모르겠다	-	-	-	-	
불만족	27.5	25.3	10.9	8.6	9.0
합 계	100	100	100	100	100

2 이를 정확하게 증명할 수는 없겠지만 확률적으로 살펴볼 수는 있다. 숭실대학교 교목실에서 조사한 결과 2021-1학기 집합채플은 온라인으로 제공되었는데 총인원의 96.1%가 Pass 하였고, 8회 이상만 수강하면 Pass 하는 조건인데도 불구하고 총인원의 60.7%가 11회 전체를 수강하였다. 보통 오프라인 대면 채플을 진행했을 때는 Pass 조건인 8회만 채우면 그 이상은 채플 수업에 나오지 않는 경우가 일반적이었다.

3 Z세대(영어: Generation Z, Gen Z 또는 zoomers)는 미국에서 밀레니얼 세대의 다음세대를 의미한다. 정확한 세대를 가르는 기준은 없으나, 인구통계학자들은 일반적으로 2000년부터 2010년까지 태어난 세대, 일반적으로 영미권 인구통계학자들은 1995년생부터 Z세대로 분류하고 미국에선 9.11테러를 기준으로 1997년생부터를 Z세대로 분류한다. 또한 Z세대의 마지막은 2006년생 또는 2007년생까지로 보는 경우도 있지만, 한국은 정해진 기준이 없어 2010년생까지로 보는 경우도 다분하다. [위키백과]

이 필요하다고 말한다. 따라서 개별상담이나 소그룹 모임 등으로 개인의 문제나 필요성 등을 파악하고 공감하면서 관심을 기울이는 노력이 요청된다. Z세대는 핵가족 환경에서 개인 취향과 감정을 잘 수용해주는 부모와 좋은 관계에서 자랐으므로 선교적 측면에서도 유사한 환경적 접근이 필요하다는 것이다.[4]

대그룹 채플의 한계와 이러한 학생들의 필요를 반영해볼 때 조심스럽게 채플의 방향을 선회할 필요가 있어 보인다. 채플의 방향 선회는 내용과 형식 양쪽에서 다루어질 수 있을 것이다. 그런데 대그룹 집합형 채플에서도 이미 채플의 내용적 선회는 다각도로 시도되었다.[5] 물론 채플의 내용과 형식은 서로 조화롭게 어우러져야 할 것이다. 해당 내용을 가장 적절하게 담을 수 있는 그릇(형식)에 담겨서 제공되어야 하기 때문이다. 필자는 이 글에서 소그룹의 채플 형식을 다루려 하는데, 소그룹 형태일 때 가장 적절한 채플의 내용구성이 어떤 것들일까를 고민하지 않을 수 없다. 대그룹에서 가능하고 적합한 채플의 내용이 있었다면, 소그룹에서 가능하고 적합한 채플의 내용구성이 있을 것이기 때문이다.

소그룹 채플의 장점을 몇 가지로 예단해볼 수 있겠다. 여기에서 소그룹은 학생 7명과 소그룹 리더 1명으로 이루어진 단위를 말하며, 전주대학교와 마찬가지로 숭실대학교도 1학년 학생들을 주 대상으로 실시될 예정이다. 소그룹 채플 교육을 도입하면, 공동체 안에서 인격적인 만남을 통해 복음(福音)에 대한 접촉공간이 제공되고, 비기독교 학생들에게 기독교

---

4 천사무엘, "디지털원주민 Z세대에 대한 대학선교방안 모색," 『대학과 선교』 45(2020): 19.

5 학교마다 다양하겠지만 메시지 채플, 문화 채플, 공연 채플, 학생참여 채플, 대담 채플, 대화 채플, 토론 채플, 영화 채플, 영상 채플 등이 시도되어오고 있다. 기독대학 채플이 다양한 문화적 채널을 활용할 뿐만 아니라 채플의 문화적 수준 역시 높여야 할 필요성을 제시하는 최근 논문을 소개한다: 김남일, "기독교대학 청년선교를 위한 오페라 채플 연구," 『복음과 선교』 50(2020): 145-176 참조.

인식개선과 심리적 부담감 완화의 효과를 가져올 수 있으리라 기대된다. 또 다양한 소그룹 활동을 통해 신입생들의 소속감 증진과 영적 · 심리적 지원을 해줄 수 있으며, 학생들의 성장 배경과 영적 · 심리적 상태 등에 따른 세밀한 지도가 가능하므로 채플 교육에 대한 학생들의 전반적인 만족도 증가를 기대해 볼 수 있을 것이다.

한편 이 글은 기독교대학 소그룹채플의 신학적인 전망을 선교적 교회론(missional ecclesiology)의 관점에서 논할 것이다. 선교적 교회론 자체에 이미 공공신학의 성격이 내포되어 있는데 공공신학의 하나인 '공공선교학'(public missiology)의 프리즘으로 선교적 교회론을 조망할 때 이것을 굳이 '선교적 공공교회론'이라 칭해도 무방할 것이다. 즉 선교적 교회론의 공공신학적 관점을 부각하여 선교적 공공교회론이라 부르기로 한다면, 필자는 이러한 입장에서 포스트코로나 시대 기독교대학 상황에서의 대안적 하위 선교와 그에 부응하는 교회론을 다루려는 것이다.

따라서 본 글은 다음과 같이 진행될 것이다. 크게 보아 전체 글의 키워드는 기독교대학 채플과 선교적 교회론이며, 우선 포스트코로나 시대에 기독교대학이 처한 컨텍스트를 서술할 것이다(현상서술: 무슨일이 벌어지고 있는가). 그리고 포스트코로나 시대에 선교적 교회가 나아갈 길을 기독교대학에서 소그룹의 필요성 중심으로 논할 것이다(현상분석: 왜 그런 일이 일어나고 있는가). 다음은 소그룹채플을 이미 시도한 대학들의 사례를 보일 것이다(대안제시: 무슨일이 일어나야만 하는가). 마지막으로 향후 소그룹 채플의 전망을 위한 선교학적 성찰을 정리하고자 한다(해석과 상황화).

Ⅱ. 포스트코로나 시대 기독교대학이 처한 컨텍스트

한국교회의 대학청년부는 복합적인 이유로 서서히 쇠퇴해가고 있었는데, 설상가상으로 코로나 팬데믹은 그 위에 찬물을 끼얹으며 남은 불씨마저 꺼뜨리는 데 일조하였다. 이러한 현상에 맞물려서 현금의 대학선교는 서구의 선교사들이 처음 조선 땅에 들어와 복음의 불모지에 씨를 뿌렸던 때와 별반 다르지 않을 만큼 거의 개척선교지가 되어버렸다. 안타깝게도 서구교회보다 신속한 빠르기로 130여 년 만에 재복음화(re-evangelization)의 시대가 되었다고 해도 지나친 과장이 아닐 것이다.

이는 뉴비긴(Lesslie Newbigin) 선교사가 영국 교회의 파송을 받아 인도 선교지로 나갔다가 귀국하였을 때 고국의 교회에서 받았던 충격적인 인상(印象)과 유사한 형국이다. 이러한 배경에서 뉴비긴은 세속화의 급류에 함몰된 영국 교회와 그 속에서 지나치게 문화적 그리스도인이 되어버린 신자들에게, 교회의 본질은 선교이며 그리스도인은 어떤 선교적 활동이 있기 전에도 본질상 세상과는 구별되게 살아가는 선교적 존재임을 천명하였다. 복음은 문화라는 그릇에 담겨 존재하면서도 문화에 종속될 수는 없는데, 복음이 문화와 지나치게 동일시되어 선교의 필요성이 상실되었기 때문이다. 그는 또 낙관적인 시대정신을 업고 전세계에 열정적으로 선교해오던 서구교회 자체는 선교의 주체가 아니라 미시오 데이(missio Dei)의 도구일 뿐이며, 하나님이 선교의 궁극적인 주체임을 강조하였다. 그 간의 왕성한 선교활동으로 인해 지나치게 자만해진 서구교회였기에 바울의 고백대로 '내가 복음을 전한 후에 도리어 버림받을까 두려워하는'(고전 9:27) 상황에 직면하게 되었던 것이다.

다시 코로나 팬데믹으로 2년째 묶여있는 2021년 한국 상황으로 시야를 돌려보자. 2021년 5월 24일 국가인권위원회는 광주보건대학교에 다음과 같은 권고를 내렸다. 즉 모집 요강에 채플과 성경교과목 이수의 필수성을 표기할 것, 종파 교육처럼 보이는 채플의 진행순서를 개선할 것, 학생들의 채플 수강 거부권을 인정해주거나 학생들이 선택할 수 있는 채플의 대체과목을 개설할 것 등이다. 종교교육의 자유를 가진 사립 종립대학이 학생들의 종교자유와 교육받을 권리를 동시에 보장하는 방법으로, 종파적 교육을 필수화하는 경우라면 비신앙인 학생들에게 수강 거부권을 인정하거나 대체과목을 개설하라는 뜻이다. 광주보건대학의 경우 신입생 모집 요강에 졸업 필수요건인 채플 이수에 대한 명기가 없다고 한다. 이에 대하여 한국교회총연합은 채플 대체권고 철회성명을 내었고 기독교학교 건학이념 수호를 위해 사학법인이 뭉쳐 주요사학 연합체인 '미션네트워크'(Mission Network)가 출범되기도 하였다.

그런데 또 다른 편에서는 이번 권고가 명령이 아니므로 크게 염려할바 없이 가던 길 잘 가면 된다는 입장도 존재한다. 차후 만일 평등법이 시행된 이후라면 그때 가서는 권고 아닌 명령으로서 불이행 시 이행강제금, 민사소송지원 등 대학을 법적으로 규제할 수도 있다는 것이다. 어찌 되었든 간에 이번 일로 기독교사학들이 적어도 숨고르기를 할 필요는 있을 것으로 사료된다.

연세대학교 이대성 교목은 국가인권위원회가 서열화된 대학의 왜곡된 구조에 근거하여 실제로 학생들에게 학교선택권이 없다고 전제하고서 채플과 관련된 판단을 내린 데에 심각한 문제가 있다고 피력한다. 곧 왜곡된 서열화 구조를 바로잡는 것이 학생들의 교육권과 종교의 자유를 보호하고 동시에 사립 종립대학 종교교육의 자유를 보장하는 근본적인 길이라는 것이다. 따라서 기독교대학이 학생들이 가진 종교자유 보장을 위한 최선의 노력을 하면서도, 다른 한편 교육 당국과 사회 전체가 왜곡된 대학 서열화의 구조를 바로잡아 학생들이 각자의 관심대로 자유로이 실제적인 대학선택권을 갖도록 노력할 것을 촉구한다. 구조적으로 생기는 피해에 대해 한쪽에서만 책임을 지라는 일방적 판단은 문제가 있다는 것이다. 사립대학이 각각 고유한 정체성에 근거해 특성화를 이루고 학생들의 다양한 적성에 따른 폭넓은 대학선택권을 보장하는 일은 사회발전 측면에서도 근본적으로 필요한 변화일 것이다.[6]

그는 또 국가인권위원회가 '종파 교육'에 대하여는 반대하지만 '종교지식교육'의 필요성을 인정하는 듯한 의견을 제시한 점을 환기시킨다. 한국민족문화대백과사전은 종교교육의 3가지 의미를 종교의 교육, 종교에 관한 교육, 종교적 교육으로 나눈다. 첫째는 특정 종파의 신앙교육적 종교교육을, 둘째는 종교의 본질과 문화를 가르치는 종교학적 교육을, 셋째는 원숙한 인격을 위한 종교성 교육을 뜻한다.[7] 기존에는 기독교학교들이 첫 번째에 집중했다면, 둘째와 셋째 사안에 관심을 기울이는 것이 시대적 요청이라 하겠다. 따라서 향후 기독교대학의 채플과 기독교과목 수업에서는 둘째와 셋째 차원에서의 지속적인 보완이 필요할 것으로 보인다.

부연해보자. 다종교 사회인 한국이 글로벌 문화나 국제 정세를 파악

6 이대성, 한국기독교대학 교목학회 단체카톡방, 6월 2일자.

7 한국민족문화대백과사전, "종교교육의 3가지 의미."

하려면 문명권의 핵심인 종교이해가 필수적 요인으로 중요시되고 있다. 이번 국가인권위원회도 종파 교육은 우려를 표명하면서도 교양과목으로서 종교지식교육은 필수과목으로 운영해도 문제없다고 결정내렸다. 종교지식교육에는 일반 종교와 개별 종교의 내용 및 역사가 포함되겠지만(종교학적 종교교육), 또한 지정의(知情意)를 아우르는 통전적 인격의 필수요소인 종교성(영성/초월성)에 관한 교육까지 포함될 수 있다. 특히 오늘날 '종교문해력'(religious literacy)은 세계시민의 필수적 소양이므로 모든 대학생에게 세계시민 필수교양으로서 종교교육의 중요성에 대해 공감대를 넓혀가는 것도 중요한 과제이다.[8]

이번 권고 사항에 대한 기독교대학의 대응이 기독교 중고등학교에도 큰 영향을 끼칠 수 있음을 고려하여 '미션네트워크'(사학법인 연합체)나 관련 기관들과도 소통하면서 풀어나가야 할 것이다. 이번 국가인권위원회의 결정을 문자대로 수용하여 기독교대학들이 그에 따른 시정조치만 하면 된다는 식의 근시안적 접근은 바람직하지 않아 보인다. 오히려 기독교대학들이 책임감 있게 성심껏 미흡한 점들을 보완해가면서도 좀 더 근본적인 중요사안까지도 관심을 기울여야 할 것이다.[9]

위에서 이 시대 기독교대학 채플의 나아갈 방향성을 대학 서열화 구조와 책임분담의 문제, 채플 종교교육의 다각화, 세계시민의 필수교양적 측면에서의 기독교 소개, 대책 마련을 위한 여러 단체와의 연대 등 몇 꼭지로 정리해보았다. 필자는 이 가운데서 채플 종교교육의 다각화 측면을 취하여 글을 계속 전개해나갈 것이다. 광주보건대학의 경우 직접적인 기독교 관련 전공학과나 수업은 없다고 한다. 그런 상황에서 채플의 경우

---

8 이대성, 한국기독교대학 교목학회 단체카톡방, 6월 2일자.

9 위의 글.

전형적인 예배의 형식(기도, 찬양, 설교, 축도 등 필요)을 취한 것으로 보인다.[10] 이번 국가인권위원회의 권고 사항에는 향후 기독교대학의 채플 교육에 있어서 세심한 주의를 기울여야만 할 여러 안건이 내포되어 있지만, 특히 채플의 내용과 형식 양 측면에서의 다각화 노력이 각별히 필요한 것으로 사료된다.

III. 포스트코로나 시대의 선교적 교회론: '선교적 공공교회론'

이 부분에서는 소그룹채플의 신학적인 타당성을 논의해보려 한다.

뉴노멀의 코로나 이후 시대는 교회론에도 크나큰 변화를 가져왔는데 포스트코로나 시대는 교회가 본질 회복을 위한 변화를 시도하기에 최적의 시간이기도 하다.[11] 교회의 진정성은 성경적인 에클레시아(ecclesia)의 뜻대로, 특별한 목적으로 부르심을 받은 선교적 공동체라는 데에 있다. 포스트코로나 시대에도 '선교적 교회론'(missional ecclesiology)이 하나의 교회론적 대안이 될 수 있는 이유는 선교적 교회론이 지닌 '공공선교학'(public missiology)적 차원에서 찾을 수 있다. 주지하듯 선교적 교회론은 하나님의 선교(Missio Dei)가 각자를 보내신 삶의 자리에서 성육신적인 선교적 삶을 살기를 지향하므로 선교적 교회는 공적소명을 지닌다. 명지대학교의 주상

10 전병식, "대학채플 다변화와 상생방안은?", CBS 토론 18회, 2021년 6월 25일 게시 https://youtu.be/IZJxGRDDQnM

11 김광건, "선교적 교회를 위한 선교적 리더십 모델에 대한 학제간적 고찰," 『한국기독교신학논총』 115(2020): 428.

락은 공동체의 치유와 회복이 필요한 포스트코로나 시대에 공공선교학을 소환시킨다.[12] 여러 공공영역에서 선교적인 참여가 필요한 시대에 선교학과 공공신학의 대화가 불가결하기 때문이다.

코로나 팬데믹으로 우리는 공공영역들에서 총체적 균열을 경험하고 있다. 이러한 위기의 때에 한국교회는 한국 사회를 위해 다양한 일을 하고 있음에도 불구하고 소수의 일탈로 인해 선교에 많은 지장을 초래하고 있으며, 향후 포스트코로나 시대는 한국교회 격동의 시기가 될 것으로 보인다. 주상락은 미래 선교를 위해 공공성을 전제한 상태에서 '하나님의 선교'를 실천하는 융합적 상상력의 결과물을 공공선교학으로 소개한다.[13] 선교적 교회론 자체에 이미 공공신학의 성격이 내포되어 있지만 '공공선교학'으로 선교적 교회론을 비추어볼 때 그것을 '선교적 공공교회론'(missional public ecclesiology)이라 부를 수 있을 것이다. 곧 선교적 교회론의 공공신학적 관점을 강조하여 선교적 공공교회론이라 칭하는 것이다.

선교적 공공교회론은 기존의 패러다임이 전복되어 나타나는데, 곧 목회자 중심에서 성도 중심으로, 모이는 교회에서 흩어지는 교회로, 오는 구조에서 가는 구조로, 교회 예배 중심에서 일상의 삶 중심으로, 교회를 위한 바탕화면으로 존재했던 세상을 향해 섬기며 나아가는 교회로, 지역사회를 전도의 대상으로가 아니라 섬김의 대상으로 심지어 지역사회와 함께하며 지역사회의 필요를 채워주는 교회로의 변화이다.[14] 기존에 건물교

---

12 북미에서 선교적 교회 운동(Missional Church Movement)을 시작한 'Gospel & Our Culture Network'(복음과 우리문화 네트워크)의 리더 중 한 명인 조지 헌스버거(George Hunsberger)는 2005년 미국선교신학회(American Society of Missiology)에서 "The Mission of Public Theology"를 연설함으로써 공공선교학 분야의 선구자가 되었다.

13 주상락, "포스트코로나 시대 공공선교학의 가능성," 『대학과 선교』 47(2021): 128.

14 강아람, "포스트코로나 시대의 '선교적 교회론' 고찰," 『선교신학』 60(2020): 38.

회 중심적이고 목회(자) 의존적인 신앙, 친교집단적 게토화 경향, 의식(儀式 ritual) 중심적인 신앙생활을 영위해온 한국교회에게 '선교적 공공교회론'이 하나의 적절한 대안이 될 수 있을 것이다.

레슬리 뉴비긴의 말을 빌려보자. 삼위일체 하나님이 교회를 보내셨으며 우리는 이 보내심을 선교적 사명으로 연결하여 이해해왔다. 그런데 "삼위일체 하나님께서 교회를 어디로 보내셨는가?"라는 질문에 공공선교학은 '공공영역들'(the public spheres)로 답한다. 그는 복음 자체를 개인적 영역에서의 결단뿐 아니라 총체적으로 세상과 사회생활에서의 공공의 진리로 간주하였다.[15] 복음에 대한 그의 이런 관점이 교회론으로 연결되었고 세상과 소통하는 '선교적 공공교회론'으로 귀결되었다. 이는 교회가 사적인 것-공적인 것, 아는 것-믿는 것, 현재적인 것-미래적인 것을 통전적으로 고려하여 보내신 공공영역들에서 공적 진리를 선포하고 하나님의 선교를 실천하라는 것이다.[16] 특히 현재 위기의 때에 한국교회는 사사화된 교회론을 극복하고 세상과 연대하는 대안적 공동체로서 주님의 보이는 몸이 되어 세상에 본이 되는 역할을 감당함으로써 치유공동체로 존재해야 할 것이다.

주상락은 공공선교학의 문화적 배경인 소비문화, 초네트워크 사회, 파편화 사회 속에서 교회가 가진 '영적자본'의 역할이 회복되어야 한다고 강조한다.[17] 그는 오케슨(Gregg Okesson)을 인용하여, 하나님이 우리를 공공의 삶으로 보내시며 주시는 4가지 직무를 언급한다: 곧 선교의 목적은

15 Lesslie Newbigin, *Truth to tell: the gospel as public truth*, 김기현 역, 『복음, 공공의 진리를 말한다』 (서울: SFC, 2008), 8.

16 주상락, "포스트코로나 시대 공공선교학의 가능성," 127.

17 위의 책, 105.

현시대 공공의 삶의 위기를 주목하는 것이며; 미시오 데이의 표징(sign)과 대리자로서 교회의 역할이 중요하고; 선교는 세상(공공)에 참여하는 것이며; 선교는 세상(공공)과의 교차점을 찾아 상호침투(interpenetration)하는 것이다.[18]

곧 공공선교학은 세상 이야기와 교회 이야기가 서로 만나 순환하면서 함께 만들어가는 것이다. 세상 이야기를 감추어진 하나님 나라 이야기로, 교회 이야기는 드러난 하나님 나라 이야기로 본다면, 선교는 이 두 이야기의 합류이자 순환과정이라고 표현할 수 있겠다. 그런데 복잡성으로 얽혀있는 공공영역들에서 영향력이 발휘되려면 소통과 경청이 전제되어야 한다. 최적의 경청신학 모델인 예수의 성육신은 신성 100%의 하나님이 인간의 눈높이로 자기를 낮추고 100% 인성으로 찾아오시어 비천한 인간 삶의 애환들을 온몸으로 온 존재를 기울여 경청하신 사건이다. 성부-성자-성령 삼위일체 하나님 사이의 상호존중도 경청신학의 탁월한 모델이다. 공공선교학은 공공영역이 필요를 예민하게 감지하고 충족시켜주는 데에 무게가 실리므로 소통과 경청의 비중이 클 수밖에 없다.

위기의 때를 지나는 선교적 교회는 곤경을 맞은 사회와 연대하며 '선교적 공공교회론'을 실천해나가야 한다. 선교적 소명이 교회 건물 안에만 있지 아니하고 하나님이 보내신 지역사회에 있기 때문이다. 하나님의 선교는 삼위일체적 · 총체적 · 공공적이다. 삼위일체 하나님께서 상호소통과 협력 가운데 선교하시듯이 하나님의 백성들은 교회와 일상에서 협력함으로 사랑의 공동체를 세워나가야 한다. 그리하여 성속(聖俗)의 공간을 이

18 Gregg Okesson, *A Public Missiology: How Local Churches Witness to A Complex World* (Grand Rapid, MI: Zondervan, 2020), 44. 주상락, "포스트코로나 시대 공공선교학의 가능성," 115-116에서 재인용.

원적으로 나누지 말고 '선교적인 일상의 영성'을 구현해내야 한다.[19] 오케슨의 언급대로 교회는 현시대 공공영역의 삶의 위기를 주목하고 하나님의 선교의 대리자로서 세상(공공)과의 교차점을 찾아 상호협력하면서 세상(공공)에 참여한다. 교회는 가시적인 하나님의 몸으로서 지역사회를 향해 있는 힘껏 경청해야 한다. 경청은 언뜻 쉬워 보이나 자신을 내려놓는 겸허한 태도 없이는 불가능하다. 공공선교학에서 강조하듯 한국교회가 경청과 소통을 '영적자본'으로 삼아 성육신적 선교를 실천하기를 간절히 바란다.

개척선교지가 되어버린 기독교대학들로 눈을 돌려보자. 반복하지만, 하나님의 선교에서는 인간 삶의 총체적인 영역이 선교의 관심 영역이다. 쉽게 말해 인간의 타락이 총체적 영역에 미쳤으므로 구원도 총체적 영역에서 다루어져야 하기 때문이다.[20] 이에 포스트코로나 시대에 기독교대학들도 총체적인 회복에 초점을 두고 성육신적 접근으로 선교적 사명을 실천해가야 할 것이다.

부산외국어대학교 김영완은 통전적 선교 관점에서의 채플 운영을 제안한다. 채플이 교육과 복음전도라는 양 날개를 가지고 통전적 선교의 차원에서 운영되어야 한다는 것이다. 어차피 채플이 전교생에게 합법적으로 복음을 듣게 할 수 있는 거점을 확보하고 있기에 결코 서두를 필요가 없으며, 복음전도에만 너무 역점을 두는 경우 도리어 역효과가 날 수 있다고 지적한다. 차라리 채플 수업이 청중에게 감동과 위로를 주는 교육의 시간이 되어야 학생들의 마음 문이 열려 복음전도의 문도 자연히 열리게 되고 선교의 극대화를 이룰 수 있다고 재차 강조한다. 채플 수업에서 기독교

19 주상락, "포스트코로나 시대 공공선교학의 가능성", 128.

20 Christopher Wright, *The Mission of God*, 정옥배/한화룡 역, 『하나님의 선교』 (서울: IVP, 2010), 335, 343-349 참조.

정신을 통해 올바른 가치관, 인생관, 세계관을 갖도록 교육하면서 동시에 기독교 복음을 전하기에 최적화된 방편으로 운영할 것을 권면하고 있다. 곧 기독교학교는 통전적 선교의 원리에서 채플의 패러다임 변화를 적절히 모색함으로 기독교정신을 구현하는 교육목적뿐 아니라 영혼구원의 목적까지 함축되고 내포되도록 운영하기를 제안한다.[21]

이처럼 공공선교학 차원의 대학선교가 되려면, 비대면 시대의 대학사회 한가운데서 마스크로 가리고 몸과 마음이 답답하게 숨 쉬며 살아가고 있는 대학청년들의 작은 몸짓과 마음결에 귀 기울여 세심하게 경청하는 일이 가장 선행되어야 할 것이다. 그리고 앞서 언급했듯이 조급한 종파교육적 접근이 아닌 교양과목으로서의 세련된 종교지식교육을 강화할 필요가 있다. 종교학을 가르치는 교양수업이나 지정의를 수반하는 통전적인 인격교육으로서의 종교성 교육을 통해 종교문해력을 배양시키는 것이, 곧 세계시민으로서의 필수적 소양을 아우르는 길이 될 것이다.

지금까지 최근 미국선교학회에서 나온 공공선교학의 관점에서 볼 때 선교적 교회론을 '선교적 공공교회론'으로 명명할 수 있음을 설명하였다. 이는 포스트코로나 시대 기독교대학 상황에서의 대안적 학원선교와 그에 부응하는 교회론을 논의하는 과정에서 언급한 것이다. 아울러 몇몇 기독교대학들이 운영해오고 있는 소그룹채플의 신학적인 전망을 선교적 교회론의 관점에서 논하려는 의도에서였다. 이하에서 다루려는 기독교대학 내의 소그룹채플 사례들은 공감과 경청을 통해 비기독인 학생들과의 소통의 공간을 마련해준다는 점에서 매우 유용한 툴(場, 도구)이라고 생각한다.

21 김영완, "채플의 패러다임 변화를 통한 선교의 극대화 방안," 『대학과 선교』 16(2009): 122.

Ⅳ. 소그룹 채플을 시도한 기독교대학들의 사례

이 파트에서는 이미 소그룹 방식을 시도해오고 있는 기독교대학들의 몇몇 사례를 다룰 것이다. 소그룹형 채플은 고신대학교, 백석대학교, 삼육대학교, 성결대학교, 인덕대학교, 전주대학교, 한동대학교, 한신대학교, 협성대학교 등에서 시도되었다.[22] 이러한 몇몇 소그룹 채플 사례들의 분석을 통해 바람직한 소그룹 채플의 미래전망을 교회론적 성찰과 함께 다루어보려 한다. 여기서는 소그룹 방식을 시도한 경험이 있는 학교들 가운데서 인덕대, 전주대, 협성대의 사례만을 다룰 것이다.

먼저 인덕대학교 장형철은 이 시대 청년들에게 다가가기 위한 키워드로 '공감'을 꼽는다.[23] 그는 한국 개신교 감소 현상을 청년층 중심으로 다루면서 청년층 자체가 종교에 무관심한 세대인데다가 자본주의 소비문화를 극복하지 못한 개신교가 사회적 신뢰를 잃은 점에 주목한다. 이에 새로운 대안적 채플로서 자본주의 소비문화를 비판하는 기조에서 기독교 복음을 전하는 공감형 채플을 제안한다. 장경철은 그 실제사례로 전문대학인 인덕대학교의 소규모 분반 채플인 학원선교위원회 채플을 소개하고 있다.

인덕대는 2015년 1학기에 3월, 4월, 5월 각 1회씩 총 3회의 소그룹 분반 채플을 시행하였다. 이에 만족도 설문에서 "나는 전체 채플보다 학

22 학교명을 따라 가나다 순서로 정리한 것임.

23 장형철, "청년 개신교인 감소 양상과 소규모 분반 채플의 효과에 대한 경험적 고찰," 『대학과 선교』 29(2015): 383.

원선교위원회 채플이 더 재미있다"라는 질문에 대해 전체 응답자(705명) 중 72.9%(매우 그렇다 49.3%와 그렇다 23.6%)가 긍정적으로 답하였다.[24] 또 "학원선교위원회 채플은 한 학기에 얼마나 자주 하면 좋겠습니까?"라는 질문에 2015-1학기에 실시한 3회보다 더 많은 매주(45.3%), 5번 정도(21.7%), 4번 정도(10.2%)가 전체 응답자의 77.2%이었다.[25] 그리고 "학원선교위원회 채플에서 무엇을 했으면 좋겠습니까?"라는 질문에 대한 응답(복수선택)은 '이야기'(535번)가 압도적이었고 그다음이 '노래와 찬양'(101번)이다. 이처럼 학생들은 분반 채플을 집합채플보다 선호하고, 진행하는 목회자들과 공감하였으며, 스토리와 음악(예술)을 통한 채플 고유의 목적인 선교의 가능성이 보인다고 장형철은 해석하고 있다.[26]

분반 채플에서 여러 종류와 방법의 '이야기'를 다루는데 그 다양한 이야기에서 전달하는 내용은 자본주의사회 경쟁에 지친 청년들을 위로하고, 절망시키는 소비문화에 저항하는 기독교 복음일 수 있다.[27] 이야기 다음으로 많이 선택한 '노래와 찬양'도 이러한 수단으로 사용될 수 있다.[28] 인덕대 소규모 분반 채플은 교목이 아닌 학원선교위원회 위원들이 진행하며 이들은 모두 중소형 교회의 목회자들이다. 대학 교목이 분반 채플을 모두 감당할 수 없을뿐더러 선교의 직접적인 성과로서, 진행한 목회자의 교회에 학

24 위의 논문, 392.

25 위의 논문, 393.

26 장형철, "청년 개신교인 감소 양상과 소규모 분반 채플의 효과에 대한 경험적 고찰," 373.

27 인덕대는 2015-1학기 3월에는 '꿈'에 대하여, 4월은 현재 '삶'에 대하여, 5월에는 '가정'이라는 구체적 주제를 제시하여 분반별 학원선교위원회 채플의 일관성을 유지하고 방향성을 조정하여 향후 주제에 대한 혼선을 방지해준다. 아울러 제시된 주제들은 배금주의, 물신숭배, 외모지상주의 등의 자본주의 문화에서 왜곡된 사회적 가치에 저항하고 기독교 복음을 통해 자신의 삶을 찾는 시작점을 제공할만한 것으로 선정한 것이라고 한다.

28 장형철, "청년 개신교인 감소 양상과 소규모 분반 채플의 효과에 대한 경험적 고찰," 397.

생들이 출석하게 될 가능성도 있기 때문이다.[29] 소그룹의 경우 팀의 리더가 대단히 중요한데 교목실은 분반 채플을 인도하는 목회자들에게 민감한 주제(이단, 정치, 동성애, 성 등)를 피하고 기독교 소개에 중점을 두되 주입식이나 고백 강요의 성격은 지양해달라는 지침을 주고 있다.[30]

전주대학교는 1학년을 대상으로 소그룹 방식의 '성품채플'을 수년간 운영해오고 있다. 소그룹 채플을 시작한 전주 동현교회의 이진호 목사는 2012년에 전주대 채플의 외부강연자로 참여했다가, 대그룹 채플에 들어와있는 수백 명의 학생 중에 불과 극소수만이 깨어있는 상황을 접하고서 충격을 받아 소그룹 채플을 시작하게 되었다. 처음에는 시행착오를 많이 겪었다고 한다.[31] 전주대학교 채플은 성품채플, 지성채플, 소명채플, 문화채플로 구성되는데 이 가운데 '성품채플'만 1학년 중심의 소그룹 형태로 진행된다.[32]

성품채플은 학생 7명과 리더 1명이 소그룹을 이루는데 리더는 다양한 연령층의 지역교회 목회자나 평신도, 선교단체 간사 등이 참여한다. 정확히는 연합소그룹채플 형태로서 8명 단위의 30~40개 소그룹이 강당에 모여 탑-리더의 통솔하에 진행된다.[33] 지역교회와 기독교학교가 선교적 관심으로 연합하여 비기독인 학생들을 섬기는 형태로서 학생들의 내면세계의 질서를 세워주고 이웃과 함께하는 삶을 통해 자연스럽게 신앙으로 이끄

---

29 위의 논문, 390.

30 위의 논문, 391.

31 이진호 목사와의 인터뷰 및 카톡 대화 중에서(2021년 4월 9일, 6월 1일, 6월 3일). 필자는 이진호 목사를 여러 번 만날 기회가 있었다.

32 전주대 학생들은 4학기 동안 채플을 들어야 졸업하는데, 1학년 소그룹 채플의 반응이 좋은데다가 세심한 관리도 할 수 있어서 2학년 채플까지도 소그룹 형태로 바꾸려고 구상하고 있었는데 코로나19 사태가 발생하여 아직 실행하지 못하고 있다.

33 이진호 목사와의 인터뷰 중에서(2021년 4월 9일, 6월 1일, 6월 3일).

는 것을 목표로 하고 있다. 2020년부터는 온라인으로 진행하고 있다.

한병수 교목은 이러한 전주대 채플의 특징을 예배형식과는 다른 진행 순서, 학생들의 선택권 보장, 학생들의 행복에 초점, 소그룹의 밀착 교제, 재미와 감동과 실천을 강조하는 내용을 다룬다는 점 등으로 정리하고 있다.[34] 다음 표는 다양한 채플이 다루는 내용을 보여준다.

〈표1〉 채플의 다변화 및 주요 교육내용[35]

유형	주요 교육내용	배려 대상
성품채플	성품교육(근면, 검약, 포용, 자족, 용기, 자선, 끈기 등)[36] 성품 스토리텔링 & 삶 나누기	기독인〈비기독인
지성채플	지식과 학문 체계의 포괄적인 이해 전달 대학의 교과과정 체계와 자신의 전공을 이해	기독인〈비기독인
소명채플	SQ 영성지수를 통해 강점 지능 및 적성을 발견 발견한 적성의 개발을 돕고 소명에 합당한 삶 교육	기독인〈비기독인
문화채플	일반인이 공유할 수 있는 문화 콘텐츠 기반 교육 문화적 접근과 다양한 주제로 비신자 접근	기독인≦비기독인

특별히 전주대의 소그룹 형 채플인 '성품채플' 운영에서 지역교회와 연합하고 있는 현황(대면으로 진행된 2019년-1학기)을 보자면, 162개 교회에서 345명의 리더가 참여하여 440개 소그룹을 구성하였다. 576명의 학생에게 '성품인증서'가 수여되었으며 540명이 CMS 후원을 하여 발전기금 참여자

34 한병수, "전주대학교의 캠퍼스 복음화 사례발표," 2021 한국기독교대학교목회 하계연수회 및 한국대학선교학회 학술대회 자료집, 47.

35 한병수, "전주대학교의 캠퍼스 복음화 사례발표," 48.

36 전주대는 1년에 14개의 성품을 교육하는데 두 가지 버전이 있다: ①감사, 충성, 신실, 솔선, 순종, 긍휼, 창의성, 용서, 기쁨, 융통성, 절제, 환대, 화평, 담대함; ②책임감, 근면, 경청, 검약, 정직, 포용, 도전, 자족, 배려, 용기, 사랑, 자선, 인내, 끈기 [전주대 선교봉사처 선교지원실, 2019-1학기 캠퍼스 동역자 감사의 밤 사역보고서, 4-5쪽 (2019.06.20) 참조].

로서 마음을 모았다. 결과적으로 161명의 학생이 지역교회에 정착하게 되었고 111명의 세례자를 배출하였다.[37] 전주대는 소그룹 학생들과 리더를 가급적 지역별로 묶어주어 기회가 된다면 나중에라도 해당하는 지역교회에 접근하기 쉽도록 전략을 사용하고 있다.

2019학년도-1학기 성품채플에 대한 학생들의 주관식 만족도 내용을 필자가 크게 분류해보면 먼저 ①신앙적인 부분(이단 분별 포함), ②일반 삶에 대한 감사, ③리더 및 또래와의 교제, ④부담 없는 접근에 대한 반응 등이 지배적이다. 학생들이 직접 기재한 내용을 일일이 살펴보면 소그룹 채플을 통해 어떠한 그룹 역동성이 일어났는지를 그려볼 수 있을 것이다.

①하나님에 대한 믿음이 생겨서 감사하다. 예수님을 재미있고 자연스럽게 가르쳐주셔서 너무 감사하다. 함께 모여 신앙심을 키울 수 있었다. 기독교에 대한 지식을 많이 알게 되어 만족스러웠다. 채플을 통해 이단과 정상적인 선교단체를 구분할 수 있게 되어 좋았다. 이단을 분별할 수 있고 대처할 수 있는 수업을 들어서 좋았다. ②채플을 통해 어버이날에 부모님께 감동을 드릴 수 있어서 좋았다. 감사하는 삶을 알게 되었다. 성품강의와 감사일기가 좋았다. 기부 행사에 참여하여 좋았다. 종교를 떠나 스스로 반성 성찰할 수 있는 기회가 되어 좋았다. ③좋은 리더님을 통해 많은 사랑을 받을 수 있어서 좋았다. 리더님께 내 고민을 털어놓을 수 있어 너무 좋았다. 한 주간 어떻게 지냈는지 안부를 묻는 것이 정말 좋았다. 그룹별로 매주 함께할 수 있어서 정말 좋았다. 다양한 사람들을 만나는 것과 좋은 리더님이 계셔서 행복했다. 또래가 리더라는 점이 좋았다. 서로 소통할 수 있는 시간이 좋았다. 수업 전 재미있는 게임활동을 할 수 있어 좋

37 한병수, "전주대학교의 캠퍼스 복음화 사례발표," 45.

았다. 조별MT 및 모임이 재미있었다. 다른 과의 친구나 선배와 친해질 수 있었다. 간식 제공이 만족스러웠다. ④비기독교인도 전혀 부담스럽지 않아서 좋았다. 기독교에 대한 접근이 조금 더 쉬워졌다. 생활 속에서 배워야 할 덕목과 기독교윤리를 배울 수 있음에 감사하다. 이진호 교수님이 실제 사례들을 바탕으로 강의해주셔서 이해하기 쉬웠다.…[38]

한편 신학대학이지만 인문사회대학, 경영대학, 예술대학, 이공대학에서 27개 학과(유학생 별도 포함)를 가진 협성대학교도 80% 이상의 학생들이 비기독교인이다. 협성대도 여타 기독대학들처럼 800~1,000여 명이 모이는 대그룹 채플로는 유의미한 소통이 어려운 관람형 기획공연 채플을 드려오다가 2012년부터 자원하는 학생들 중심으로 소그룹 채플을 진행하고 있다. 곧 대학내의 모든 주체인 교수, 직원, 학생, 동문이 연계하여 각 단과대학 27개 학과별로 학과 전체가 모이는 학과별 채플 및 자발적으로 모이는 학과별 소그룹 모임을 구성하였다. 각 학과별 채플은 대강당 채플을 좀 더 소그룹으로 분하한 참여형 채플로서 신학과를 제외한 27개 학과별로 80~120여 명이 따로 모여 다양한 채플 프로그램을 운영하되 학원선교의 동역자인 동문 교회와 학과가 자매결연하여 교학협력사역을 극대화하였다(장학금 지급, 설교, 공연, 교회가 준비한 절기행사 등). 유성준은 이러한 교학협력사역이 기독교대학의 정체성을 세우는데 중차대한 역할을 한다고 강조한다. 이로써 대학의 신앙적 정서를 고양시키고, 비기독교 학생들의 기독교/교회에 대한 부정적인 편견을 해소하며 서서히 소그룹에 참여하는 기회로 삼아 실제적인 학원선교를 도모하고 있다.[39]

---

38 전주대 선교봉사처 선교지원실, 2019-1학기 캠퍼스 동역자 감사의 밤 사역보고서, 8쪽 (2019.06.20).

39 유성준, "소그룹을 통한 대학선교 활성화의 대안모델 연구," 『대학과 선교』 25(2013): 64.

학과별 채플과 학과별 소그룹 모임에 참여하는 학생들은 채플 출석으로 인정되는데다가 시간 장소에 구애받지 않고 자유롭게 모일 수 있는 특전이 있다. 협성대는 각 단과대학별 채플 외에 매학기 27개 학과가 1번씩 학과별 채플로 모이고 있고, 중국 유학생 모임을 포함해 매주 26개 학과별 소그룹이 5~30명의 다양한 그룹으로 모이고 있어서 전체적으로는 250명 정도가 학과별 소그룹 모임에 참여하고 있다(2013년 현재). 소그룹은 인도자나 소그룹 구성원의 상황적 특성에 맞게 다양하게 진행되며, 대그룹의 경우도 자체적으로 5~6명의 소그룹 단위로 삶을 나누고 전체적으로 모여 발표하는 형식으로 진행된다.[40]

다음의 진술들을 보면 소그룹 모임을 경험한 학생들이 어떠한 감명을 받았는지 알 수 있다: 인도자 목사님과 대화하는 것이 참 좋았다; 목사님과 개인으로 이야기했던 것; 성경공부에 치중하기보다 인생 설계의 길을 준 것 같아서 좋았음; 목사님과 함께해서 행복했습니다; 목사님의 헌신적인 사랑에 감명받았다, 감사했다; 모임 그 자체가 좋았다; 목사님과 대화하는 것이 참 좋았어요; 목사님의 성경말씀 해석; 목사님의 착한 성품; 대학별 대강당 채플보다 목사님과 가까워진 것 같아 그 부분이 가장 인상 깊었다. 그리고 학생들은 소그룹 모임의 성숙을 위해 의견을 제시하기도 했다: 좀 더 실제적인 대화; 개인적인 신앙대화 외에 다른 대화도 했더라면 더 좋았을 것 같다; 목사님을 내년에도 뵙고 싶다; 신입생보다 재학생 위주의 모임을 가졌으면 좋겠다; 금번 소그룹 모임처럼 채플이 진행되었으면 좋겠다; 성경을 좀 더 쉽고 재미있게 알려주셨으면 좋겠다.…[41] 교회가 가진 '영적자본'이 무엇인지 확연하게 와닿는 언급들이지 않은가!

---

40 위의 논문, 66.

41 위의 논문, 81.

유성준에 따르면, 학과별 소그룹 모임의 장점은 전체 채플과 달리 개별 학과의 특성을 살리는 모임이 될 수 있으며 소그룹을 통해 학우들이 삶을 나누며 서로 돌보고 함께 연계된 사역에 참여하는 기회가 된다는 점이다. 또 동문 교회와 자매결연을 통해 교회 협력의 좋은 모델이 될 수 있는데, 학과에서는 동문들의 다양한 지원을 받을 수 있는 동시에 동문 목회자에게는 모교에 봉사하면서 학원선교에 직접 동참한다는 사명감과 자부심을 통해 모교 사랑의 기회를 제공할 수 있다. 무엇보다도 소그룹 모임을 통해 기독교대학의 정체성을 세우고 채플은 물론 학내 영적 분위기를 재고시키는 기회가 되었다고 유성준은 간증한다. 더 나아가 학생들의 개별적 신앙 결단/결신은 물론 기독동아리 활동, 성경공부, 기도모임, 봉사활동 등의 확장으로 이어지는 다양한 소그룹 사역의 활성화를 가져다줄 수도 있다.[42]

V. 기독교대학 소그룹 채플에 대한 선교학적 성찰

위에서 세 대학의 사례를 핵심적으로 살펴보았다. 이하에서는 이들에 대한 통합적인 분석을 통해 소그룹 채플에 대한 미래전망을 논의해보려 한다. 특히 앞서 논하였던 선교적 공공교회론의 관점에서 기독교대학의 소그룹 채플을 다루는 지면이 될 것이다. 앞의 사례들에서 배울 수 있는 점은, 소그룹 형 채플을 운영하는데 있어서 주최측과 리더 및 헌신자들

42 유성준, "소그룹을 통한 대학선교 활성화의 대안모델 연구," 87.

의 기도가 중요하다는 것, 직접 성경을 가르치건 기독교 세계관에 준하여 가르치건 간에 학생들에게 공감과 위로와 감동을 주는 자연스러운 방식이 적절할 수 있으며, 소그룹 활동과 소그룹 운동을 통해 학교 안팎에 하나님 나라 공동체를 세우는 분위기가 조성될 수 있다는 것이다. 주도적인 헌신을 하는 교목(실) 외에도 교내외 교직원 및 지역교회 목회자와 평신도들까지 네트워킹 가운데 하나님 나라 공동체 세우기에 협력할 수 있음을 보았다. 논의를 좀 더 전개해보자.

여기서 다시 오케슨의 4가지 직무를 요약해보면, 하나님의 선교의 대리자인 교회가 현시대 공공적 삶의 위기를 주목하고 세상(공공)과의 교차점을 찾아 상호침투함으로써 세상에 참여하는 일이 선교의 목적이라는 것이며, 이에 교회가 가진 '영적자본'을 도구 삼아 공공영역에 참여할 수 있다는 것이다. 그러면 우리 논의의 컨텍스트인 기독대학은 어떤 위기에 처해 있는가? 여러 위기가 있겠지만 특별히 대학의 주인공인 학생들의 측면에서 이야기를 풀어보자.

한혜실에 의하면, 기독대학들이 직면해있는 외형적 문제들(정체성 약화, 채플과 기독교과목의 비효율성, 재정난 등)과 지식체계의 혁명, 포스트모던 시대 가치의 혼란으로 기독교 신앙체계의 의미가 점점 퇴색됨에 따라 기독교대학의 신입생들도 가치의 전환 및 정신적 갈등을 겪기도 한다. 이들이 겪는 주된 어려움 중 자기효능감, 대인관계, 불안의 요소는 신입생의 학교 적응에서 중대한 변수로 작용한다. 이에 더불어 학업, 적성, 취업, 이성 및 경제문제 등도 그들의 불안, 자신감, 대인관계 능력에까지 영향을 미치게 된다. 따라서 기독대학들은 신입생들에게 야기될만한 여러 문제를 사전에 인지하고 중재프로그램을 통해 그들의 대학 초기정착과 적응을 도와야 한다. 기독교대학의 신입생 초기는 하나님을 전제한 바른 인성/영성 교육으로 학생들의 대학에 대한 기대감과 자아개념이 확고해지도록 할 수 있는 때라서 이 시기의 적절한 정책적 개입이 대학 고학년 때의 개입보다 훨씬 효과적이라고 제안한다.[43] 특히나 고로나 팬데믹으로 황망했던 20~21학번인 1~2학년에 대한 특별 케어가 필요한 시기임에는 분명하다.

한혜실은 기독교대학에 입학하는 신입생의 상당수가 비기독교인 학생들이다 보니 기독교적 인성에 기초한 집단 프로그램을 돌리게 되면 반감이나 거부감을 일으키기 쉬우므로, 전체 신입생 대상의 집단 프로그램이 아닌 소그룹 활동을 통해 기독교적 인성 및 영성 교육을 진행하는 방안을 권면한다. 극도로 개별화되고 익명화된 요즘 학생들에게 새로운 사람들과의 다양한 인간관계에서 오는 자기효능감 저하, 대인관계의 어려움 등으로 불안이 생겨나지만, 소그룹 활동을 통해 교수와 동료 학생들 간에 큰 부담 없이 자연스러운 만남을 갖게 되고 또 이 과정에서 하나님을 직간접적으로 경험할 기회까지도 접하게 되기 때문이다.[44] 일방적인 주입식 신앙교육이 아닌 적극적인 학생-참여적 소그룹 활동을 통해 신입생들이 자연스레 대학생활에 적응하면서 기독교 복음도 접하게 되므로, 기독교대학 정체성을 유지 재고시키는데에 소그룹 형 모델이 정책적인 도구로써 활용될 수 있을 것이다. 소그룹 단위를 잘 활용하면 무엇보다 공동체에 대한 효율적인 케어가 가능하다. 소그룹의 리더들은 목회자나 캠퍼스 사역자의

---

43 한혜실 외 5인, "기독교대학 신입생의 소그룹 활동이 자기효능감, 대인관계, 불안에 미치는 효과," 『신앙과 학문』 15-4(2010.12): 160-161.

44 한혜실 외 5인, "기독교대학 신입생의 소그룹 활동이 자기효능감, 대인관계, 불안에 미치는 효과," 161-162. 소그룹 활동이 이러한 교제 속에 내포된 하나님의 인격적 속성을 배우도록 하는 데 매우 긍정적인 효과가 있음을 보고하는 연구가 있으니 참조 바람: 홍영기, 『MTS 운영원리와 실재』 (서울: 교회성장연구소, 2005), 27-29.

손이 닿지 않는 틈새까지 파고들어 세심한 돌봄을 할 수 있다. 교수자와 청년들 간의 세대 차이나 신앙적 편견으로 발생하는 틈새를 소그룹 리더들이 세밀히 보살피고 메꿀 수 있기 때문이다. 공동체의 원활한 의사소통과 여러 문제점을 신속히 해결하려는 차원에서도 적절한 방법이라 할 수 있다.

한국교회 내에서 청년 소그룹 리더를 위한 훈련이 점점 빈약해졌다는 김남일의 지적은 옳다. 과거 1980년대만 해도 소그룹 성경공부나 제자훈련이 대세였지만 1990년대부터는 성경 모임 위주의 소그룹보다는 엔터테인먼트 위주의 청년집회로 변해갔다. 그것도 기성세대 목회자들이 독점진행하여 유행에 민감한 청년들은 교회에 흥미가 떨어지리만큼 시대 감각에 뒤처진 수준이었다. 이런 추세가 캠퍼스까지 이어져 90년대부터는 캠퍼스 대형집회나 퍼포먼스를 통한 집단신앙훈련에 집중하게 되고, 청년들이 체계적인 성경공부나 리더십 개발훈련에 참여치 못함으로 캠퍼스선교의 동력이 떨어지게 되었다. 그런데 소그룹 훈련이야말로 개인의 변화와 관계회복을 통해 건강한 그리스도인을 세우는 최적의 방법이다. 사람은 관계 안에서 인격을 형성하며 성장해간다. '하나님의 형상'인 인간은 관계 안에 계시며 관계 안에 자신을 드러내시는 관계적 존재인 하나님의 성품을 닮았다. 소그룹은 단지 성경공부뿐 아니라 인격적인 관계로 상호작용하며 상호의존하는 공간이다.[45] 심리적 물리적 거리가 가까운 소그룹 안에서 보상받으며 공동의 목적을 추구하는 인간은, 그 속에서 자신을 발견하고 타인에 대한 이해와 수용과 긍휼과 용서를 습득하게 된다.

소그룹 채플에 봉사하는 리더의 관점으로 시야를 돌려본다. 소그룹

45 김남일, "소그룹리더 훈련을 통한 학원선교 방안에 관한 연구," 66-67.

팀의 리더들은 남녀노소 목회자/비목회자를 막론하고 공공선교학에 준할 때 유의할 점들이 있다. 공공선교학은 리더자의 입장에서 학생들을 단지 대상화하는 데 머무르지 않고 상호주체적인 입장을 견지한다. 곧 가르치는 자(teacher)가 아닌 코치로서(특히 pace maker) 임한다. 훈육하며 말하는 자가 아니라 자신의 온 존재를 기울여 공감하며 듣는 경청자로서 임한다. 내가 주고 싶은 것이 아니라 그들이 원하는 것을 세심히 파악하여 물심양면으로 주는 자로서 임한다. 입의 교훈이 아니라 내 인격의 본을 보이며 임하는 자가 리더이다. 리더가 아닌 학생들 자신이 배움의 주체임을 분명히 아는 자가 소그룹 리더이다. 그는 가장 적게 가르치는 자가 가장 잘 가르치는 자이며 가장 적게 말하는 자가 가장 많이 가르치는 자임을 숙지하고 있다.

다음은 대단히 중요한 지적인데, 소그룹 훈련이 바로 인도자 자신과 리더 지원자의 신앙적 나태를 막아주어 더 깊은 신앙인의 본을 담보할 수 있다는 점이다. 소그룹 리더를 훈련하는 사역자가 흔히 빠지는 자가당착은 스스로 마치 하나님처럼 군림하려는 데 있다. 주지하듯이 진정한 리더는 섬기는 리더다. 소그룹 리더들을 훈련하는 지도자는 리더들의 존경을 받기 위해 항상 자신의 신앙적 나태를 경계하는 노력을 기울여야만 한다.[46] 더불어 소그룹 리더로 훈련받는 이들에게도 스스로 섬김의 제자도를 실천할 수 있는 적절한 장(場)이 제공된다. 그러므로 소그룹 리더 훈련은 거꾸로 인도자와 리더들 자신의 신앙과 삶에도 대단히 유익한 방법이라 하겠다.[47]

46 김남일, “소그룹리더 훈련을 통한 학원선교 방안에 관한 연구,” 67-69.

47 소그룹 리더 활용은 단점으로 작용할 수도 있는데 곧 이단 분별의 문제, 소그룹 대화 중 예민한 주제를 다룸으로써 학생들을 자극하는 문제, 부담스러운 방식의 복음 제시와 신앙 결단 강요 및 교회 강제 등록, 성적(性的) 감수성이 떨어지는 리더 관리 등 신중히 접근해야 할 부분들이 있다.

또한 소그룹 모델의 리더로 참여한 지역교회 목회자들이 자신의 교회로 돌아갔을 때 그 교회의 청년들을 살릴 수 있는 장점도 있다. 안 믿는 청년들과 실제로 가까이 어울려본 경험이 그 목회자와 그의 의식을 변화시키기 때문이다. 아울러, 리더로 참여한 지역교회 평신도 장년들의 선교의식과 선교활동을 고취할 뿐 아니라 현재 교회 밖 세상이 어떠한가를 직접 경험할 수 있는 생생하고 진한 사역의 장이 될 수도 있다. 더 나아가 기독교계 중고등학교까지 확장되는 선한 영향력을 행사할 수 있을 것이다. 따라서 소그룹형 채플이 건강하고 규모있게 잘 진행 · 정착되었을 때 위에서 언급한 전방위적 각성과 부흥을 가져올 수 있다고 사료된다.

안타깝지만, 우리 사회의 대학 청년들이 보는 한국교회는 어떠한가? 코로나-이후 시대의 청년들에게 한국교회는 무관심을 넘어 혐오의 대상이기까지 하다. 몇몇 기독교인들은 청년기에 방황하는 이들에게 복음을 총총히 전하여 이들을 속히 지역교회에 편입시키고 등록 교인을 만들어야 한다고 역설한다. 그런데 막상 현금의 지역교회 청년부는 비어가고 있다. 서서히 쇠퇴일로에 있던 청년부에 설상가상으로 코로나 사태가 찬물을 끼얹어 버렸다. 한 개인에게 복음을 전한다는 것은 그/그녀를 단지 교회 다니는 사람(churchman)으로 만드는 것이 아니다. 그동안 단지 교회에 다니기만 하던 수많은 젊은이가 하나둘씩 교회를 떠나갔다.[48] 오늘날의 젊은이들에게 교회는 괴이한 집단으로 보이기 십상이다. 교회 안에서 통하는 문법이 그들에겐 거의 이해되지 않는다.

설령 소그룹채플을 통해 결과적으로 비기독인 학생들을 지역교회에 편입시키고 등록시켰다손 치더라도 실제적인 문제는 그들이 얼마나 교회

48 이러한 내용에 대하여는 다음을 참조하시오: CGN TV 다큐멘터리, "안녕히 계세요, 하나님," 2021년 5월 23일. https://youtu.be/1lbFjVCYPal

에 잘 적응하고 뿌리를 내릴 수 있는가의 문제라고 생각한다. 부모나 조부모가 교회에 다니는 경우라도 요즘 학생들은 종교란에 자신이 기독교인이라고 기재하지 않는다. 나중에 물어보면 코로나 이전 시기까지는 교회를 나갔었다는 친구들도 종교란에 자신이 기독교인이라고 기재하지 않는 경우가 허다하다는 사실을 학생들과의 개별 면담을 통해 알게 되었다.[49]

따라서 다소 수정된 넓은 전망(展望)과 깊은 조망(眺望)으로 대학사회를 바라볼 필요가 있다. 김은수는 학원선교란 '학원의 기독교화'도 '기독교의 학원화'도 아니며 오히려 대학 전체를 기독교적 문화로 만들어가야 한다고 강조한다. 곧 대학운영과 대학생활 전반에 기독교적 가치와 사랑이 배어 있는 분위기가 조성되어야 한다는 말이다. 모든 영역에서 기독교 정신과 사랑이 실천된다면 그것이 복음의 접촉점으로 작용할 수 있다. 그런고로 바람직한 학원선교는 대학 문화 전반이 기독교 정신에 의해 새롭게 변혁되고 실천될 때 가능하다.[50] 학교생활에서 전반적인 기독교 문화를 이미 두루 경험한 학생들에게 채플이나 기독교과목 시간에 그들의 눈높이에 맞추어진 복음이 전해질 때라야, 학생들의 마음이 열리게 되고 언제가 될지 몰라도 결정적으로 그리스도를 만나는 촉매로 작용할 수 있을 것이다.

김은수는 학원과 기독교가 끊임없이 '그리스도'로부터 창조적인 관계구조와 내용을 갖는 것이 학원선교라고 첨언한다. 창조적 관계구조란 학원이 세속적인 문화를 지니고 있음에도 불구하고 하나님께서 그 안에서 활동 · 섭리하셔서 창조적인 질서로 변혁하고 계신다는 인식이라고 설명한다. 그는 학원선교가 몇몇 교목, 기독교학 교수, 선교단체만의 역할이

49 2020학년도-2학기와 2021학년도-1학기에 3학점에 해당하는 교양필수 기독교과목을 수강하는 학생들과 개별 면담을 진행하였다.

50 김은수, "한국 기독교대학의 선교현황과 과제: 전주대학교를 중심으로," 『선교신학』 18(2008): 152-154.

라는 생각에서 벗어나, 전체 크리스천이 통전적인 복음을 대학의 모든 구성원에게 전파해야 할 과제라는 점, 그리고 대학의 모든 영역에서 복음의 정신이 실천되어야 한다는 점에 주목하라고 역설한다. 따라서 교목은 물론 모든 그리스도인과 기독교단체가 함께 학원 전반에 걸쳐 선한 영향을 끼칠 때 학원선교가 올바르게 진행될 것이다. 교수의 강의와 상담이나 직원들의 행정적 지원과 학원문화 전반을 통해 그것이 전달되어야 한다. 물론 이것이 가능하려면 어느 정도 크리스천 학생과 교수의 규모를 적절히 유지하는 일이 필요하다.[51] 주지하듯이 이 규모를 유지하는 일조차 이 시대에 힘들어지고 있다는 현실 앞에 직면해있지만 말이다.

Ⅵ. 나오는 말

기성세대의 율법주의적 신앙 양태, 세상에 대한 배타주의적 태도, 윤리성의 결여, 극단적인 신비주의적 신앙관 등이 Z세대에게는 도무지 어필되지 않는다.[52] 이집트에서 노예로 착취당하던 히브리인들이 출애굽 할 때 홍해 바다에서 이스라엘만 구출하시고 이집트 군대는 수장시키셨던 하나님이, 지금 교회 다니는 사람들이 믿는 그 하나님과 같은 분이냐고 청년들은 분노하며 힐문한다. 소위 거저 주신 귀중한 은혜가 지나치게 값싼 은혜로 전락하지 않으려면 신념윤리가 아닌 책임윤리적 태도가 견지되어야 한

51 김은수, "한국 기독교대학의 선교현황과 과제: 전주대학교를 중심으로," 153, 158.

52 다소 극단적인 예이기는 하지만, 정택주 목사는 교회에서 떠나오게 된 후 20여 개 교회를 전전하였으나 정착하지 못하였다. 정택주, "교회에서 쫓겨나서 목사가 되었다," 2021년 1월 1일. https://youtu.be/dAiDy_i-NG4

다. 인간은 로봇이 아니기에, 하나님 앞에 반응하는 인간은 책임적 행위 주체자이다. 신앙을 전제한 최선의 선택을 하였다면, 그에 따른 결과에 대해 선택을 한 그 개인이 감수하면서 살아가는 것이 책임윤리다. 교회에 빠지지 않고 잘 출석하고 예배를 성실히 느리며 교회 일을 열심히 하는 '교인'(Churchmen)을 만드는 것이 전도의 목표인지, 눈에 안 보이는 하나님을 섬기면서 자기 자신과 타인을 신앙으로 용납하고 이웃을 섬기고 사랑하면서 익명의 그리스도인(Anonymous Christians)으로 어두운 세상을 밝히며 사회 속에 통합되어 살아가는 책임적 개인을 만드는 것이 전도의 목표인지를 먼저 분명히 정리할 필요가 있을 터이다.

필자는 선교적 교회론을 공공선교학의 관점에서 오늘날 대학사회에 적용해보았다. 지금은 코로나19 팬데믹으로 대학사회의 대면 소통이 막혀 있다. 물론 다양한 비대면 소통은 이루어지고 있고 이루어질 수밖에 없다. 그러나 소그룹 방식의 채플에서는 그룹 다이내믹을 잘 이끌어 내는 일이 중요하기 때문에 상황이 허락될 때 내번 방식으로 진행되기를 추천한다. 소그룹형 채플이 건강하고 규모있게 잘 진행되고 정착된다면 학생, 교목, 교목실, 교직원, 교내외 선교단체, 지역교회 목회자와 성도들까지 연결되어 전방위적 각성과 부흥을 가져올 수 있다고 기대하며 글을 마친다.

참고문헌

Okesson, Gregg. *A Public Missiology: How Local Churches Witness to A Complex World*. Grand Rapid. MI: Zondervan, 2020.

Newbigin, Lesslie. *Truth to tell : the gospel as public truth*. 김기현 역. 『복음, 공공의 진리를 말한다』. 서울: SFC, 2008.

Wright, Christopher. *The Mission of God*. 정옥배/한화룡 역. 『하나님의 선교』. 서울: IVP, 2010.

홍영기. 『MTS 운영원리와 실재』. 서울: 교회성장연구소, 2005.

강아람. "포스트코로나 시대의 '선교적 교회론' 고찰." 『선교신학』 60(2020): 9-42.

김광건. "선교적 교회를 위한 선교적 리더십 모델에 대한 학제간적 고찰." 『한국기독교신학논총』 115(2020): 425-454.

김남일. "기독교대학 청년선교를 위한 오페라 채플 연구." 『복음과 선교』 50(2020): 145-176.

______. "소그룹리더 훈련을 통한 학원선교 방안에 관한 연구." 『복음과 선교』 37(2017): 53-80.

김영완. "채플의 패러다임 변화를 통한 선교의 극대화 방안." 『대학과 선교』 16(2009): 111-140.

김은수. "한국 기독교대학의 선교현황과 과제: 전주대학교를 중심으로." 『선교신학』 18(2008): 141-166.

유성준. "소그룹을 통한 대학선교 활성화의 대안모델 연구." 『대학과 선교』 25(2013): 57-91.

장형철. "청년 개신교인 감소 양상과 소규모 분반 채플의 효과에 대한 경험적 고찰." 『대학과 선교』 29(2015): 373-402.

주상락. "포스트코로나 시대 공공선교학의 가능성."『대학과 선교』 47(2021): 105-132.

천사무엘. "디지털원주민 Z세대에 대한 대학선교방안 모색." 『대학과 선교』 45(2020): 7-32.

한혜실 외 5인. "기독교대학 신입생의 소그룹 활동이 자기효능감, 대인관계, 불안에 미치는 효과." 『신앙과 학문』 15-4(2010): 159-189.

전주대 선교봉사처 선교지원실. 2019-1학기 캠퍼스 동역자 감사의 밤 사역보고서 (2019. 06. 20).

한국민족문화대백과사전. "종교교육의 3가지 의미."

한병수. "전주대학교의 캠퍼스 복음화 사례발표." 2021 한국기독교대학교목회 하계연수회 및 한국대학선교학회 학술대회 자료집, 44-48.

이대성. 한국기독교대학 교목학회 단체카톡방 (6월 2일자).

이진호 목사와의 인터뷰 (2021년 4월 9일, 6월 1일, 6월 3일).

전병식. "대학채플 다변화와 상생방안은?" CBS 토론 18회. 2021년 6월 25일. https://youtu.be/IZJxGRDDQnM

정택주. "교회에서 쫓겨나서 목사가 되었다." 2021년 1월 1일. https://youtu.be/dAiDy_i-NG4

CGN TV 다큐멘터리. "안녕히 계세요, 하나님." 2021년 5월 23일. https://youtu.be/1lbFjVCYPal

● 5장

하나님의 선교 관점에서 본 상생과 공존

Ⅰ. 들어가는 말

최근 한국사회에서 『자존감 수업』이라는 한 정신분석학자의 책이 무려 100쇄 이상 발행되어 팔려나갔다. 말이 100쇄지, 사실 10쇄만 찍었어도 굉장한 판매기록이지 않은가! 이 기록은 무엇을 시사하는가? 우리 사회는 그 구성원들이 최소한의 자존감을 지키며 살기 힘들 만큼, 만만치 않은 경쟁과 불안의 소용돌이에 휩쓸려서 살아가고 있다는 방증일 것이다. 현대인들은 얼핏 서로 연결되어있는 듯 분주하게 살아가면서도 결코 사회적이거나 관계적인 삶을 누리지는 못한다. 얼굴과 얼굴을 맞대면하기보다 가상현실에서 익명으로 만나거나 앞서가는 사람들의 뒤통수를 보며 경쟁적으로 살아가게 된다. 또 소비능력을 과시하면서 존재를 증명해야하는 강박증에 시달리고 있다. 자본과 권력에 의해 통제 · 조작되는 이런 현실 속에서 진정한 의미의 '공동체'를 복원하는 일은 너무나도 절실한 일인 것이다.

'하나님의 선교'는 그리스도인으로 하여금 세상사람들이 하나님의 형상으로 살아갈 수 있는 하나님 나라의 문화를 만드는 데 헌신하도록 초청한다. 교회가 파송된 오늘의 시대가 삶을 파편화시키고 분열시켜 서로 남남으로 타자로 살아가게 한다면, 하나님나라를 증언하는 교회로서는 용납할 수 없는 불의한 문화인 것이다. 교회는 건물이 아니며 삼위일체 하나님의 현존을 증언하는 교제요 공동체이므로 교회가 파송된 곳에서 공동체적 삶이 드러나고, 특정개인의 이익이 아닌 모두의 필요에 따르는 공동선

(Common Good)이 추구되어야 한다. 지금 한국사회는 조건 없이 함께하며 사랑을 베푸는 이웃을 절실히 갈망하고 있다. '선교적 교회'는 세상에서 사라져버린 '이웃'의 존재양식을 공적으로 실천함으로써 그 거룩성을 증언해야 한다.[1]

특히 최첨단 테크놀로지 시대에 과학기술은 점점 더 인간성을 배제하는 방향으로 나아갈 위험성이 농후하다.[2] 이럴 때 세상문화에 대한 저항을 통한 대안문화를 만들어감으로써 문화명령을 수행하는 일이 선교적 교회에 위임되어 있다. 이 글은 그러한 대안문화를 상생 또는 공존을 지향하는 '콘비벤츠'적 삶으로써 제안하려 한다.

II. 왜 상생인가: 시대적, 신학적 필요성

최재천 이화여대 에코과학부 교수는 10여년 전에 '호모심비우스'라는 단어를 창안해냈다. 이는 인간들의 함께 살려는 노력을 강조하는 '공생인'이라는 뜻이다. 사실 구성원들 간의 협력을 통한 상생과 공존의 트렌드는

1 성석환, 『지역공동체와 함께하는 교회의 새로운 도전들: 한국적 '선교적 교회'를 향하여』 (서울: 총회한국교회연구원, 2018), 192-93.

2 유발 N. 하라리/김명주 역, 『호모 데우스: 미래의 역사』 (파주: 김영사, 2017), 385. 하라리는 과거 인본주의 시대의 인간이 신을 배제시켰던 것처럼, 데이터교는 기술이 인간을 배제시키게 될 것이라고 예측하였다. "데이터교는 인간의 경험을 데이터 패턴으로 여김으로써 권위와 의미의 원천을 파괴하고, 18세기 이래로 한번도 경험하지 못한 위력적인 종교혁명을 예고한다. 로크, 흄, 볼테르 시대에 인본주의자들은 '신은 인간 상상력의 산물'이라고 주장했다. 이제 데이터교가 인본주의자들에게 그들이 한 대로 똑같이 돌려줄 차례이다. '신은 인간 상상력의 산물이지만, 인간 상상력은 생화학적 알고리즘의 산물이다.' 18세기에 인본주의는 신 중심적 세계관에서 인간 중심적 세계관으로 이동함으로써 신을 밀어냈다. 21세기에 데이터교는 인간 중심적 세계관에서 데이터 중심적 세계관으로 이동함으로써 인간을 밀어낼 것이다" [위의 책, 533-34].

이미 수년 전부터 전세계적 움직임을 보이고 있다. 한국은 2008년 금융위기 이후, 이기심에 기반한 자본주의 체제의 태생적 한계를 인식하면서 소위 '갑을논쟁'을 계기로 본격적 논의가 이어져 왔다. 상생과 공존을 추구하는 흐름은 사회성원들 사이에서 이제 자신만의 주머니를 불리고 더 많은 재화를 소비하기보다, 한정된 재화를 더불어 지혜롭게 사용하는 '공유경제'에 주목하게 되었다.[3] 협동조합의 경우 주주보다 조합원의 이익을 우선시함으로써 무한경쟁 자본주의의 착한 대안으로 부상되었는데,[4] 2013년 기준으로 전세계 140만 개 이상의 협동조합과 10억의 조합원이 있다. 한국도 2012년 12월 시행된 협동조합기본법으로 협동조합시대가 개막되었다. 협동조합은 상대적 약자들이 모여 상생 · 협력하고 새로운 경쟁력을 창출—**신뢰에서 나오는 협동이야말로 진정한 경쟁력의 원천이다!**—하려는 목적하에 국가사회안전망을 보완하는 민간의 사회안전망 역할을 한다. 또한 한국의 기업생태계에도 변화가 일어 협력업체와의 상생과 공존을 새로운 동력으로 활용하는 기업들이 늘고 있다.[5] 대기업 홀로 성공을 향해 질주하던 시대가 서서히 막을 내려가는 것이다.[6] 그에 따라 우리 사회의 지역간, 세대

---

3 그 대상에는 스키용품, 일렉트릭 기타, 자동차 등의 물건뿐 아니라 주차장이나 빈방 등의 공간도 포함된다. 한 예로 빈방을 대여해주는 공유사이트 'airbnb'에는 하루에 192개국에서 25만개의 빈방이 올라오는데(2013년 기준), 여행객들은 호텔보다 저렴한 조건으로 알맞은 숙소를 구하곤 한다.

4 협동조합 운동은 시장경제에 반대하는 것이 아니다. 다만 시장(market)을 이해하는데 있어서 자본주의와 다른 것이다. 즉 자본이 아니라 노동자와 소비자, 예금자, 지역주민과 같은 조합원 곧 사람이 가장 중요한 역할을 한다는 점이 강조된다. 스테파노 & 베라 자마니, 송성호 역, 『협동조합으로 기업하라』 (서울: 한국협동조합연구소/북돋움, 2012), 48.

5 모바일 메신저 운영업체 카카오의 경우 중소게임개발사, 콘텐츠 창작자들과 '윈-윈'할 수 있는 생태계를 조성해 성공가도를 달리고 있으며, 삼성전자도 혁신기술협의회를 설립하여 거래관계가 없는 중소기업을 참여시켜 신기술 · 신제품 개발을 추진하였다. 롯데마트도 자체개발한 '손큰' 브랜드를 중소기업이 사용하도록 하여 중소기업 육성과 매출확대라는 두 마리 토끼를 잡았다.

6 나원식, "왜 상생과 공존이 필요한가," 네이버 모바일 이데일리 뉴스 [2013.06.11.].

간, 계층간 상생협력을 위한 다양한 방안들이 모색 · 시도되고 있다.[7]

또한 상생과 공존의 신학적 필요성을 거론해보자. 상생관계(interdependence) 또는 공존(coexistence)의 사전적 의미는 "둘 이상이 서로 북돋우며 다 같이 잘 살아감, 서로 노와서 함께 존재함"이라는 뜻이다.[8] 일찌감치 박종천의 『상생의 신학』(한국신학연구소, 1991)이라는 책이 나온 후로 신학 분야에서도 다양한 글들이 발간되어왔다. 한국교회의 상생협력에 대한 담론은 다양한 영역에서 진행되어왔고, 특히 도시교회와 농촌교회의 상생 연구도 오래전부터 활발히 이어졌으며, 성공적인 현장모델들도 많이 생겨났다.[9] 황병배는 한국 대형교회들이 개척/미자립 교회들을 어떻게 지속가능한 방법으로 돕고 협력할 수 있는가를 상생의 관점에서 다루면서 그 이론적 근거를 선교적 교회론, 지역교회의 공교회성, 팀리더십에서 찾고 있다.[10]

이에 필자는 본글에서 상생(相生)에 대한 해석하적 전제로시 콘비벤츠 신학자로 불리는 독일의 준더마이어(Theo Sundermeier) 교수의 해석학적 선교학을 소개할 것이다. 그리고나서, 연약한 인간을 사용하시는 '하나님의 선교' 개념을 개진할 것이며, 마지막으로 그 하나님의 선교를 위해서는 온 세상의 전체교회가 필요하다는 점을 피력할 것이다. 이하에서 이러한 주제들이 바로 이어질 것이므로 이만 약술하고 다음으로 넘어가려 한다.

---

7 홍철, "지역간 연계 · 협력 그리고 상생 발전," 『충북 Issue & Trend』 (2011): 2-5; 송혁준, "국내 대기업 상생협력 사례비교 및 시사점 도출," 『한국경영학회 통합학술발표논문집』 (2014): 4149-67; 김태곤 외, "도시농업의 치유기능 확산과 도농상생 방안," 『한국농촌경제연구원 정책연구보고서』 (2014): 1-107 등.

8 〈네이버 사전〉.

9 참조: 이원규, "도시교회 농촌교회 연구," 『기독교사상』 (1986): 14-35; 황병배, "선교공동체로서 농촌교회와 통전적 선교 가능성 연구," 『선교신학』 36(2014): 445-88 등.

10 황병배, "한국교회의 상생협력 사례연구를 통한 선교적 통찰 및 제언: 작은(개척/미자립)교회의 성장을 위한 대형교회의 지원사례를 중심으로," 한국선교신학회 제2차 정기학술대회 자료집 (2019. 4.20), 64-81 참조.

Ⅲ. 해석학적 전제: 에큐메니칼 해석학

에큐메니칼 해석학(Ecumenical Hermeneutics)의 전망에서, 전세계교회는 상호 간의 배움과 도움, 잔치하는 공동체이자 해석학적 공동체로 규정된다. 여기서 테오 준더마이어의 해석학적 선교학을 소개한다.[11]

준더마이어는 서구의 이론중심 신학과 실존주의 해석학을 벗어나 이론과 실천을 통합하고 공동체적 안목에서 선교학을 전개한다. '콘비벤츠'를 에큐메니칼 실존의 기본구조로 보고, 문화간 만남의 해석학적 기초를 '낯선 것에 대한 이해'에서 모색하며, 미술(예술)과 신학의 만남을 구상하는 것 등이 그의 신학의 메인 스펙트럼이다. 무엇보다도 그가 선교와 에큐메니칼 실존의 기본구조로서 '콘비벤츠'(Konvivenz), 즉 *삶으로서의 선교*를 지향하는 점에서 특징적이다. 콘비벤츠는 '함께 사는 삶(공존)'이라는 의미로 준더마이어 선교신학의 중심원리다. 그는 이 개념을 근저로 선교학의 다양한 주제를 펼치어 이론적 체계를 세워나간다. '함께 사는 삶(콘비벤츠)'라는 개념은 라틴아메리카 바닥공동체의 삶에서 취해 선교학적 개념으로 전유한 것이다. 즉 콘비벤츠는 브라질 도시나 농촌 소집단의 이웃돕기운동에서 유래되었으며 서로 돕고 배우며 함께 잔치하는 공동체적 삶의 형태를 띤다.[12]

11 준더마이어의 해석학적 선교학은 상호문화 해석학으로 특징지을 수 있는데, 이는 에큐메니칼 해석학을 지향하는 개념이다. 더 자세한 내용은 필자의 학위논문을 참조하시오: "복음과 문화의 상관관계에 대한 선교학적 해석학 유형연구" (장로회신학대학교 박사학위 논문, 2011).

12 준더마이어는 어떤 개념의 출처에 대해 묻는 것 자체가 서구학문적 문제제기라고 지적한다. 반면

준더마이어에 따르면 콘비벤츠는 서구신학의 한계에서 탈출할 수 있는 계기가 된다. 그는 철저히 개인주의를 토대로 발전해온 서구사회에는 유례가 없는 공동체적 삶의 양태를 남미를 방문하여 직접 목도하고, 라틴아메리카와 제3세계 신학에 기원하는 콘비벤츠 개념에서 새로운 방법론을 발견한다. 서구와 달리, 그들은 실천이 이론에 앞선다는 사실을 체득하였으므로 오랫동안 세계신학을 주도해온 서구신학을 극복하고 새로운 신학과 선교의 길로 나아갈 수 있는 통찰력을 준다. 곧 에큐메니칼 만남이 이해에 앞서며, 에큐메니칼 실존은 에큐메니칼 신학을 가능케 하는 조건이다. 이는 신학함의 겸손을 필요로 한다. '함께 하는 삶'이 선포하는 주체와 듣는 대상 간에 보내는 교회와 수용하는 세계 간에 구별이 없음을 알게 한다. '함께 하는 삶의 경험'은 가르치는 자가 배우는 자이며, 가르치는 것과 배우는 것이 상호교류적 사건임을 일깨운다. 돕는 행동에서도 주객분열이 극복되어 도움이란 '서로가 주고받는, 서로가 동참하는 상호의존적 사건'임을 가르쳐준다. 여기서 레비나스(Emmanuel Levinas)가 말한 '의인론'의 기본적 의미가 실천된다.[13] 각자가 타인에게 삶과 생활공간의 권리인 실존권을 격려하면서 타인의 인간적 존엄성을 조건없이 인정하기 때문이다. 각자의 자기포기가 강요되지 않으며 각자의 정체성이 보전된다. 누군가를 위한 우월한 존재(pro-existenz)가 선존(先存)하는 것이 아니라 동등한 공존

라틴아메리카 컨텍스트에서 콘비벤츠의 의미에 대해 생각할 필요조차 없는 것은 모두에게 잘 알려져 있으며 의미 역시 명백하기 때문이다. 사실 콘비벤츠 개념의 유래가 불분명하여 다양한 출처가 있다. 이 개념의 근원에 대해서는 테오 준더마이어, "오늘의 오이쿠메네 실존의 기본구조로서의 콘비벤츠," 채수일 역, 『선교신학의 유형과 과제』 (서울: 대한기독교서회, 1999), 59-66 참조.

13 법정에서 의인으로서 나의 권리가 찾아진다는 로마적 이해와 달리, 유대교 컨텍스트에서 의인은 생명의 공간과 권리가 나에게 주어지는 것, 공동체 안에 내가 받아들여지는 것을 의미했다. 레비나스를 따르면 타인이 그의 실존권 안에서 나를 구성할 때 의롭다고 인정받는 현존이 가능하다. 그러나 그것은 더 이상 나 자신만을 위해 존재하는 개인적인 내가 아니며, 약속 안에서 공동체가 구성된다.

구도가 확립된다. 선존구도에서는 권력과 우월성과 관계된 돕는자 증후군이 나타났지만, 공존구도에서는 타인과 함께 살 수 있는 자유의 공간과 자유가 보장된다.[14] 콘비벤츠는 대화 이상의 만남으로서 우연한 만남 그 이상의 만남을 목표하며, 총체적 삶에 대한 공동경험만이 의식의 변화를 낳는다는 점을 인식하므로 지속성과 공간적 연결을 추구한다.[15]

준더마이어는 '먼저 잘 배우는 자가 진정한 교사'라는 점이 교육활동의 전제가 된다는 사실을 자각하고 이를 선교현장에 적용하였다.[16] 기존의 선교사와 현장은 교사와 학생의 관계에 있었으나 콘비벤츠 관점에서는 이들 모두가 서로 함께 배우는 자라는 사실에 주목하였다. 사람들이 서로에게 의존해 있다는 통찰은 주객 이분법을 넘어, 서로 도움을 주고받으며 함께 배우는 관계에 있다는 사실로 인도한다. 또 한편 콘비벤츠 관점에서는 '잔치'로서 서로 축하하는 행위가 강조되는데, 진정한 잔치에서는 빈부나 사회계층의 격차를 뛰어넘어 인간의 본래적 관계인 공동체가 회복되고 그 안에서 함께 축하하며 생명을 회복하는 일이 일어난다. 그는 잔치의 성격에서 하나님나라의 축제가 선취된다고 본다. 오랜 억압을 당해온 가난하

---

14 테오 준더마이어, "선교신학의 유형과 과제," 채수일 역, 『선교신학의 유형과 과제』, 53.

15 "오늘의 오이쿠메네 실존의 기본구조로서의 콘비벤츠," 위의 책, 57-58. 또한 헤닝 브로게만도 이에 대해 "공존으로서의 선교" 패러다임을 다루면서 동일하게 언급한다. 헤닝 브로게만, "20세기 선교학의 패러다임 변화와 오늘날 선교신학의 기본요소 탐구," 『1910년 에딘버러 선교사대회 100주년: 선교와 에큐메니즘 회고와 전망』 (서울: 장로회신학대학교 출판부, 2009), 97-105 특히 104.

16 준더마이어는 서구사회에서 볼 수 없는 공동체적 삶의 형태인 콘비벤츠를, 남미를 직접 방문하여 바닥공동체의 주민들이 삶속에서 사용하고 있는 용어에서 선교학적 통찰을 얻어 자신의 선교학을 구성하는 핵심개념으로 채용한다. 그에 따르면 이 용어를 처음 학문적 차원에서 사용한 사람은 '의식화 교육학자'로 잘 알려진 프레이리(Paulos Freires)로 『억압받는 이들의 교육학』(*Pädagogik der Unterdrückten. Bildung als Praxis der Freiheit*, Reinbeck bei Hamburg, 1990)에서 문헌으로 사용하였다. 바닥공동체 주민들은 배움의 과정에서 주체와 객체를 구분하지 않았는데, 프레이리는 여기에서 배우는 이들의 주체적 성격을 인식하고 그것을 교육학적 도구로 전환시켰다. 바닥공동체는 자신을 배우는 공동체로 이해한다. 『선교신학의 유형과 과제』, 61-62.

고 힘없는 자들은 잔치를 통해 '고난에 대한 저항'을 축제로 승화시켜 자유와 해방을 맛보며 희망한다.[17]

콘비벤츠를 통한 상호배움 과정에서 사람들은 타인의 진리로부터 배움으로써 타인의 진리를 통해 자신의 한계를 깨닫고 자신의 방향을 전환하는 법을 배우게 된다. 준더마이어는 콘비벤츠의 이러한 경험을 에큐메니칼 선교 원리로 수용한다. 에큐메니칼 실존에는 세계의 다양한 문화와 종교성들이 함께 어우러지므로 진정한 상호성을 경험한다. 다른 사람과의 만남과 배움을 경험하면서도 자신의 정체성을 잃지는 않는다. 오히려 자신의 정체성이야말로 다른 사람들의 제한적 인식을 뛰어넘어 배움의 풍요로움으로 인도하는 원리가 된다. 에큐메니칼 실존에서는 누구라도 일방적으로 가르치는 자나 배우는 자로 규정되지 않는다. 기존 선교의 일방주의가 콘비벤츠에서 극복된다. 도움과 배움은 서로에게서 나온다. '함께'라는 전치사가 선교의 본질을 지켜준다. 우리 모두 하나님의 잔치에 동등한 자격으로 초청받았기 때문이다.[18]

---

17 『선교신학의 유형과 과제』, 64-66. 한국의 민중신학이 탈춤을 민중의 해방운동의 원동력으로 이해하는 것처럼, 해방신학자들은 잔치에서 민중의 종교성을 발견한다. 즉, 수백 년 지속된 억압 속에서도 자신을 지키며 저항을 향한 내적 힘을 형성하고, 다른 사람과의 연대와 공동체를 형성해 온 힘으로 이해된다. 준더마이어는 이런 민중의 종교성을 선교학적으로 수용하여 옛것이 파괴되지 않으면서 새것 안에서 새로운 의미로 살아나는 토착화신학의 원리를 발견한다. 위의 책.

18 준더마이어는 서로 돕고 배우며 함께 축제를 경험하는 콘비벤츠 원리를 무엇보다 복음서에 기록된 *예수의 삶*에서 입증한다. 예수에게 삶과 선교는 분리되지 않고 그의 삶이 세상을 향한 선교였다. 예수는 세상에서 사람들 가운데 살며 동고동락하였다. 그들을 '위하여'(fuer) 살았을 뿐만 아니라 '함께'(mit) 살았다. 예수는 함께 자주 식사를 나누었는데 식탁공동체야말로 예수의 선교의 중심이다. 함께 하는 식탁은 '공동체'와 '잔치'가 전제되어 있다. 예수에게 선교란 인간을 잔치에 초대하는 것으로, 잔치를 통해 예수와 함께하는 사람들은 변화를 경험하고 기뻐한다. 식탁공동체에서 주목할 것은 잔치가 공동체적 사건이라는 점이며 이는 하나님나라의 특성이다. 예수가 배설한 잔치는 특히 가난한 자들에게 의미 있는 축제다. 하나님나라를 지향하는 선교란 가난한 사람들과 함께하는 연대성을 내포한다. 준더마이어는 예수의 선교가 당시 사회가 만들어낸 율법, 도덕, 사회, 정치적 차별, 종교 등의 경계선을 뛰어넘은 것을 강조한다. 그는 예수의 선교에서 사회에 존재하는 모든 차별성을 뛰어넘어 그리스도 안에서 진정한 공동체를 꿈꾸는 선교의 원형을 포착한다.

더 나아가 콘비벤츠는 상호문화간 해석의 자리이다. 진정한 해석은 텍스트와 해석자 간에서만 생기는 것이 아니라 타문화와의 만남과 교류를 통해 일어나기 때문이다. 준더마이어에 따르면, 서로 함께 배우고 돕고 잔치하는 삶이 진정으로 가능하려면 '낯선 것이 낯선 것으로 남아 있어야' 한다. 이는 매우 중요한 지적이다. 같은 텍스트라도 다른 종교/문화적 컨텍스트에서 읽힐 때 달리 들리고, 달리 해석된다. 서로 다른 관심과 상황에서 나온 낯선 신학들은 복음이 지금껏 우리의 사고형태로는 파악할 수 없었던 어떤 다른 차원을 그 안에 간직하고 있음을 주목하게 한다. 성서의 메시지는 실로 다양하다. 잘 모르는 낯선 것은 두려움과 불편함을 초래하지만, 이에 대한 흡수경향이나 방어는 둘 다 올바르지 않다.[19] 낯선 것은 무엇보다도 먼저 낯선 채로 남아 있되 손님으로서의 권리로 존중되어야 한다. 낯선 것을 슬쩍 넘겨서도 안 된다. 사회적 종교적으로 낯선 이들과의 만남에 관한 학문인 선교학은 *낯선 것을 낯설게 남겨두는 데서* 그 과제를 찾아야 한다. 낯선 것에 관심을 기울이고 잘 들으면 서로 존중하게 되고 배우게 될 것이며 그래야만 비로소 기꺼운 교류가 가능해질 것이다.[20]

준더마이어가 즐겨 사용하는 낯선 타자의 개념은 유대인 철학자 레비나스에게 빌어온 것이다. 근대 주체철학에서는 남은 나에 빗대어 생각된다. 다른 사람은 다른 나다. 동일성의 구조다. 그러나 타인은 내가 알 수 있는 존재가 아니다. 레비나스는 근대이성이나 주체철학에서 인식론적 폭력을 본다. 다른 것을 다르게 놔두지 못하고 같은 틀속에 억지로 집어넣는 것은 폭력이다. 타인은 내가 알 수 있는 대상이 아니라 '응답'할 수 있는

19 동일화 경향은 은폐된 지배욕, 자기교회와 신학에 대한 좌절로부터 도피하는 것과 같다. 반면 격렬한 방어기제는 자기 정체성에 대한 은폐된 불안감이나 새로운 문제제기를 회피하는 불편한 양심을 표출하는 것이기 때문이다.

20 테오 준더마이어, "문화 간 이해를 위한 해석학," 채수일 역, 『선교신학의 유형과 과제』, 246-47.

상대일 뿐이다. 책임적 응답이 인간관계의 기본구조다.[21]

레비나스의 타자는 단지 다른 자아가 아니다. 타자는 나의 공감과 연민, 감정이입의 대상(투사, projection)이 아니다. 내가 너에게 타자가 되고 네가 나에게 타자가 되어주는 그러한 대칭적 관계에서는 진정한 의미의 타자가 존재하지 않는다. 그것은 단지 항(項)을 서로 대치한 형식적 의미의 타자개념이며 전체주의적인 집단성만을 표시해준다. 레비나스는『시간과 타자』에서 다음과 같이 말한다:[22] "타인으로서의 타인은 단지 나와 다른 자아가 아니다. 그는 내가 아닌 사람이다. 그가 그인 것은 성격이나 외모나 그의 심리상태 때문이 아니라 오직 그의 다름(타자성 자체) 때문이다. 그는 예컨대 약한 사람, 가난한 사람, '과부와 고아'이다."[23] 타인은 나와 대칭적 관계, 나와 대등하게 맞설 수 있는 자가 아니라, 내가 전혀 예기치 못하고 전혀 나의 틀속에 집어넣을 수 없는 사람이다.[24] 이런 사상은 레비나스의 중기사상을 대표하는『전체성과 무한』에서 더욱 풍성히 전개된다. 단지 동료이상인 타자는 무한자의 계시이며 새로운 형이상학적 차원을 열어준다. *전체성과 무한*은 책 제목의 병치처럼 서로 대치개념이면서도 다른 한편 무한(또는 무한자)의 이념이 내재성을 구성해주는 개념이다. 전체성은 인간의 자기실현의 원 안에서 무한히 자기를 확장해가는 동일화의 힘이다. 반면 무한자는 그 원의 밖에서 우리의 존재지평 밖에서 들어오는 것이다. 바로 타자의 얼굴은 우리 밖에서 우리의 유한성의 테두리를 깨뜨리

21 레비나스, Éthique et Infini, 양명수 번역 · 해설,『윤리와 무한』(서울: 다산글방, 2000), 15.

22 강영안,『타인의 얼굴—레비나스의 철학』(서울: 문학과 지성사, 2006), 111.

23 레비나스, *Le temps et l'autre* (Montpellier: Fata Morgana, 1979), 75. 강영안,『타인의 얼굴-레비나스의 철학』, 112에서 재인용.

24 그래서 레비나스는 출 22:21, 신 10:18; 24:17, 사 1:17; 9:16, 렘 7:6; 22:3 등 구약성경의 선지자적 전승에 속하는 문헌에 자주 등장하는 고아와 과부와 가난한 자들에 관한 언급을 한다.

고 우리 삶에 개입한다.[25]

그러므로 콘비벤츠는 일상생활의 개념에서 차이점을 긍정하고 존중한다. 콘비벤츠는 획일적으로 통합시키려 하지 않고 인위적인 '일치'를 추구하지 않는다. 콘비벤츠는 일상적인 생활을 이웃과의 관계에서 잔치 벌이는 공동체[26]를 통해 실현하려 한다. 라틴아메리카에서는 이런 잔치가 민중의 생존을 위한 전략이기도 하다. 잔치는 일상에 반대되는 것으로 일상을 초월하지만 인간을 인간되게 해야 한다. 삶은 위축되어서는 안 된다. 잔치는 일상으로부터의 기분전환만이 아니라 하나의 다른 세계를 건설한다. 잔치는 벌어진다. 일상처럼[27] 우발성과 임의성, 우연이 지배하지 않으며 해마다 반복되는 본질을 가진다. 잔치에는 가슴 설레는 비생산적 충만함이 있다. 잔치에서는 평범성이 극복되고 기쁨을 경험한다. 잔치에는 전혀 다른 것이 침입한다. 사람은 자신을 넘어선다. 사람은 일상이 삶의 전부

25 강영안, 위의 책, 147.

26 몰트만의 메시아적 교회론도 '출애굽공동체', '십자가공동체', '해방공동체', '축제공동체'로 구성된다. 그는 전통적인 종교개혁교리로 교회를 규정하는데 삼중직을 수행하신 그리스도의 인격과 사역에 근거해 교회는 그리스도의 메시아적 사명에 참여한다. 예언자직과 관련해 "예수의 메시아적 선교와 출애굽공동체"를 말하는데, 이는 예수의 복음선포와 해방의 사역에 참여하여 전세계적인 해방에 참여하는 교회를 칭한다. 제사장직과 관련된 "예수의 고난과 십자가공동체"는 약자들과의 연대를 통해 고난에 참여하는 십자가 아래의 교회가 됨을 뜻한다. 왕직과 관련해서는 "예수의 주권과 하나님나라의 형제애"를 주장하여 교회는 성령 안에 자유와 평등의 친교에 참여하는 교회가 되어야 한다. 개혁교회의 전통적인 삼중직 외에 몰트만은 예수의 영광과 '끝이 없는 축제'와 '그리스도의 우정'을 덧붙여 축제/친교공동체로서 교회를 강조하는데, 이 두 직무도 예수그리스도의 메시아 되심과 메시아 사역에서 온 것이다. 가난한 자들의 고통을 해방하는 축제에 참여하는 교회요, 억압받는 자들의 친구로서 개방된 우정과 초대하는 친교에로 자신을 개방함으로 교회는 세계에 참여한다. J. Moltmann, *The Church in the Power of the Spirit: A Contribution to Messianic Ecclesiology*, Trans. by Margaret Kohl (New York: Harper & Row, 1977), 75-98, 109-18.

27 준더마이어는 아쓰만(J. Assmann)이 말한 일상의 세 가지 특성을 언급한다. 첫째는 우연의 영역 즉 계산 불가능한 리듬과 우발성이고, 둘째는 결핍 즉 식량과 옷, 집, 건강, 그리고 부유한 나라에서는 시간, 친구, 의미의 결핍이며, 셋째는 반복성이다.

가 아니라는 것, 노동이 인간을 인간답게 만드는 모든 것이 아니라는 것, 삶의 의미가 일상성 안에서 소멸되는 것이 아님을 경험한다.[28] 잔치는 공동체적 행사로 혼자서 잔치할 수 없다. 모든 사람이 잔치에 참여해 잔치가 성공적이 되도록 기여한다. 잔치는 모든 이에게 내혹석이다. 잔치에서 사람은 다른 사람과 함께 있으면서도 동시에 자기 자신과 함께 있음을 경험한다. 순간적으로 모든 사회적 차이가 지양된다. 자신을 상실하지 않으면서도 자유의 잔치를 위한 시야를 넓혀준다. 성서적으로 잔치는 '해방된 인류의 잔치'를 향한 동경, 영원한 안식일에 대한 동경, 창조의 아름다움을 우리가 하나님과 함께 보면서 즐길 동경에 뿌리내리고 있다. 한마디로 잔치는 모든 불연속성 안에 있는 연속성이다.[29] 이러한 점에서 선교는 영원한 잔치에로의 초대라고 말할 수 있다.

예수님도 구체적인 사람들 가운데 살면서 함께 식사하고 함께 기뻐하며 함께 슬퍼하셨다. 그들의 언어를 말하며 그들과 출신이 같은 사람으로서 함께 살았다. 예수는 그들을 '위해서'만 이니라 그들과 '함께' 살았다. 타자를 위한 존재가 아닌 '함께 하는 삶'(Konvivenz)이 그분의 삶을 특징지

28 준더마이어는 유대인 철학자 레비나스(E. Levinas)를 많이 인용하여 자신의 선교학을 세워나가는데, 이러한 내용도 그의 영향으로 보인다. 레비나스는 우리가 이 세상에서 살아가는 일상의 시간 개념을 경제의 시간(temp de l'économie)이라 부르는데, 이 시간 속에서는 수고와 여가의 교대 속에 수고를 통해 얻은 수확을 향유하며 살아간다. 이는 천편일률적으로 따분한(monotone) 것인데, 시간의 순간 간에 서로 우열이 없기 때문이다. 그 대신 일요일은 1주일을 보상한다. 상황이나 존재(existence)에의 연루—이 연루가 수고다—는 현재 자체 속에서 회복되는 대신, 억압되고 보상되며 사라져버린다. 이런 것이 경제활동이다. 보상의 시간은 희망에 대해서는 충분치 못하다. 희망의 진정한 대상은 메시아이자 구원이다. 대개 이런 회복이 시간 속에서는 불가능하며 영원성만이 구원의 장소라고 생각하지만, 레비나스는 타자와의 윤리적 관계 속에서 무한의 세계가 열린다는 사상을 편다. 레비나스, *De l'existence à l'existent*, 서동욱 역, 『존재에서 존재자로』 (서울: (주)민음사, 2005), 151-55 참조.

29 테오 준더마이어, "삶과 증언으로서의 코이노니아," 『선교신학의 유형과 과제』, 294-95.

었다.[30] 예수는 인간을 치유하고 친구로 삼아 그들을 오고 있는 왕국의 영원한 잔치에 초대하신다. 콘비벤츠는 이러한 초대의 윤리적 구체화요 해석학적 전제가 된다.[31]

정리하여, 에큐메니칼 해석학은 다양성 속에서의 코이노니아를 통한 상생을 지향하는데, 각 문화권에서 해석된 새로운 복음이해를 통한 상호보완과 상호배움을 추구한다. 즉, 전세계교회는 해석학적 공동체요, 더 나아가 상호 간 배움과 도움의 공동체이자 잔치공동체가 된다. 지금까지 상생 및 공존에 대한 해석학적 전제로서 에큐메니칼 해석학을 논하였으니, 이하에서는 이러한 해석학을 토대로 *하나님의 선교* 관점에서 상생과 공존의 적합성을 논의해볼 것이다.

Ⅳ. 하나님의 선교 관점에서 본 상생과 공존

A. 인간의 약함을 사용하시는 하나님의 선교: 호모데우스가 아닌 호모심비우스의 길로

하나님의 선교는 그 선교의 참여적 주체로서 연약함을 고스란히 지닌 인간 파트너들을 사용하신다. 그러나 하나님 없이 스스로 강함을 쌓아가려는 인류는 점점 더 과학과 기술의 힘에 탄력을 받아 신 없는 불멸의 길을 추앙해가고 있다.

30 테오 준더마이어, “선교신학의 유형과 과제,” 위의 책, 33.

31 테오 준더마이어, “오늘의 오이쿠메네 실존의 기본구조로서의 콘비벤츠,” 위의 책, 95.

『호모데우스』의 저자인 유발 하라리는 18세기 인본주의가 신 중심적 세계관에서 인간 중심적 세계관으로 이동함으로 신을 밀어냈듯이, 21세기 데이터교(敎)는 인간 중심적 세계관에서 데이터 중심적 세계관으로 이동함으로 인간을 밀어낼 것이라고 예측한다. 데이터교는 인간의 경험을 데이터 패턴으로 여겨 권위와 의미의 원천을 파괴하고 18세기 이후 경험치 못한 위력적인 종교혁명을 예고하고 있다. 인본주의 시대에 신은 인간 상상력의 산물이지만(로크, 흄, 볼테르 등), 이제 인간 상상력은 생화학적 알고리즘의 산물이다.[32]

또『호모데우스』에 등장하는 "신과 관계없고 기술과 관계있는 실리콘밸리에서 태어나고 있는 용감한 신흥종교인 데이터교"를 언급하면서, 서용좌 교수는 이 새로운 신이 인지능력을 이미 추월당한 호모사피엔스를 용도폐기할지 말지까지도 심판할 것이라고 말한다. 서 교수는 기독교 근본주의나 이슬람 원리주의나 그 무엇이든 우리가 가진 모든 가치와 능력을 총동원해 대비하더라도 인간 유기체는 이 새로운 신에 맞서지 못할 것이라고 내다본다. "주어진 현상을 논리적으로 질서짓는 자연인식을 넘어 의미인식(Sinn-Erkenntniß)이 가능했던 '멋진' 호모사피엔스는 이쯤해서 끝날 모양이다." 서 교수는 '닥터왓슨'도 우리의 분노를 치유하진 못할진대, 인간은 비이성적인 반목과 불특정적인 테러 속에서 스스로 자멸의 길을 앞당기고 있는 것[33]은 아닌지 불안한 심정을 토로하고 있다.

이렇듯 스스로 강함과 불멸을 추구해가는 인류의 종말에 대해 어둡고 불안한 예고에 반해, 인간을 있는그대로 품어주시는 신을 따라가는 약하

32 유발 N. 하라리/김명주 역, 『호모 데우스: 미래의 역사』, 533-34.

33 서용좌, "자멸의 길 앞당기는 비이성적 반목…무차별 테러 속 인간의 미래는?," 『인터넷 교수신문』, [2017. 8. 13.].

고 고난받는 인간 삶에 대한 성경의 미래비전은 전혀 어둡지 않다. 전자에는 미래가 없지만, 후자에는 미래가 있다! 현대사회에 편만한 울분과 분노에는 이유가 없지 않다. 평생 약자로 억눌려 살아온 것이 너무 버겁고 경쟁의 소용돌이에 지친 세상살이에서 울분과 분노로 가득 차버린 사람들에게, 돈 없이 값없이 와서 포도주와 젖을 사서 마시라고 초청하는(사 55장) 하나님의 선교가 있기에 확실한 미래가 있는 것이다.

스스로 불멸과 신성을 취해 영원한 행복을 얻고야말겠다는 야심으로 눈먼 인류에게, 위선과 위악으로 포장하지 않고, 약한 모습 그대로 누구든지 오라고 초청하시는 창조주 하나님과 더불어 살아가는 대안적 공동체가 *교회*(ekklesia)다. 그러한 공동체는 약자인 자신들을 품어주신 창조주를 본받아 약자들을 더욱 배려하고 섬기며, 그들의 은사를 활용하여 교회 안의 생명을 더욱 풍성하게 나눌 수 있을 것이다. 약자들을 품으시는 은혜를 체험한 사람들은 그들 사이의 긴밀한 나눔과 교제를 통해 서로 상생하고 공존하는 '호모심비우스'로서 살아간다. 사실 인간에 대한 가장 중요한 정의 중의 하나가 연약함이다. 행여 혹자들은 받아들이기 싫다 하더라도, 상처받기 쉽고 깨어지기 쉬운(vulnerable) 존재가 바로 인간이다. 의도적/비의도적으로 '호모데우스'를 표방하며 무모하게 돌진하고(dash) 있는 인류는 인간됨의 정의 자체를 부인하는 길 위에서 달리고 있다. 첫단추가 잘못 끼워진 셈이다. 신 없이 인간 스스로 강함을 추구하지만, 근원적으로 연약하고 깨지기 쉬우며 죄성으로 타락한 인간의 본성 자체를 부인하는 잘못된 길로 접어든 것이다.

첫 단추를 바르게 끼우려면, 인간은 본유적으로 사회적 존재라는 길로 접어들어야 한다. 아리스토텔레스는 인간이 사회적 존재이기에 신은 아니라고 했지만, 바로 그 사회성 때문에 미물인 인간이 신에 근접한 능력을 갖추었다고 주장한다. 과거에는 인간이 지구를 정복한 계기가 동물에게 없는 추상적 사고력 때문이라 보았지만, 오늘날에는 '진정한 사회성' 때문에 호모사피엔스의 지구정복이 가능했다는 주장이 더 타당성을 점한다. 무슨 말인가? 인간이 선천적으로 타고난 사회성에[34] 추상적 사고력이 더해져서 상상할 수 없는 대규모 협력이 가능케 되었고, 함께 무언가를 상상할 수 있고 함께 무언가를 해낼 수 있는 능력으로 인해 미약한 인간이 신에 준하는 능력을 갖추었다는 말이다.[35] 나약한 인간은 홀로 살아갈 수 없으며 협생(協生)함으로 살아가야 하는 존재로 창조된 것이다.

재차 강조하지만, 인간을 있는그대로 바라볼 때 맞닥뜨리게 되는 본연의 모습은 연약함이다. 오직 우리의 창조주만이 이러한 인간의 참모습을 제대로 인지하시고서 그 연약함을 체휼하고(히 4:15) 계시므로 인간의 약함을 탓하거나 모자람을 꾸짖지 아니하신다(약 1:5). 위선이나 위악의 가면으로 가리지 않고서 오히려 '약한 것을 자랑'하며(고후 11:30) 나아갈 수 있는 유일한 장소는 창조주의 품이다.

성경은 호모 인사피엔스(Homo insipiens)[36]들을 위대하신 하나님의 도구로 사용하고 있음을 매우 일관되게 보여준다. 자신이나 타인들의 존재론적 약함을 잘 인정하려 들지 않는 인류가 스스로 강해지고 완전해지며 영

---

34 인간의 사회성은 누군가에게서 배운 것이 아니라 태어날 때부터 내장된 것으로 보이는 여러 증거가 있다. 한 예로서, 보통 뇌를 연구할 때는 우리가 무엇을 할 때 뇌가 어떻게 작용하는지를 알아보는데, 우리가 아무 활동도 하지 않을 때도 뇌의 사회인지(social cognition) 신경망 부위가 활성화된다는 연구결과가 나왔다(워싱턴대학교 Gordon Shulman의 연구). 즉 이는 뇌의 기본신경망은 사회적 관계를 늘 염두에 둔다는 사실로서, 사회성은 여타의 특성보다 인간에게 본능적이다.고영성, 신영준, 『완벽한 공부법』(서울: 로크미디어, 2016), 249-50.

35 고영성, 신영준, 『완벽한 공부법』, 248-51.

36 "어리석은 인간"이라는 뜻이다.

원한 행복을 취하고자 신에게 줄기차게 도전해온 데 반해, 정작 하나님은 계속되는 하나님의 선교에의 도구적 선택을 하실 때 그 선택의 조건이 오히려 약하기 때문이라는 언급을 성경에서 빈번히 접할 수 있다.[37] 특히 '믿음장'으로 불리는 히브리서 11장은 많은 믿음의 사람들이 물리적으로는 대단히 나약한 상황에서 하나님을 신뢰함으로 자기 자신과 환경의 미약함을 어떻게 극복했는지를 생생히 기록하고 있다(11:33ff).[38]

이처럼 전체 성경은 세상에서 범람하는 '강자의 논리'로 진행되지 않고 '약함의 신학'을 그 지배적인 패러다임으로 삼아 전개되고 있다.[39] 바울도 약함 속에 있는 하나님의 능력을 그리스도의 십자가와 마찬가지로 사랑의 표현으로 보았으며, 약함 속에 역사하시는 하나님의 능력이 소망을 준다고 이해하였다.

> 바울은 그리스도 이야기 안에서 지극히 철저한 비움 내지 무능력으로 정의되고 표현된 능력을 본다. 바울 자신의 체험은 그리스도가 보여주신 이 내러티브를 그 자신이 다시금 온몸으로 구현하고, 이어서 이 내러티브를

---

37 자식을 생산할 수 없는 아브라함 노부부의 선택, 강한 자와 다투지 않는 이삭의 온유함, 고난으로 점철된 거의 막내인 요셉의 삶, 언변도 좋지 않은 소심한 인물 모세를 지도자로 선택하심, 강대한 민족이 아니라 오히려 수효가 적은 미약한 이스라엘 백성의 선택, 예수의 계보에 포함된 이방여인 룻, 심부름 길에 갑옷조차 입지 않고 싸움꾼 골리앗 대장을 이긴 풋내기 막내아들 다윗, 예수의 탄생과 생애와 죽으심에서 줄곧 점철되는 고난과 비우심과 약함의 모습, 바울의 전방위적 삶에서 드러나는 역설적인 약함의 신학, 요한계시록을 지배하는 약함의 신학 등을 떠올려보라!

38 11장에 제시된 주인공들은 아벨, 에녹, 노아, 아브라함, 사라, 이삭, 야곱, 요셉, 모세, 이스라엘 백성, 기생 라합, 기드온, 바락, 삼손, 입다, 다윗, 사무엘, 선지자들 등이다. 이들은 믿음으로 나라들을 이기거나 의를 행하고 약속을 받으며 사자의 입을 막고, 불의 세력을 멸하거나 칼날을 피하고 연약한 가운데서 강해지거나 전쟁에 용감해져서 이방인의 진을 물리치고, 심한 고문과 조롱과 채찍과 결박과 투옥, 돌과 톱과 칼, 궁핍과 환난과 학대 앞에서도 굴하지 않았다고 기록하고 있다.

39 약함의 신학을 통한 전체 성경의 선교적 해석을 시도한 필자의 논문을 참조하라: "약함의 신학으로 보는 선교적 해석학," 『선교와 신학』 43(2017.10): 11-41.

그가 서신을 쓰고 있는 공동체들에게 전달함으로써 이 내러티브를 계속 이어가려고 시도하는 것이다. 바울은 이 내러티브를 전달받은 공동체들이 다시 능력의 공동체들이 되기를 소망한다. **여기서 능력은 그 공동체들이 속한 문화가 능력이라 이해하던 영예와 존경과 통제력이 아니라, 십자가라는 표지와 고난으로 표현되는 사랑의 능력과 약함 속에 존재하는 하나님의 능력을 가리키는 것**이다. 이 '역설적 능력'이 이 공동체들에게 **생명**과 **소망**을 준다.[40]

또 요한계시록을 '약함의 신학'으로 통찰한 마르바 던에 의하면, 이 신학은 우리가 죄에 대해 무력하며 은혜가 절실함을 알려준다. 많은 이들이 자신이 얼마나 무력한지 인식조차 못 하지만, 전적으로 그 은혜에 의지할 때만 세상에서 하나님의 종으로 살아갈 수 있으므로 자신의 약함을 수용하고 우리 삶에 속속히 스며있는 하나님의 은혜를 깊이 인식하는 이들이야말로 가장 잘 가르칠 수 있는 사람들이다. 약함의 신학은 교회 안에 고통중에 있는 자들이 가진 은사와 가르치는 잠재력을 북돋아주고 각 사람을 향해 더 깊은 관심을 기울이는 진정한 기독교공동체가 되도록 도전한다.[41]

한편, 크리스토퍼 라이트는 폰 라트의 말을 인용하여[42] 하나님이 창세기 12장에서 아브라함을 부르시는 장면은 성경을 선교(학)적으로 해석할

40 Michael J. Gorman, 박규태 역, *Cruciformity: Paul's Narrative Spirituality of the Cross*, 『삶으로 담아내는 십자가: 십자가 신학과 영성』 (서울: 새물결플러스, 2010), 479-80.

41 Marva J. Dawn, 박규태 · 정소영 역, *Joy in Our Weakness*, 『약할 때 기뻐하라』 (서울: 복 있는 사람, 2007), 10.

42 "…그럴 때만 독자는 탑을 건설하는 삭막한 이야기 바로 뒤에 나오는 이상하리만큼 새로운 것을 이해할 준비가 되기 때문이다. 그 새로운 것이란 바로 아브라함의 선택과 축복이다. 그러므로 우리는 여기서 원시역사와 신성한 역사가 긴밀히 들어맞는 시점, 그래서 구약 전체에서 가장 중요한 지점 중 하나에 서 있다." Gerald Von Rad, *Genesis*, 2nd ed. (London: SCM Press, 1963), 152.

때 가장 중요한 지점 중의 하나라고 주장한다.

> 하나님은 이제 무엇을 하실 수 있는가? 하나님의 다음 계획은 오직 하나님만이 생각하실 수 있는 엄청난 일이다. 하나님은 바벨 땅의 한 나이 많고 자식 없는 부부를 보시고, 그들을 우주적 구속이라는 그분의 선교 전체의 원천, 발사대로 삼기로 하신다. 그 엄청난 계획이 드러났을 때 하늘의 천군 천사들조차도 헉, 하고 숨을 들이쉬며 놀랐을 것이다. 창세기 1-11장을 읽는 사람들이라면 모두 아는 바와 같이, 뱀의 악함과 인간의 반항으로 말미암아 하나님의 창조는 몹시 황폐해지고 말았다. 아브람과 사래를 통해 도대체 어떻게 이런 엄청난 결과에 대한 대답을 주실 수 있을까? 하지만 하나님의 방법은 그 결과만큼이나 광범위한 것이다. 아브람을 부르신 것은 인간의 악함, 나라간의 분쟁, 그분의 전체 피조물이 망가져 신음하는 것에 대한 하나님의 대답의 시작이다.[43]

창세기 1-11장에 나오는 문제의 절정인 '바벨'은 그 해결책이 못된다. 위대한 메소포타미아 제국들이나 가장 위대한 인간의 업적이라 해도 인간의 가장 깊은 문제들을 해결할 수 없다. 열방을 축복하시려는 하나님의 선교는 철저히 새로운 시작이다. 기존 이야기의 점진적 발전이 아닌, 지금까지 이야기에서 단절돼 철저히 떠날 것이 요구된다.[44] 인간의 강함에서 떠나 도리어 약함을 취하여 시작하신다는 점에서 그렇다!

단절의 측면에서 아브라함의 선택이, 바벨과 대조되는 점은 첫째로

43 Christopher Wright, *The Mission of God*, 정옥배 · 한화룡 역, 『하나님의 선교』 (서울: IVP, 2010), 251.

44 위의 책, 254-55.

성과 탑의 건축자들은 스스로 이름을 내서 자신들의 명성을 날리고 자신들의 영리함을 드러내는 성체 건립을 원했지만, 하나님이 그 야망을 좌절시키셨다. 반면 하나님은 아브라함에게 그의 이름을 창대케 하리라고 약속하신다(12:2). 인간들이 한곳에 모여 스스로 교만하게 성취하려 애쓴 모의는 결국 좌절과 실패로 끝났지만, 참된 명성은 하나님의 *선물로서만*, 또 아브라함처럼 하나님을 순종하고 신뢰하는 사람들에게 주어지는 *은총을 통해서만* 온다. 둘째로 바벨 이야기에 5번 출현하는 '온 땅'(11:1,4,8,9/2번)으로 보아 세계적인 관점의 이야기가 분명함에도 결국 세계적인 혼란(바벨의 뜻)과 흩어짐으로 끝나지만, 그에 반해 하나님은 아브라함에게 땅의 모든 족속을 위한 세계적인 축복의 언약을 주신다. 정리하면, 창세기 10장 민족들의 목록과 11장 바벨탑 이야기에 나오는 열방을 향한 이중적 관점에 주의해야 한다. 하나님의 선교는 바벨이 나타내는 인간의 죄와 교만의 어두움은 제거하면서도 열방의 수가 늘어나고 각처로 퍼져나가는 본래의 축복은 보전하고 극대화하실[45] 것이다. 자손을 생산할 수 없을만큼 늙고 연약하여 마치 죽은자와 방불한 아브라함 같은 이가 바로 그 과정을 일으키는 *발사대*와 *출발점*이 되어서, 이를 통해 모든 열방이 복을 받게 될 것이다.

하나님의 선교는 십자가를 본받는 삶(cruciformity)을 살아내는 대안적 공동체를 절실히 필요로 한다. 하나님 없이 불멸과 영원한 행복의 길을 추구하면서 스스로 신성을 대체하려는 인류가 나아가는 길과는, 뚜렷이 구별되는 다른 길—자신의 약함을 또 타인의 약함을 겸허히 수용하고서 *같이 함께* 하나님을 뒤따르는—로 푯대를 향하여 나아가는 새로운 인류를

45 위의 책, 255-56.

하나님은 지금도 불러내고 계신다(ekklesia). 그 교회는 "우리가 우리를 전파하는 것이 아니라 오직 그리스도 예수의 주되신 것과 또 예수를 위하여 우리가 너희의 종 된 것을 전파"(고후 4:5)하기 위하여, 세상의 방식대로 자기 스스로 주인의 자리에 있지 않고 *서로가 서로를 섬기는 방식*으로 사랑으로 서로에게 종노릇하며 그럼으로써 하나님의 주되심을 선포하게 된다. 따라서 교회는 이러한 대안적 삶의 양태로써 세상 앞에 본이 될만한 상생과 공존의 삶을 환하게 비추어야 한다.

B. 통전적인 하나님의 선교에서 전체 교회의 필요성

이 부분에서는 하나님의 선교에 있어서 사역공동체로서 전세계교회의 상생과 공존의 적합성을 논할 것이다. 즉 피조세계의 모든 영역에 미치는 하나님의 선교는 다양한 은사를 각기 소유한 전세계교회를 필요로 한다는 말이다. 크리스토퍼 라이트는 출애굽 사건이 성경적인 하나님의 선교를 들여다보는 가장 중요한 렌즈라고 주장하는데, 출애굽이야기로 눈을 돌려보자.

먼저 출애굽 직전에 하나님이 모세에게 하신 말씀은 구속의 포괄성을 암시한다. 즉 출애굽기 6:6-7은 이스라엘을 정치 · 경제적 노예상태(사회적 학대와 불의가 포함됨)에서 구출하여 그들자신의 땅을 주고 야웨 하나님과 언약관계를 맺게 하시려는 하나님의 의도를 보여준다.[46] 출애굽 사건에서 하나님은 이스라엘 필요의 '모든' 측면에 응하셨다. 하나님의 기념비적인 구속행위는 그저 이스라엘을 정치 · 경제 · 사회적 억압으로부터 구출해

46 이는 출 3:7-10에서 하나님이 시내산에서 모세에게 처음으로 하신 말씀을 재확인하는 것이다.

놓고는 그들 마음대로 예배하게 내버려두지 않으셨다. 또 그렇다고 하나님은 그들이 처한 역사적 조건은 변화시키지 않은 채로 하늘위 본향의 밝은 미래만 약속하는 영적인 위로만 제공한 것도 아니다. 출애굽은 사람들이 처한 역사적 상황을 실제로 변화시키면서도 그들을 살아계신 하나님과 새로운 관계로 불러냈다. 이스라엘의 '총체적' 필요에 대한 하나님의 '총체적' 반응이었다.

여기에서 하나님의 구속의 주된 동기는, 억압당하는 인간이 겪는 참상에 대한 부르짖음과 하나님 자신의 약속과 목적에 대한 기억이다. 출애굽의 하나님 야웨는 억압당하는 자들의 고통을 보고 듣고 아시는 하나님이다. 야웨는 그가 보는 것을 미워하시고 억압자를 무너뜨리고 억눌린 자들을 해방시키기 위해 단호히 행동하시는 하나님이다. 하나님의 심판을 받는 것도, 하나님을 섬기고 예배하는 것도 모두 하나님을 알도록 하기 위함이다. 야웨는 신실하신 하나님으로 그분이 약속하신 것과 선언하신 목적과 또 친히 헌신하신 선교를 기억하신다. 출애굽 때 성취된, 하나님에 대한 이 모든 확언은 다른 곳에서도 일반적으로 반복된다.[47]

그러면 출애굽모티프를 선교신학과 실천에 어떻게 적용해야 할까? 출애굽은 성경에 나타난 최초의 구속행위로서 성경 나머지 부분에서도 모범적인 사례로 다뤄진다. 즉 출애굽은 우리에게 하나님 자신의 구속이 의미하는바의 윤곽을 보여주는 모델이다. *출애굽 형태의 '구속'은 출애굽 형태의 '선교'를 요구한다.* 이는 우리의 선교적 헌신이 하나님이 이스라엘을 위해 하신 일에 나타나듯 인간의 필요에 대해 광범위하고 총체적인 관심을 나타내야함을 의미한다. 또 그것은 우리가 선교를 하는 전체적인 동기와

47 Christopher Wright, *The Mission of God*, 정옥배/한화룡 역, 『하나님의 선교』, 343-48 참조.

목표가 출애굽이야기에서 선언된 하나님의 동기와 목적에 일치해야함을 뜻한다. 우리의 선교는 하나님의 선교에서 유래하며, 하나님의 선교는 출애굽이야기 전체에 명료히 표현되어 있다. 출애굽이야기는 하나님의 의제(agenda)에 의해 형성되고 움직인다. 출애굽적인 총체적 선교에 미치지 못하는 양극단의 해석이 있는데, 그 영적의미에 집중하고 정치 · 경제 · 사회적 측면을 소홀히 여기는 것과 그 정치 · 경제 · 사회적 측면에 너무 집중하고 영적측면을 무시하는 것이다. 양자가 주장하는바 긍정적 측면에 대해서는 성경적으로 틀리다고 볼 수 없지만, 어느한쪽을 과도히 지향하게 되면 성경적으로 온전치 못한 균형잃은 선교학적 입장이 된다.[48]

영적으로 치우친 접근은 그리스도께서 신자를 위해 죽으신 신약의 의미를 설명하는 한 모델로서의 출애굽이야기에 치중한다. 우리가 죄의 종에서 해방되어 참된 영적해방이 일어날 수 있는 유일한 장소는 십자가다. 그렇다면 이것(십자가)이 그것(출애굽)이다. 출애굽이야기가 선교에 기여하는 점은 전도명령이다. 오직 전도를 통해서만 죄의 노예상태에 빠져있는 사람들을 해방시킬 수 있다. 죄는 인간의 가장 심오한 문제이며 기본적으로 영적이다. 이 관점은 틀렸다기보다 충분히 성경적이지 않다. 이 입장은 복음을 개인적 죄사함과 미래적 천국에 들어가는 수단으로만 이해하게 되고, 도덕적 삶이나 정의차원의 선교적 도전에는 무관심하다. 개인화된 경건주의는 사회에 대하여는 예언자적 안목이 없는 의례중심적 종교인들을 양산하고, 이때 사회적 문제들은 선교레이더망에 잡히지 않는 하찮은 것들로 치부된다.[49]

---

48 위의 책, 348-49.

49 이스라엘 백성도 이 유혹에 넘어갔다. 그들은 열심히 예배드리지만 매일의 삶에서 하나님의 도덕적 기준을 부인했다. 많은 카리스마적 열정(암 5:21-24), 수많은 제물의 피에 나타난 많은 속죄신학(사 1:10-12), 성전을 향해 주장된 많은 구원의 확신(렘 7:4-11), 대축제와 연회에서 준행된 많

반대로 출애굽의 적절성을 정치 · 사회 · 경제적 영역에 제한하여, 살아계신 한 분 하나님을 알고 헌신과 순종으로 예배하며 섬기는 영적이슈를 소홀히하거나 배제하는 해석도 본문을 왜곡하는 것이다. 이스라엘은 해방되어 단지 자유로워져야 하는 노예들이 아니었다. 그들은 잘못된 주인에게 사로잡힌 노예들이었으므로 올바른 주 하나님께 돌아와서 그분을 섬길 필요가 있었다. 독재를 민주적 자유로 대체하려는 정치개혁, 경제발전과 지역사회개발 프로그램 고안, 자원재분배와 사회정의 도모, 국가후원의 폭력이나 대학살 저지운동 등은 그 자체로 긍정적인 활동이며, 그러한 일에 관여하는 그리스도인들은 성경전체에 두드러지게 계시된 하나님의 성품과 뜻을 반영하여서 더 열심히 일할 수 있다. 그러나 사람들이 그리스도에 대한 믿음을 통해 회개하고 하나님을 알고 언약적 사랑과 순종과 신실함으로 하나님을 예배하고 섬기도록 힘쓰지 않으면서—즉 효과적인 진도와 세자훈련없이—사회정치적 문제에만 국한된 관심도 총체적인 출애굽형 선교가 아니다.

이처럼 신구약성경이 출애굽을 하나님의 구속의 원형으로 다루고 있다면, 그 메시지와 의미 모두를 우리의 선교활동에 구체적으로 적용해야 한다. 선교명령을 어느 한쪽에 제한시키면 해석학적인 왜곡뿐 아니라 실제적인 선교활동에도 문제가 발생하므로 어떤 방향이든 환원주의(reductionism)에 빠지지 않아야 한다. 따라서 *통전적 선교를 하려면 교회 전체가 필요하다.* 전체 교회가 하나님의 온전한 구속을 나타내야 한다. 지역교회는 하나님의 선교가 참여를 명하는 모든 것을 인식하고서 전체

은 종교규정이 있었다(사 1:13-15). 그러나 그들의 코와 발아래서는 가난한 자들이 무시를 당하고 짓밟히고 있었다. 영적종교가 사회적 부패 가운데 번성하고 있었다. 하나님은 그것을 미워하셨고 누군가가 나타나 모든 허구를 중단시키기 바라셨으며(말 1:10) 마침내 그것을 다 없애버리셨다.

교인의 포괄적 참여로써 십자가의 구속적 능력을, 주변 사회와 환경에 끼친 죄악의 모든 영역에 적용해야 한다. 사회적 관심사를 제쳐놓고 선포만을 고집하는 것은, 참된복음을 왜곡하여 좋은소식(Good News)의 앞뒤를 잘라내버리고 세상사람들의 현실문제를 외면하는 것이다. 역으로 사회변혁에만 집중하는 것은 영적차원이 결여된 인본주의적 행동주의를 낳는다. 우리가 총체적으로 창조되었고 총체적으로 타락하였기 때문에 구속, 회복, 선교 역시 통전적일 수밖에 없다.[50]

황병배도 교회공동체는 하나님 백성들이 각기 받은 은사를 따라 삶의 현장에서 선교사로 살아갈 때 그들의 삶을 통해 통전적 사역이 가능케 되어, 그로써 세상의 필요가 채워지며 하나님나라가 이 땅에 세워지게 된다고 주장한다.[51] 하나님은 전세계적 공동체인 그분의 백성 전체를 통해 세상을 향한 다양한 선교목적을 수행하신다. 따라서 하나님의 제자공동체는 하나님의 선교라는 큰 그림 안에서 사역하기 위하여 상생과 공존의식으로써 긴밀히 연대해야 할 것이다.

V. 나오는 말: "몸을 고르게"

하나님의 선교는 인간의 본성을 잘 알고 체휼하시며 그에 따라 연약한 인간들 사이의 상생과 공존을 지향하는 선교를 수행해가신다. 하나님의

---

50 Christopher Wright, 정옥배 · 한화룡 역, 『하나님의 선교』, 405-406.

51 황병배, "효과적인 평신도 훈련과 사역을 위한 제언—Equipping Church를 중심으로," 『선교신학』 19(2008): 280.

선교에 쓰임받는 교회는 대안적 공동체로서 세상이 *호모데우스*의 길로 치달아갈 때 도리어 *호모심비우스*의 길로 십자가를 본받으며 나아가는 삶을 보여주어야 할 책무를 지고 있다. 연약한 자들의 상생협력을 통한 하나됨 자체가 이미 세상에 대한 뚜렷한 증거(witness)이기 때문이다(요 17:21).

고린도전서 12장은 그리스도를 머리로 하는 제자공동체를 그분의 몸의 각 지체로 비유하여 설명하고 있다:

> 몸은 하나인데 많은 지체가 있고 몸의 지체가 많으나 한 몸임과 같이 그리스도도 그러하니라
>
> 우리가 유대인이나 헬라인이나 종이나 자유인이나 다 한 성령으로 세례를 받아 한 몸이 되었고 또 다 한 성령을 마시게 하셨느니라 몸은 한 지체뿐만 아니요 여럿이니 ... 만일 온몸이 눈이면 듣는 곳은 어디며 온몸이 듣는 곳이면 냄새 맡는 곳은 어디냐 그러나 이제 하나님이 그 원하시는 대로 지체를 각각 몸에 두셨으니 만일 다 한 지체뿐이면 몸은 어디냐 이제 지체는 많으나 몸은 하나라 눈이 손 더러 내가 너를 쓸 데가 없다 하거나 또한 머리가 발 더러 **내가 너를 쓸 데가 없다 하지 못하리라** 그뿐 아니라 **더 약하게 보이는 몸의 지체가 도리어 요긴하고[52] 우리가 몸의 덜 귀히 여**

52 분당샘물교회 말아톤 재단을 담당하는 이헌주 목사는 그의 네 자녀 중에 둘째(뇌성마비)와 넷째(다운증후군)가 장애로 태어났다. 둘째에 이어 넷째 아이도 다운증후군이라는 진단을 의사에게 전해 듣고서도 그 아이를 출산하겠다고 결정하자 그 선택을 목격한 의사가 교회를 나가게 되었다. 이에 이헌주 목사는 장애가 있는 자신의 아주 작은 태아가 똑똑하고 잘 나가는 의사를 생명의 길로 인도했다고 본다. 이로써 그는 하나님이 약한 지체를 도리어 요긴하게 사용하신다는 말씀을 체험했다. 또한 이 목사는 셋째 아이를 애드우드 증후군으로 판정받은 한 가정에다가 자신의 경험을 나누며 하나님이 주신 그 생명을 믿음으로 받아야 한다고 권면한 적이 있다. 그래서 그 가정은 다음 날 낙태하기로 되어 있었지만 병원에 가지 않았고, 며칠 후에 병원으로부터 검사결과가 잘못되어 아이가 정상이라는 연락을 받았다고 한다. 이 목사는 이 사건을 통해 자신의 넷째 아이가 한 아이의 생명을 살려냈다고 하며 '생명에서 생명으로 이어지는 영생의 이야기'라고 칭한다. 곧 "장애인과 비장애인의 생명이 연결되어 있다"는 것이다. [이헌주 목사, 선한목자교회 2019년 4

기는 그것들을 더욱 귀한 것들로 입혀 주며 우리의 아름답지 못한 지체는 더욱 아름다운 것을 얻느니라 그런즉 우리의 아름다운 지체는 그럴 필요가 없느니라 **오직 하나님이 몸을 고르게 하여 부족한 지체에게 귀중함을 더하사** 몸 가운데서 **분쟁이 없고 오직 여러 지체가 서로 같이 돌보게** 하셨느니라 만일 한 지체가 고통을 받으면 모든 지체가 함께 고통을 받고 한 지체가 영광을 얻으면 모든 지체가 함께 즐거워하느니라(12-26절)

이처럼 온몸을 *고르게 함*이 자비하신 인류의 창조주의 마음이시다! 그분의 다스림은 더 나아가 상한 갈대도 꺾지 않고 꺼져가는 심지마저도 함부로 끄지 않으신다. 창조주를 인정하지 않는 인류가 치달아가는 미래없는 넓고 교만한 길이 아니라, 자기와 타자의 연약함을 '인정'하고 자기 십자가를 지고 좁은 길을 가는 인류—*선교적 교회*—는 사람을 그 이마에 바코드가 새겨진 하나의 부품으로 치부하지 아니하고 천하의 값어치를 지닌 하나님의 형상으로 간주하고서 *연약한 채로 서로 어우러짐으로써* 함께일 때만 가능한 완성을 향해 함께 나아간다(엡 2:19-22).[53]

월 28일 주일설교에서].

53 성전(temple)과 교회와 그리스도인의 관계에 대한 연구는 비일(G.K.Beale)의 『성전신학』(새물결플러스, 2014)을 참조하라. 그의 주장대로 '에덴동산—성전—하나님의 영화로운 임재—새창조—교회의 사명'이 결국 같은 실재를 나타내는 다른 양상이라면, 이때의 성전 개념은 그 자체가 선교적이다.

참고문헌

Levinas, Emmanuel. *Le temps et l'autre*. Montpellier: Fata Morgana, 1979.

Von Rad, Gerald. *Genesis*. 2nd ed. London: SCM Press, 1963.

Beale, G.K. 강성열 역. 『성전신학: 하나님의 임재와 교회의 선교적 사명』. 서울: 새물결플러스, 2014.

Dawn, Marva J. 박규태 · 정소영 역. *Joy in Our Weakness*. 『약할 때 기뻐하라』. 서울: 복 있는 사람, 2007.

Gorman, Michael J. 박규태 역. *Cruciformity: Paul's Narrative Spirituality of the Cross*. 『삶으로 담아내는 십자가: 십자가 신학과 영성』. 서울: 새물결플러스, 2010.

Levinas, Emmanuel. *De l'existence à l'existent*. 서동욱 역. 『존재에서 존재자로』. 서울: (주)민음사, 2005.

________________. *Éthique et Infini*. 양명수 번역 · 해설. 『윤리와 무한』. 서울: 다산글방. 2000.

Moltmann, J. *The Church in the Power of the Spirit: A Contribution to Messianic Ecclesiology*. Trans by Margaret Kohl. New York: Harper&Row, 1977.

Wright, Christopher. *The Mission of God*. 정옥배 · 한화룡 역. 『하나님의 선교』. 서울: IVP, 2010.

Zamagni, Stefano & Vera. *(La) Cooperazione: [tra mercato e democrazia economica]*. 송성호 역. 『협동조합으로 기업하라』. 서울: 한국협동조합연구소/북돋움, 2012.

강아람. 『선교와 해석학』. 서울: 도서출판 케노시스, 2016.

강영안. 『타인의 얼굴—레비나스의 철학』. 서울: 문학과 지성사, 2006.

고영성 · 신영준. 『완벽한 공부법』. 서울: 로크미디어, 2016.

Sundermeier, Theo. 채수일 역. 『선교신학의 유형과 과제』. 서울: 대한기독교서회, 1999.

강아람. "약함의 신학으로 보는 선교적 해석학." 『선교와 신학』 43(2017.10): 11-41.

이원규. "도시교회 농촌교회 연구." 『기독교사상』 (1986): 14-35.

황병배. "선교공동체로서 농촌교회와 통전적 선교 가능성 연구." 『선교신학』 36(2014): 445-88.

______. "효과적인 평신도 훈련과 사역을 위한 제언—Equipping Church를 중심으로." 『선교신

학』 19(2008): 273-98.

브로게만, 헤닝. “20세기 선교학의 패러다임 변화와 오늘날 선교신학의 기본요소 탐구.” 『1910년 에딘버러 선교사대회 100주년: 선교와 에큐메니즘 회고와 전망』. 서울: 장로회신학대학교 출판부, 2009.

성석환. 『지역공동체와 함께하는 교회의 새로운 도전들: 한국적 ‘선교적 교회’를 향하여』. 서울: 총회한국교회연구원, 2018.

황병배. “한국교회의 상생협력 사례연구를 통한 선교적 통찰 및 제언: 작은(개척/미자립)교회의 성장을 위한 대형교회의 지원사례를 중심으로.” 『한국선교신학회 제2차 정기학술대회 자료집』 (2019.4.20), 64-81.

김태곤 외. “도시농업의 치유기능 확산과 도농상생 방안.” 『한국농촌경제연구원 정책연구보고서』 (2014): 1-107.

송혁준. “국내 대기업 상생협력 사례비교 및 시사점 도출.” 『한국경영학회 통합학술발표논문집』 (2014): 4149-67.

홍철. “지역간 연계 · 협력 그리고 상생 발전.” 『충북 Issue & Trend』 (2011): 2-5.

나원식. “왜 상생과 공존이 필요한가.” 네이버 모바일 이데일리 뉴스 [2013.06. 11.].

서용좌. “자멸의 길 앞당기는 비이성적 반목…무차별 테러 속 인간의 미래는?.” 「인터넷 교수신문」. [2017. 8. 13.].

상생; 공존. 〈네이버 사전〉.

● 6장

영화〈오두막〉을 통해 본 선교 코칭 사례연구

Ⅰ. 들어가는 말

Ⅱ. 일반 코칭, 크리스천 선교 코칭, 내러티브 코칭

Ⅲ. 영화〈오두막〉에 대하여

Ⅳ. 〈오두막〉을 통한 선교 코칭의 사례 및 모델 연구

Ⅴ. 나오는 말

Ⅰ. 들어가는 말

근대사회에서 후기-근대사회로 이동하는 가운데 점점 수평사회로 치환되면서 분산화, 소형화, 비표준화의 기치 아래 다양한 가치의 공존, 협력, 네트워킹이 관건이 되었다. 소비자 일대일 맞춤형 서비스에 기업은 사활을 걸게 되었고, 획일적 교육방식에서 벗어나 개개 학생들의 재능에 따라 다양한 기회가 제공되어야 하는 시대가 되었으며, 리더십 유형에도 변화를 가져왔다.[1] 지시하고 가르치는 자(teacher)로서의 수직적인 일방향적 역할이 코치(coach)나 조력자(facilitater)로서의 쌍방향적 역할로 서서히 변모되어 가고 있다.

획일적 사회가 아닌 파편화된 사회에 잘 적응하려면, 자신의 잠재력을 잘 파악하여 자신이 기여할 수 있는 분야에서 최고조로 능력을 발휘하는 사람으로 살아야 한다. 즉 메타인지력이 높은 사람들이어야 이런 사회에서 효율적으로 잘 살아 낼 수 있다. 이에 삶의 파트너로서 고민을 들어주며 질문으로써 고착되어있는 고리를 풀고 스스로 길을 찾아가도록 용기를 주며 돕는 코치의 역할에 대한 인식이 부상하고 있다.

크리스천 코칭 중에서 선교 코칭(missional coaching)은 사랑의 하나님이 사람들을 품고 들어주며 스스로 깨닫게 하시는 것처럼 코치이(coachee)를 대한다. 아직 선교 코칭에 대한 이론이나 모델의 제시가 부족한 형편인데,

1 장성배, "선교 코칭 모델 연구," 『신학과 세계』 88(2016.12): 326-327 참조.

이 글은 영화 *The Shack*〈오두막〉(2017)을 통해서 선교 코칭에 대한 사례연구(case study)로써 선교 코칭에 대한 모델개발에 조력하고자 시도되었다.

특히 영화 *The Shack*〈오두막〉을 선교 코칭에 대한 적절한 모델로서 선택한 이유는 다음과 같다.[2] 이 영화는 윌리엄 폴 영(William Paul Young)의 동명(同名)의 소설을 원작으로 제작되었다. 작가는 잔인하게 살해당한 막내딸로 인해 거대한 슬픔에 빠진 맥켄지(이하 맥)가 오두막에 있던 세 사람(기독교적 삼위일체 하나님의 표상)과의 길고도 심오한 대화와 때론 격렬한 논쟁을 통해, 기독교 신학 내에서도 논쟁이 되어온 삼위일체에 대한 쟁점 및 사회적이고 종교적인 여러 이슈를 유기적으로 연결하여 잘 풀어내고 있다.

즉 Triune Togetherness[3](삼위일체적 함께하심), 신정론(악의 존재가 신의 섭리라는 주장; '신이 선하다면 왜 세상에 악이 존재하는지'), 종교의 본질, 상처, 치유, 회복, 사랑, 용서, 판단, 심판, 선과 악, 죄, 자유의지 등의 많은 이슈를 다루면서도 상당히 명쾌하고 치밀하게 풀어나간다. 일련의 과정을 통해 삼위일체는 일심으로 협력하여 맥의 상처를 품고 질문과 응답으로 스스로 깨닫게 하시면서 사랑으로 어루만지어, 결국 맥은 자신의 정체성과 삶의 관점이 변화된 사람이 되어 오두막을 떠난다.

필자가 보기에 이 영화는 선교 코칭의 개념과 잘 맞아떨어지며, 그에 따른 전략적 의미를 잘 보여주고 있다. 영화 전반에 걸쳐 기독교의 삼위일체 하나님은 바람직한 코치이로서 선교 코칭의 역할을 탁월하게 감당하고 계시다. 코칭을 리더십 관점에서는 "개인의 잠재력을 최대한 키워내 스스로 생각하고 움직이는 주도적인 인재로 성장시키는 상호존중의 쌍방향 리

2 영화에 대하여는 이 글의 Ⅲ부에서 다룰 것이므로 여기서는 핵심 요지만 짚어볼 것이다.

3 성부-성자-성령 하나님의 페리코레시스(상호내주/상호침투)적 특성과 유사한 개념이다.

더십"으로 정의할 수 있다.[4] 코칭은 개인이나 조직의 잠재력을 극대화하여 최상의 가치를 실현할 수 있도록 돕는 수평적 파트너십으로, 사람들이 자신의 비전을 확장하고 자신감을 갖고 잠재력과 기술을 개발하여 목표를 향해 발걸음을 내딛도록 돕는 것이다.[5] 수평적 파트너십이라는 측면에서 코칭은 가르침보다는 배우는 것을 돕는 행위라 할 수 있다.

이러한 맥락에서 특히 크리스천 선교 코칭을 그리스도 안에서 새 창조된 크리스천이 자신과 현실을 인식하고 하나님이 원하는 방향으로 목표를 설정하여 새롭게 변화·성장하도록 돕는 과정이라고 정의할 때, 〈오두막〉영화에 나타나는 삼위일체 하나님을 선교 코칭의 적절한 모델로 삼을 수 있다고 사료한다.

Ⅱ. 일반 코칭, 크리스천 선교 코칭, 내러티브 코칭[6]

코칭에 대한 관심이 늘어나는 현 상황에서도 코칭을 무조건 수용할 수 없는 것은 크리스천 코칭과 일반 코칭 간에 존재하는 근본적인 간격 때문이다. 일반 코칭은 스스로 문제해결 능력이 있는 무한한 잠재력을 가진 휴머니즘적 인간관에 터 한다. 반면 크리스천 코칭은 하나님의 형상을 잃어

4 이희경, 『코칭 입문』 (서울: 교보문고, 2005), 5.

5 Gary Collins, 양형주 · 이규창 역, 『코칭 바이블』 (서울: IVP, 2014), 27.

6 이 글에서 '선교 코칭'보다 '크리스천 코칭'은 보다 넓은 의미로 사용되었지만, 둘을 유사한 개념으로 쓰기도 할 것이다. 고로 때로는 '크리스천 선교 코칭'으로 부르기도 할 것이다. 또한 내러티브 코칭이라고 호칭할 때는 코칭의 본질적인 내러티브적 특성이 강조된 것으로 이해하면 될 것이다. 따라서 '크리스천 내러티브 선교 코칭'이라는 호칭도 가능할 것이다.

버리고 타락하여 자력구원을 이룰 수 없는 존재로서 인간 스스로는 문제해결 능력이 없으므로 근본적 해결자이신 하나님의 역할이 중요하다. 물론 모든 코칭에서 코치는 코치이에게 답을 주기보다는 스스로 문제해결을 하도록 돕는 자로서 자리한다.[7]

크리스천 코칭에 대하여 영미권의 연구는 많이 나와 있는 데 비해, 한국에서는 거의 미비한 편이다. 크리스천 코칭 중에서 선교 코칭(missional coaching)은 장성배에 의해 모델개발이 시도되었으나 이어지는 후속 연구는 거의 전무하다고 할 수 있다.[8] 크리스천 코칭 모델에 관한 연구가 미비한 이유로는 인간관 및 세계관에 대한 코칭 철학과 기독교 신학의 근본적인 차이를 꼽을 수 있을 것이다. 그러므로 양자간의 근원적인 상이성에 대한 명확한 규명과 더불어 성경에 근거하여 신앙 성장을 도모하는 크리스천 코칭 모델이 필요하다고 사료된다.

아울러 최근에는 내러티브 코칭(narrative coaching) 개념도 부상하고 있다. 내러티브 탐구란 개인이 경험을 시간의 흐름과 상황에 대한 고려를 바탕으로 탐구하여 인간의 경험을 이해하는 방법이다. 내러티브 탐구방법을 코칭에 적용한 것은 호 로(Ho Law)에 의해서다. 그는 영국의 지역사회 코칭 프로그램에서 이민자를 대상으로 내러티브를 적용한 코칭 사례를 발표했다. 현재는 스텔터(Reinhard Stelter)를 중심으로 이론화 작업이 진행 중이며 3세대 코칭 운동의 일환으로 주목받고 있다.[9] 3세대 코칭은 성찰적 관

7 장성배, "선교 코칭 모델 연구," 『신학과 세계』 88(2016.12): 328.

8 동일저자의 글로서 장성배, "다문화 코칭과 선교," 『신학과 세계』 94(2018): 307-354를 참조 바람.

9 Stelter는 1세대 코칭을 문제와 목표 관점의 코칭이라 명칭하며 대표적 모델로는 GROW 모델(Whitemore, 2002), NLP(O'Connor&Lages, 2004), 정신역동 코칭(Sandler, 2011), 인지행동 코칭(Palmer&Szymanska, 2007)을 들고 있다. 2세대 코칭은 해결중심 및 미래 지향적 관점의 코칭으로서 해결중심 코칭(Berg&Szabo, 2005; Moltke&Molly, 2010; Stelter, 2002), 강점탐구 코칭(Orem, Binkert&Clancy, 2007), 긍정심리학 코칭(Biswas-Diener, 2010) 등이 있다. 이것은 코치이

점의 코칭이다. 초복잡계적 사회는 특정 관찰자의 관점에서 다양한 세계를 인식하는 특징이 있으며 4차 산업혁명의 격변을 겪는 개인에게 요구되는 것이 바로 성찰성(reflexivity)이다. 내러티브 코칭은 개인의 경험과 이야기를 중심으로 '성찰성'개념을 사용하여 코치이의 긍정적 현실인식과 관점전환을 통한 성장을 모색한다.[10]

내러티브 코칭은 아직 이론적으로 정립되진 않았지만 긍정심리학, 사회구성주의, 시스템 이론, 현상학, 경험과 정서 중심 접근, 정신화 기반 접근 등을 사용한 이론화 작업이 시도되고 있다. 셀리만(Matin Seligman)에 의해 본격적인 심리학의 한 분야로 주창되었으며 긍정적 정서, 회복 탄력성, 강점, 낙관주의, 희망과 같은 신념을 강조하며 등장한 긍정심리학은 내러티브 코칭에서도 중요 역할을 담당한다. 국내 연구로는 김미숙이 긍정심리학을 기반한 내러티브 코칭적 접근의 유용성을 연구했다.[11] 김미숙에 의하면 내러티브 코칭은 긍정과 부정의 통합을 통해 통합적 인간 이해가 가능하며 성찰성, 정체성 형성, 개인에서 공동체로의 관계영역 확대라는 강점을 지닌다. 내러티브 코칭은 개인의 내러티브를 '외재화'하고 '재저작'하는 과정에서 긍정정서를 강조하고, 강점을 기반으로 개인의 정체성을 형성하며 내러티브를 재구성할 수 있도록 돕는다. 내러티브 코칭의 최대 장점은 단순한 문제해결 중심이 아니라 성찰성을 통해 정체성 형성과 관점전환을 통한 근본적인 변화를 모색할 수 있다는 점이다.[12] 내러티브 코칭을 활용하면 크리스천의 정체성과 기독교 세계관으로의 변화가 용이

가 가지고 있는 실존 자원과 강점에 집중하여 미래 해결책을 탐색하며 가능성의 확장을 도모한다.

10 Reinhard Stelter, 최병현 · 이혜진 역, 『내러티브 상호협력 코칭: 1세대 코칭을 넘어 3세대 코칭으로』 (서울: 한국코칭수퍼비전아카데미, 2018), 217-221 참조.

11 김미숙, "성숙한 리더십을 위한 내러티브 코칭 유용성 연구," 『연세상담코칭연구』 4(2015): 33-54.

12 Reinhard Stelter, 『내러티브 상호협력 코칭: 1세대 코칭을 넘어 3세대 코칭으로』, 245-259 참조.

해진다고 전망할 수 있다.

크리스천 코칭 모델은 코치이가 기독교라는 가치관에 기반한 사람들이라는 전제로 개발된다. 기독교 가치관을 가진 사람들은 기독교적으로 삶의 의미를 추구하며 초월적 존재와의 교제 속에서 삶을 영위하므로 크리스천 코칭 과정은 기독교 세계관에 입각해서 진행돼야 한다. 콜린스(Gary Collins)는 크리스천 코칭의 핵심은 개인/집단을 도와 그들이 현재 있는 지점에서 하나님이 원하시는 지점으로 옮겨갈 수 있도록 인도하고 힘을 북돋우는 것이라 정의했다.[13] 강연정과 양은경에 따르면, 기독교 코칭이란 모든 사람은 하나님의 형상으로 지음받았고 각 개인이 지닌 다양한 은사들이 있는데 믿음과 가능성을 가지고 각자의 삶에서 하나님의 뜻을 발견하고 자신의 목표를 이룰 수 있도록 변화와 성장을 돕는 과정이다.[14] 또 이대준은 크리스천 코칭에서는 한 개인을 볼 때 하나님이 바라보시며 기대하시는 것이 무엇인지를 발견하고 그것을 실현하는 데 초점을 둔다고 강조한다.[15] 이처럼 크리스천 코칭도 변화와 성장이라는 지향점은 일반 코칭과 유사하지만, 어디까지나 하나님과의 관계 안에서 인간관, 목표, 과정을 재정의한다.

일반 코칭의 공간에서 코치와 코치이가 파트너십을 발휘한다면, 크리스천 코칭은 여기에 한 요소가 첨가된다. 당연히 하나님의 존재이다. 따라서 코칭이 이뤄지는 시공간에는 코치, 코치이, 하나님이 함께 역동적으로 상호작용해야 한다. 이 공간에서 궁극적인 주도권은 코치나 코치이가

13 Gary R. Collins, *Christian Coaching* (Colorado: NavPress, 2011).

14 강연정 · 양은경, "고등학생의 자기관리와 리더십 계발을 위한 기독교코칭 프로그램," 한국기독교상담학회지 22(2011): 11-34.

15 이대준, "목회 지도력으로서의 크리스천 코칭 연구," (미간행 박사학위논문 한신대학교, 2006).

아닌 하나님께 있다. 하나님은 보이지 않는 주권자로서 코칭 대화를 이끌어가신다. 따라서 크리스천 코칭 모델에서 사람을 변화시키고 모든 것을 고치는 것은 전적으로 성령에게 달려 있기에 코치와 코치이는 성령을 신뢰해야 한다. 즉 크리스천 코치는 코치이 내면에 있는 성령님에게 코칭의 주도권을 맡기고 코칭 프로세스를 운영해야 한다.

코치와 코치이는 이 과정에서 하나님의 긍정정서에 참예한다. 일반적으로 코칭은 긍정심리학에 기반해 대화 과정 가운데 긍정정서의 고양을 중요핵심으로 간주한다. 긍정정서는 기독교적 관점에서도 역시 강조되지만, 일반 긍정정서와의 차이라면 하나님의 긍정정서에 참예한다는 점이다(마 25:23). 기독교적 관점에서 긍정심리학을 연구한 최용성은 예수 그리스도에게 기반한 긍정정서와 덕의 성품들이 긍정심리학의 강점 및 긍정정서와 연결점이 있음을 밝혔다. 즉 긍정정서의 원천은 하나님과 그리스도라는 초월적 존재이며 내주하는 성령으로 말미암아 긍정정서가 고양된다(요 15:11; 17:13). 모든 코칭 과정을 성령님과 동행한다면 코칭 대화 가운데 기쁨의 긍정정서가 생성된다. 기쁨은 성령의 열매이기 때문이다(갈 5:22).[16] 또한 기독교는 긍정정서와 부정정서의 통합을 지향한다. 지금 우리가 가진 근심과 같은 부정감정은 종말론적으로 예수 그리스도 안에서 긍정정서로 통합될 것이다(요 16:20). 이런 종말론적 비전은 크리스천으로 하여금 환란이나 위기의 순간에도 긍정정서를 유지할 수 있게 한다. 정리하면, 크리스천 코칭의 본질적인 긍정정서는 하나님의 기쁨에 참예하는 것이며 성령의 열매로 맺어지는 것이다. 크리스천 코칭 과정을 통해 초월적 존재의 고양된 긍정정서가 인간 내면에 통합되면서 근심·걱정·염려와 같은 부

16 최용성, "긍정심리학과 행복·덕윤리교육의 적용: 기독교적 관점에서,"『철학연구』140(2016): 75-127.

정정서를 극복하고 새로운 관점과 행동으로 나아가는 정서적 · 심리적 자원을 얻을 수 있다.[17]

크리스천 코칭에서 코치와 코치이 외에 대화 과정에서 초월적 존재의 영향력을 염두에 두는 일이 중요하다고 언급했는데, 대화 과정에서 하나님의 관점에서 내러티브를 재구성하는 것이 필요하다. 하나님과 예수와 성령의 관계 안에서 새로운 관점과 조망이 생겨나는 것은 크리스천 코칭에서 중대한 의미를 띤다. 스텔터(Stelter)는 내러티브 코칭을 통해 개인 및 사회적 의미를 구성해 내기를 제안했는데, 크리스천 내러티브 코칭은 여기서 한걸음 더 나아가 개인적 · 사회적 의미뿐만 아니라 영적 의미를 재구성해 내야 한다. 그리고 영적 의미 재구성을 위한 내러티브는 성경의 내러티브에서 찾을 수 있다.

내러티브 코칭의 대표 연구자인 스텔터(Stelter)는 코치이가 특정 목표나 문제에 지나치게 집중하는 것보다는 궁극적으로 *삶의 본질인 의미 찾기*를 향해 나아가야 한다고 주장한다. 따라서 내러티브 코칭은 실질적인 삶의 문제해결보다는 *정체성 변화*와 *관점전환*과 *의미형성*이 주목적이다. 특히 영화 매체가 내러티브로 구성된다는 특성에서 '영화 코칭'(또는 코칭 영화)이라는 개념도 존재한다. 예를 들어, 코칭 철학을 배울 수 있는 '코칭 영화'로서 *행복을 찾아서, 버킷 리스트, 콘택트, October, Crash, August Rush, Seabiscuit, 패치 아담스, Accepted, 클릭, 코러스, 매트릭스, 굿 윌 헌팅, 에반 올마이티, 베가번스의 전설, 롱기스트 야드, 라스트 캐슬, 마지막 군단, 묵공, 크림슨 타이드* 등이 꼽히기도 한다.[18]

---

17 김미숙, "성숙한 리더십을 위한 내러티브 코칭 유용성 연구," 『연세상담코칭연구』 4(2015): 33-54.

18 "내가 본 코칭 영화들," 「미주중앙일보」 (2009.9.2), 2019.6.13 접속. http://blog.koreadaily.com/view/myhome.html?fod_style=B&med_usrid=bizcoach&cid=134825&fod_no=6

한편, 영화라는 예술매체를 통해 코칭을 쉽게 이해하고 코칭노하우를 습득하며 다양한 사례로 학습할 수 있는 프로그램도 나와 있다. 영화속 롤 모델을 통해 효과적인 코칭노하우를 실천적으로 학습하며 일상 속의 다양한 사례연구와 영화제작 과정을 통해 이상적인 코치로서의 모습과 자신의 장점을 발견하고 성장할 수 있도록 하는 프로그램이다.[19] 이로써 영화와 코칭의 긴밀한 연결성을 엿볼 수 있는데, 무엇보다도 둘 다 내러티브의 특성을 띤다는 데서 그 주된 연결점을 우선적으로 찾을 수 있을 것이다.

이제 이하에서는 크리스천 코칭의 탁월한 모델을 보여주는 영화 한 편을 소개할 터인데, 크리스천 내러티브 코칭을 위한 영화라고 해도 과언이 아닐 정도로 그야말로 '코칭 영화'다. 이 영화에서는 성부-성자-성령이 세 분의 인물로 등장하여 주인공 맥과 깊은 교감을 나누며 맥의 상처치유를 돕고, 쌍방적 소통과 심오한 논쟁을 통해 주인공 스스로 깨닫게 하시면서 그렇게 삼위일체가 일심협력하여 맥을 새로운 삶으로 인도해 가신다. 이로써 맥은 삶의 의미와 자신의 정체성을 새롭게 발견하게 되고 새로운 세계관 속에서 희망을 가진 사람으로 살아가게 된다.

앞에서 내러티브 코칭 전문학자인 스텔터의 '코치이가 특정 목표나 문제에 지나치게 집중하기보다는 궁극적으로 삶의 본질인 의미 찾기를 향해 나아가야 한다'는 주장을 기억할 것이다. 이 영화에서 삼위일체 하나님의 내러티브 선교 코칭은 맥의 정체성 변화와 관점전환과 의미형성을 주목적으로 이루어진다.[20] 이 영화 속에 나타나는 코칭은 기법 면에서 코칭의 교

---

19 '영화예술로 배우는 부하코칭'이라는 엑스퍼트아카데미의 프로그램이다. (cf.) 다음은 싸이트 주소: http://www.excacademy.co.kr/program/program_total/program_detailpage.asp?progno=EPQ506Q62015102010461391KUTB1Q

20 선교 코칭을 삼위일체 하나님의 선교의 카테고리에 포함시켜 바라볼 때 다음의 글을 참조하는 것이 유용할 것이다: 윤서태, "레슬리 뉴비긴의 삼위일체적 선교신학," 『선교신학』 54(2019): 173-208.

과서적 내용을 다루고 있다해도 과언이 아닐 정도이다. 그러면 우선 영화에 대하여 좀 더 살펴보는 것이 옳은 순서일 것이다.

Ⅲ. 영화<오두막>에 대하여

이 영화의 원작소설인 *The Shack*, 『오두막』을 먼저 언급해야 할 것이다. 이 책은 전세계 46개국에서 출간되어 2천5백만 부를 돌파했으며, 한국에서는 100쇄 기념 특별판이 제작되기도 했다. 뉴욕타임스 베스트셀러 70주 연속 1위, 워싱턴포스트 55주 연속 베스트셀러, 아마존 종합 베스트셀러 1위, 2008년 미국 최고의 베스트셀러, 세계에서 가장 많이 팔린 책 Top100, CEO 휴가철 추천도서 선정, 그리고 2017년 전세계 88개국 영화개봉 등의 기록을 세운 소설이다.

『오두막』의 작가 윌리엄 폴 영(William Paul Young)은 그의 여섯 자녀에게 줄 크리스마스 선물로 이 책을 썼고[21] 완성된 초고를 15부 복사해 자녀와 지인들에게 선물했다. 원고를 읽고 감동된 주변 사람들의 권유로 출판사를 찾기 시작했으나 여러 이유로 계속 퇴짜를 맞은 폴 영은 평소 친하던 두 목사와 함께 2007년 직접 책을 펴냈고, 웹사이트를 열어 책을 판매했다. 이렇게 100만 부 넘게 팔리고 나서야 정식으로 서점에서 판매를 시작하게 되었다. 입소문만으로 베스트셀러가 된 『오두막』은 세계적으로 2천

21 윌리엄 폴 영은 캐나다 출생으로 선교사인 부모를 따라 뉴기니에서 자랐으며, 어린 시절 그곳 원주민들에게 성추행을 당한 경험을 바탕으로 모든 비밀한 일들과 상처 및 치욕적인 기억들을 책으로 풀어냈다. 그는 퍼시픽 노스웨스트에서 사람들의 마음을 치유하는 글을 쓰면서 가족과 함께 살고 있다.

5백만 부 이상 판매되었으며 '세계에서 가장 많이 팔린 책 Top100 명예의 전당'에 이름을 올렸다. 영화 〈오두막〉은 *Life of Pie* 제작진(스튜어트 하젤딘 감독; 존 푸스코 각본)에 의해 만들어져 2017년 3월에 개봉되었으며, 한국은 2017년 4월에 개봉되었다. 같은 해 전세계 88개국에서 개봉하는 기록을 세웠다.

이 시대의 '천로역정'과도 같은 이 소설은[22] '맥켄지 필립스'(이하 맥)에게 일어나는 이야기다. 맥의 막내딸 미시는 가족 캠핑 중에 유괴된다. 딸의 시체는 발견되지 않았지만, 경찰은 폐허인 숲속 오두막에서 아이들만 노리는 악명 높은 연쇄살인범에 의해 잔혹하게 살해된 증거를 찾아낸다. 그로부터 4년 뒤 거대한 슬픔 속에서 헤매던 맥은 하나님('파파'라는 발신자)으로부터 오두막으로 찾아오라는 쪽지를 받는다. 위험을 무릅쓰고 맥은 거대한 슬픔이 시작된 사건 현장을 방문하게 되고 그곳에서 주말 동안 파파와의 만남을 경험한다. 삼위일체의 성부, 성자, 성령은 각각 인간의 형태로 출현한다. 하나님은 덩치가 큰 흑인 여성으로, 예수는 중동 출신 목공으로, 성령은 아시아 여성이다. 이들은 같은 집에 살고 있으면서 그들의 집에 방문한 맥을 크게 환영한다. 또 한편, 맥은 지혜의 여신(wisdom)을 동굴 속에서 만나기도 한다.

작가는 거대한 슬픔에 빠진 맥이 오두막에 있는 세 사람과의 길고도 심오한 대화와 때론 격렬한 논쟁을 통해, 기독교 신학 내에서도 논쟁이 되어온 삼위일체에 대한 쟁점 및 사회적이고 종교적인 여러 이슈를 유기적으로 연결하여 잘 풀어내고 있다. 즉 Triune Togetherness(삼위일체적 함께하심), 신정론(악의 존재가 신의 섭리라는 주장; "신이 선하다면 왜 세상에 악이 존재

---

22 영화와 원작소설의 제목, 등장인물, 줄거리, 대사 등이 거의 동일하게 전개되므로 이하의 이야기는 소설과 영화에서 공통되는 내용임을 밝힌다. 물론 소설이 훨씬 더 많은 대사로 구성되어 있다.

하는지"), 종교의 본질, 상처, 치유, 회복, 사랑, 용서, 판단, 심판, 선과 악, 죄, 자유의지 등의 많은 이슈를 다루면서도 상당히 명쾌하고 치밀하게 풀어나간다. 일련의 과정을 통해 삼위일체는 일심으로 협력하여 맥의 상처를 품고 질문과 응답으로 스스로 깨단게 하시면서 사랑으로 어루만지어, 결국 맥은 자기 정체성과 삶의 관점이 변화된 사람이 되어 오두막을 떠난다.

이 영화는 성경재현 영화나 예수영화 같은 직접적인 종교영화라기보다는 판타지 힐링 영화로 소개되었다. 정동수는 이 영화가 힐링 영화라 적잖은 사람들이 위로를 받았겠지만, 하나님을 오해할 수 있는 여지가 있어 우려되는 부분도 있다고 언급하고 있다.

> 이 영화는 종교영화가 아닌 판타지 힐링 영화로 소개되었다. 이런 영화를 볼 때 염두에 두어야 할 게 있다. 지금은 감각적인 가상 이미지가 실재를 압도하는 포스트모던 시대이다. 영화는 포스트모던적 속성을 지녔기 때문에 실재와 허구, 내러티브와 이미지를 뒤섞음으로써 가상의 세계를 실재인 것처럼 전달한다는 점에서 절대적 진리를 추구한다고 보기 어렵다. 게다가 테크놀로지의 발달로 인해 영상으로 어떤 표현도 가능해졌기 때문에 작가의 상상력이 무한히 뒷받침될 수 있게 되었다. 이러한 시대적 특성을 감안하고 영화텍스트를 접해야 한다.[23]

정동수는 이 영화가 성경이 말하는 하나님과 다르게 표현된 부분이 있어 해석상의 주의를 요한다고 당부한다. 분명히 그런 부분이 있고 우리가

23 정동수, "영화 오두막 감상문," 2017.9.11 게시, 2019.6.8 접근, https://m.blog.naver.com

신중하게 들어야 할 지적이긴 하다. 그러나 필자는 이 영화가 원작소설의 문학적 상상력과 또 영화예술 자체의 영화문법으로 제작된 탁월한 작품이라 생각한다. 다만, 성경의 사건이나 인물에 대한 직접적인 다큐멘터리도 아니고, 예수나 초대교회 등을 재현한 예수영화나 성경재현 영화도 아니며, 기독교 판타지 장르의 힐링 드라마로 분류되는 것은 옳을 것이다.[24]

박형철도 '대면'이라는 주제로 이 영화를 조망하면서 기독교 판타지 드라마로 분류한다.

> 기독교 판타지라는 다소 생소한 장르는 우리에게 신비한 체험에 대한 간접적 경험을 제공한다. 또한 항상 궁금해왔던 신적 존재와 교리들에 대한 좀 더 깊은 성찰을 할 수 있도록 돕는다. 그리고 화면을 통해 재현된 아름답고 신비한 장면들은 그 자체로 우리에게 미학적 치유와 감동을 선사한다. 영화〈오두막〉은 일차적으로 우리가 대면해야 할 상처를 다룬다. 하지만 그 안에는 우리가 결국 마주해야 할 더 심원한 것들이 있다. 창조자이자 구원자이자 동행자인 삼위일체 하나님 그리고 나 자신에 대해서.[25]

책과 영화의 제목인 '오두막'은 상징적 공간이다. 아픔, 치욕, 상실감을 감추는 치욕의 장소이자 자신만의 비밀장소다. 맥뿐만 아니라 우리에게도 마주하고 싶지 않은 기억과 존재, 돌아가고 싶지 않은 장소가 있다. 절대자와 나만 아는 절대 들키고 싶지 않은, 상처받고 무너진 내면이 있다. 그런데 저자는 회복과 치유 그리고 문제해결을 위해 우리가 그곳으로

---

24 영화와 신학의 관계에 대한 필자의 글을 참고 바람: 강아람, "영화의 선교해석학적 성찰," 『선교와 신학』 46집(2018. 10): 103-139.

25 박형철, 『구원의 드라마 in Film』 (서울: 도서출판 예술과영성, 2019), 57-58.

돌아가야 한다고 말하고 있다.

> 영화는 성실한 가장이자 세 아이의 아빠인 맥의 이야기를 다룬다. 어린 시절 겪은 아픈 경험과 큰 상처 그리고 죄책감을 항상 안고 살아가지만 그래도 마음속 깊은 곳에 묻어둔 채 씩씩하게 살아가려고 노력하는 당찬 인물이다. 그의 인생에 갑자기 닥친 검은 그림자, 자녀들과의 여행 중 너무나 사랑하는 막내딸 미시를 잃고 맥은 깊은 슬픔 속에 매몰된 채 살아간다. 눈 덮인 어느 날 도착한 수상한 편지 한 통, 주말에 오두막으로 자신을 만나러 오라고 말하는 편지 속의 '파파', 과연 이 황당하고 혼란스러운 초대는 무엇을 의미할까? 미시를 잃은 그래서 생각하고 싶지도 않은 장소인 오두막을 감히 들먹이는 파파에 대한 의심과 분노를 가지고 맥은 어떻게 반응할까?[26]

그러면 이하에서는 크리스천 내러티브 코칭의 한 모델로서 〈오두막〉에 나타나는 특징적 면모들을 크리스천 코칭 이론 및 성경의 진술과 매칭시키면서 영화에 나타난 삼위일체의 코칭 사례를 좀 더 상세하게 일일이 분석해볼 것이다. 이로써 영화를 통해 선교 코칭의 모델을 연구하는 계기를 삼고자 한다.

26 박형철, 『구원의 드라마 in Film』, 57.

Ⅳ. <오두막>을 통한 선교 코칭의 사례 및 모델 연구

필자는 기독교대학의 교양필수 기독교과목 시간 중에 〈오두막〉영화를 시청하는 시간을 가졌다. 이 영화는 기독교(또는 종교)의 본질, 선악의 문제, 신정론, 삼위일체의 친밀한 교제, 판단/심판, 죄의 문제, 용서, 회복, 치유, 사랑, 자유의지 등의 심오한 종교적 · 사회적 이슈들을 유기적으로 연결하여 풀어내고 있다. 영화가 진행되는 내내 삼위일체는 일심으로 협력하여 맥의 상처를 품어주고 질문과 응답으로 스스로 깨닫게 하면서 사랑으로 어루만지어, 결국 맥은 자기 정체성과 현실에 대한 새로운 인식을 통해 변화된 사람이 되어 오두막을 떠난다.

이 영화가 기독교 영화임이 분명한데도 90%에 육박하는 비기독교 학생들도 상당히 흥미롭게 시청하는 것을 여러 학기를 통해 목격하였다. 또한 크리스천 교수자로서 기독교에 관한 다양한 이슈를 전달할 때도 영화의 다양한 상징과 접촉점을 통해 흥미롭게 강의를 진행할 수 있었다. 종교 차이나 유무를 막론하고 이 영화에 대한 호응도가 높은 이유 중의 하나를 들자면, 영화를 보는 내내 주인공 맥을 따라 시청자들도 크리스천 코칭을 받고 있다는 느낌—시청자들이 크리스천 코칭이라는 개념을 인식하지 못할지라도—이 생생하게 들기 때문이라고 생각한다.

크리스천 내러티브 코칭이 성경 내러티브를 기반으로 실제 세계 내러티브의 재구성과 개인적 · 사회적 · 영적 의미의 형성을 목적으로 함을 언급했었다. 즉 크리스천 내러티브 코칭은 크리스천 세계관에 따른 가치관 정립, 현실인식, 목표설정, 계획수립을 통해 그리스도 안의 새 사람으로서 정체성을 확립하며 삶의 내러티브를 재구성하도록 돕는다.

코칭에서 적극적 경청, 강력한 질문, 열정석 피드백을 통해 코치이 스스로가 생각하게 하고 계획을 세우게 하며 문제를 돌파해가도록 격려하려면, 코치와 코치이 간에 신뢰와 친화적 관계 구축이 대단히 중요하다.[27] 따라서 장성배는 선교 코칭의 주요 스킬로 '경청'과 '질문'을 꼽는다. 즉 하나님의 마음을 품은 경청과 삼위일체 하나님의 질문이라고 설명한다.[28]

앞서 코칭 이론 부분에서 보았듯이, 사회구성주의 이론에 터 하는 내러티브 코칭은 특정 사건을 특정한 방식으로 인식한다. 코치이는 코칭 대화를 통해 새롭고 다양한 경험세계로 진입한다. 코치는 코치이를 향한 근본적 태도로서 호기심, 궁금증, 개방성, 존중을 동반하고 임하여야 한다. 내러티브 코칭 대화를 통해 코치는 코치이가 인식한 생활세계를 이해하게 되며, 이 생활세계는 대화를 통해 새롭고 다양한 관점으로 유의미하게 재창조된다.

내러티브 코칭의 최대 장점은 단순한 문제해결 중심이 아니라 성찰성을 통해 정체성 형성과 관점전환을 통한 근본적인 변화를 모색할 수 있다는 점이었다. 내러티브 코칭을 활용하면 크리스천의 정체성과 기독교 세계관으로의 변화가 용이해진다고 피력했었는데, 내러티브는 기본적으로 인간의 시간 경험을 이해하는 이야기와 담론 구조이기 때문이다.

또 크리스천 코칭의 핵심은 코치이를 도와 그가 현재 있는 지점에서 하나님이 원하시는 지점으로 옮겨갈 수 있도록 인도하고 힘을 북돋우는

27 최효진, 황소영, 유용미, 『삶을 움직이는 힘 코칭핵심 70』 (서울: 새로운사람들, 2006), 59-75 참조.
28 장성배, "선교 코칭 모델 연구," 『신학과 세계』 88(2016.12): 348-352 참조.

것, 즉 하나님의 형상으로 지음받은 각 개인이 지닌 다양한 은사들을 바탕으로 믿음과 가능성을 가지고 각자의 삶에서 하나님의 뜻을 발견하고 자신의 목표를 이룰 수 있도록 변화와 성장을 돕는 과정이라는 정의를 기억하면서, 본격적으로 영화 속의 내러티브로 들어가 보기로 한다.

파파가 자기를 사랑하고 상처를 치유해주고 싶어 한다는 사실을 알면서도 맥은 여전히 분노하며 따진다. 전지전능하시다는 신이 가장 절박하게 신이 필요했던 순간에 힘없고 순결하고 연약한 미시를 죽게 내버려 두었으니까! 분노는 자신의 감정을 누구에게도 이해받지 못함, 또는 자신이 상황을 이해하지 못하는 한계에서 나온다. 이에 파파는 먼저 맥의 분노의 소리를 경청한다. 경청은 공감을 낳는다. 온 힘을 다해 경청한 후에는 이래라 저래라 하는 식의 정답을 주는 것이 아니라, 코치이 스스로 생각하고 깨달을 수 있도록 하는 질문이 주어진다. 코칭 사건에서 경청[29]과 질문[30]은 두 개의 주된 축이다. 영화의 몇몇 장면들에 나타나는 '경청'과 '질문'으로 전개되는 삼위일체 하나님의 코칭 기법에 우리의 눈을 돌려보자.

먼저는 삼위일체 하나님의 초대 사건이다. 코칭은 일방적인 강요에 의해 시작되지 않는다. 영화 속에서도 "나는 노예를 원치 않아, 단지 원하면 치유할 뿐이지"라는 파파의 대사가 나온다. 눈이 엄청 많이 내리던 날

---

29 경청의 10계명은 다음과 같다: 코칭의 장애가 되는 주변을 제거하라; 주의를 코치이와 그의 주제에 집중하라; 당신이 코치이의 말을 듣고 있음을 보여주라; 당신이 말을 하지 말라; 코치이의 관점을 바꾸고 용기를 줄 수 있는 질문을 하라; 그의 상태를 총체적으로 관찰하라; 대화의 단계를 적절하게 사용하라; 코치이를 격려할 수 있는 효과적인 피드백을 제공하라; 코치이의 말과 상황에 적절하게 반응하라; 코치이의 입장을 판단하거나 정죄하는 태도로 임하지 말라[장성배, "선교코칭 모델 연구," 『신학과 세계』 88(2016.12): 350].

30 질문은 코칭의 꽃이다. 크리스천에게 중요한 하나님의 질문들, 예수님의 질문들, 인간의 질문들에 대한 책들을 소개한다: 배현철, 『신의 위대한 질문: 신이 원하는 것은 무엇인가』 & 『인간의 위대한 질문: 우리는 무엇을 믿어야 하는가』 (서울: 21세기북스, 2015); 한기채, 『하나님의 위대한 질문』 & 『예수님의 위대한 질문』 (서울: 교회성장연구소, 2012); Alan Nelson/박기태 역, 『예수, 내 삶에 대해 묻다: 예수님의 라이프코칭 31』 (서울: 국제제자훈련원, 2009) 등.

에 맥은 집앞 우체통에서 엽서를 발견한다. 다음 주말에 바로 그 오두막에서 만나자는 것이다. 발신인주소도 없고 눈위의 발자국조차 없는데 발신인은 '파파'로 적혀있다. 맥은 혼란스럽다. 정말 하나님이 보낸걸까? 딸의 살인범이 맥까지 노리는 수작일까? 갈등하던 맥은 친구의 4륜구동 지프를 빌려 그곳으로 향한다. 맥은 위험해 보이는 초대에 응할 수도 아닐 수도 있었다.

저녁식사를 위해 이어폰을 끼고 팝송을 흥얼거리며 빵 반죽하던 파파를 도우면서 맥과 파파가 대화를 나누는 장면에서는 "나를 사랑한다면서, 전능자라면서 어찌하여 내 죄없는 어린딸 미시를 죽게 만들었느냐, 내가 정작 필요로 할 때 어디 있었느냐? 당신 때문에 내 애가 죽었다. 애도 못 도우면서 어떻게 나를 돕느냐? 내 딸이 죽어갈 때뿐 아니라 당신은 십자가에서 죽어가는 예수의 곁도 떠나는 나쁜 습관을 가진 것 같다"고 격렬하게 따지자 "그 때도 너와 함께 있었다. 나는 너도 미시도 떠난 적이 없다. 예수가 못 박힐 때 나도 똑같이 큰 댓가를 치렀다"고 하면서 손목의 선명한 못자국을 보여준다.

이처럼 파파와 논쟁하다가 아직도 끓어오르는 분노와 슬픔으로 뛰쳐나가 오두막집 계단에 웅크려있는 맥에게 파파는 나무 위에서 지저귀는 새를 가리키며 "저 예쁜 새는 날도록 창조됐지, 그처럼 사람은 사랑받으려고 창조됐는데 고통과 상처에만 매여있으면 마치 새가 날지 못하는 것과 같지"라고 말해준다. 이처럼 서두르지 않되 넌지시 맥의 상처들을 하나하나 보듬으며 그의 말에 대한 경청과 때론 격렬한 논쟁을 통해 그의 슬픔과 분노를 내면에서 외부로 이끌어 내는 시도를 한다. 이는 내러티브 코칭의 '외재화' 과정에 해당한다고 볼 수 있다.

삼위일체와의 저녁 식사 장면에서는 파파의 훌륭한 요리솜씨에 감탄하여 담소하면서 식사를 즐기다가 맥이 세 분에게 질문한다. “당신들은 전능하고 또 모든 것을 다 알고 있으면서도 왜 우리에게 기도를 요구하느냐?”고 질문하자 사라유가 눈빛을 반짝이며 답한다: “음, 우리는 당신들의 눈으로 보는 것과 당신들의 생각과 마음을 당신들의 말로써 듣고 싶어요.” 이 글의 앞 이론 부분에서 사회구성주의에 근거하여 코치는 코치이를 향한 근본적 태도로서 호기심을 가져야 한다고 강조했으며 궁금증, 개방성, 존중을 동반할 것을 언급했었다. 내러티브 코칭 대화를 통해 코치는 코치이가 인식한 생활세계를 이해하게 되며, 이 생활세계는 대화를 통해 새롭고 다양한 관점으로 유의미하게 재창조되는데 이 장면은 코치이에 대한 코치의 근본적 태도가 잘 반영되어있다.

다음은 성령 하나님으로 나오는 ‘사라유’가 관리하는 정원 장면을 떠올려보자. 삼위일체의 각 분은 영화 속에서 역할이 주어져 있는데 대개 파파는 요리, 성자는 목수 일을 하고, 성령은 정원을 돌보며 성도들의 눈물을 채집하기도 한다. 파파와 논쟁하다가 어린딸이 잔인하게 살해당한 일을 막아주지 않은 파파에 대한 분노를 삭이지 못하고 맥이 지프를 타고 오두막을 떠나려 할 때 사라유가 나타난다. 맥에게 차 키를 던져주면서 가려면 가든지, 혹 원한다면 좀 더 머무르며 자기의 정원 가꾸는 일을 도와주겠냐고 권한다. 내일 정원에 특별한 나무를 심을 예정이라 미리 땅을 파고 고르게 하는 일이었다.

정원 입구로 들어가면서 맥은 “여기는 참 야생적이네요”라고 말하자 사라유는 미소지으며 “당신 마음속으로는 ‘mess’(엉망진창)라는 단어를 떠올렸잖아요”라고 응대한다. 함께 정원을 가꾸면서 맥이 독초의 뿌리를 자르려 하자 "그건 독성을 지닌 쓴뿌리인데 함부로 자르면 안된다"고 하면서 독은 나쁘지만 꽃꿀을 섞으면 놀라운 치유제가 된다고 말해준다. 쓴 뿌리와 같은 맥의 고통이 신과의 새로운 관계를 통해 치유될 가능성을 암시하는 말이기도 하다. 그러면서 "당신 같은 사람들은 선과 악을 무슨 기준으로 정하냐고 질문한다. 이에 맥은 자기와 지인들에게 좋으면 선이고 나쁘면 악이라고 답하자, 이에 사라유는 전지구상의 사람들이 그렇게 선악을 판단한다면 무엇이 선이고 무엇이 악이겠냐고 되묻는다. 맥은 답하지 못하고 스스로 성찰하게 된다. 사라유는 격앙된 슬픈 표정으로 말한다: "이 세상에 당신처럼 신노릇하는 사람이 70억이다. 내 선이 이웃의 악과 충돌하면 전쟁이다. 늘 서로 대화하는 것이 평화다." 정원 장면의 마지막에는 카메라를 점점 멀리 잡으면서 '나무를 보는 관점'에서는 엉망이고 혼란스럽게만 보이던 정원이 '숲을 보는 관점'에서는 아름답고 완벽하고 자연스러운 모양으로 진행되는 중임을 보여준다. 이 정원도 맥의 마음속에서 일어나는 일이었던 것이다.

선글라스를 끼고 나무벤치에서 비스듬히 쉬고 있는 파파와의 티타임 장면에서 맥이 "세상에 고통과 괴로움이 넘쳐나는데 왜 막지 않느냐?"고 힐문하자, "불완전한 그림만 보고 세상을 이해하려 하느냐? 아픔과 상처의 옹이구멍으로만 세상을 보면 큰 그림을 보지 못한다. 너의 가장 근본 문제는 나를 선하게 인식하지 못하는 것이다"라고 답한다.

위에 소개한 몇몇 장면들만 보아도, 맥은 파파와 사라유와 주고받는 대화와 때론 논쟁을 통해 조금씩 마음을 열게 되고 꼭꼭 묻어두기만 하고 처리되지 못했던 분노와 슬픔에서 조금씩 헤어나오게 되면서 경청과 질문으로 수행되는 자연스러운 코칭 과정에 임하고 있는 것이라 볼 수 있다.

내러티브 코칭은 개인의 내러티브를 ‘외재화’하고 ‘재저작’하는 과정에서 긍정정서를 강조하고, 강점을 기반으로 개인의 정체성을 형성하며 내러티브를 재구성할 수 있도록 도우며, 내러티브 코칭의 최대 장점이 단순한 문제해결을 넘어 ‘성찰성’을 통해 정체성 형성과 관점전환을 통한 근본적 변화를 모색할 수 있다는 점이었음을 기억하고 계속 영화의 흐름을 따라가 보자.

영화에 나타나는 맥과 성자와의 만남을 언급하지 않을 수 없을 것이다. 맥은 혼자 바다위로 작은 배를 타고 노를 저어 가고 있다. 갑자기 배가 삐걱거리면서 갑판이 깨어지고 물이 스며들기 시작하더니 배가 파손되면서 바다에는 검은 기름이 퍼지는데, 거기에서 아들의 환영이 보인다. 그 환영을 잡으려던 맥의 손에 검은 기름이 가득 묻는다. 배는 점점 가라앉고 맥이 공포와 두려움에 질려있던 그때 성자가 물위로 걸어오면서 큰 소리로 외친다. “그건 당신의 마음속에서 일어나는 일이에요, 과거의 고통도 미래도 생각하지 말고 고개 들어 나만 바라봐요, 다 괜찮을 거에요.” 맥이 심호흡하고 안정을 되찾자 모든 것이 다시 평온해졌고 성자는 맥에게 손을 내밀며 같이 물위를 걷자고 제안한다. 계속되는 권유에 맥은 한껏 용기를 내고 둘이 함께 물위를 걷고 뛰는 체험을 하게 된다. 이 영화의 명장면 중 하나이다. 강 건너편에 도착한 맥이 성자에게 “나는 하나님의 사랑을 느껴본 적이 없는 것 같아요”라고 안타깝게 말하자, 성자는 그를 동굴로 안내하고 산 입구에서 기다리겠으니 혼자 동굴을 향해 쭉 가라고 한다.

성자가 인도해준 동굴 속에서 지혜의 여신과 대면하는 장면은 이 영화에서 중대한 전환점 역할을 하고 있다. 이 역시 맥과 지혜의 신 사이에 질문과 응답 형식으로 긴박한 대화가 차곡차곡 이어진다. 컴컴한 동굴로 들어가자 심판의 보좌에 여신이 앉아있다. 누구냐고 물으니 '지혜'("I'm Wisdom.")라고 답한다. 그리고선 일어나 자리를 내주면서 앉으라고 권한다. 맥이 거절하자 "보아하니 평생 모든 사람을 피부색, 옷차림 등으로 그의 일, 행동, 동기까지 거침없이 즉결심판을 내리는 심판전문가던데…"라면서 통렬한 일침을 가한다. "신의 선함을 믿는가?"--"미시도 파파의 자식인가?"--"물론이다"--"그렇다면 자식을 사랑하지 않는 것 같다"라는 대화가 오가는 동안도 맥은 여전히 신의 선함을 인정하지 않는다.

또 여신은 맥에게 세상에서 심판받아야 할 자를 몇 명이나 알고 있냐고 묻는다. "탐욕스런 자, 남을 해치는 자, 살인자, 마약상, 테러리스트는 유죄인가?"--"당연하다"--"그럼 자신의 괴로움을 달래려 부인과 아들을 때리는 자(맥의 아버지)는?"--"또 죄없는 여자애들을 무참하게 해친 자(막내딸 살해범)는 유죄인가?--"당연히 지옥에 떨어져야죠." 이이 여신은 맥에게 남아있는 아들과 딸 중 한 명을 지옥에 보내야 한다면 누굴 선택하겠느냐고 끝까지 집요하게 질문한다. 너 이상 대답을 회피할 수 없게 된 맥은 울부짖으며 말한다: "너무 하잖아요, 차라리 날 데려가요, 날 데려가라구요, 애들은 놔두고…" 그러자 여신이 파파의 마음을 대비시킨다: "그거 봐요, 당신도 애들이 모두 사랑받을 만하다고 심판했죠, 그게 파파의 마음이에요." 여기에서도 코칭으로써 모든 인류에 대하여 심판이 아니라 구원받기 원하고 계시는 하나님의 마음을 스스로 깨닫게 하시는 방식을 발견할 수 있다.

이제 영화의 막바지에 접어든다. 코칭의 바통을 파파가 이어받는다. 흑인여성으로 등장했던 파파가 지금은 인디언 남자로 나타나 미시의 시체를 찾으러 가자며 맥을 깨운다. 인디언 파파는 미시를 죽인 자를 용서하라고 부드럽게 권유한다: "나를 믿고 옳은 일을 하라. 최선이 무엇인지 깨우치라. 그의 목덜미를 놓아주라. 내면의 고통이 자신을 옭아매고 기쁨을 빼앗아가서 사랑할 능력을 잃게 만든다. 그러니 너 자신을 위하여 용서하라." 맥이 도저히 그럴 수 없다고 항거하자 또다시 심판자가 되었느냐고 힐문한다. "그도 내 자식이니 구원하고 싶다. 용서하기란 대단히 어렵지만 큰소리로 '나는 너를 용서한다'고 반복해서 외치면 언젠가 용서가 될 것이다." 맥은 비통한 얼굴로 자기 손안에 살해범을 상징하는 무당벌레를 꽉 쥐어 죽이려다가 손을 펴서 날아가도록 놓아준다. 딸의 시신을 찾은 맥은 파파가 준비해온 흰 세마포에 미시를 싸서 그 말을 반복하면서 범인을 용서하려 애쓰며 오두막으로 돌아간다.

삼위일체 하나님은 맥을 보듬고 치유해주기 위해 사랑으로 정성스레 준비되고 디자인된 일련의 과정들을 통해 일관되게 이끌어오면서 맥과 그의 삶을 코칭하는 아름다운 드라마를 보여준다.

미시의 시체를 안고 오두막에 돌아오자 성자의 목공소에 너무도 아름다운 관이 준비되어 있었다. 그동안 성자가 틈만 나면 거기에서 나무를 다듬었던 것은 바로 미시의 관을 제작하고 있었던 것이다. 삭이고 삭여도 그치지 않던 맥의 거대한 슬픔과 분노는 이 장면에서 주저앉아 오열하며 카타르시스에 이른다. 이제껏 삼위일체가 합동하여 촘촘하고 정교한 코칭으로 맥을 돌보아온 것이 클라이맥스에 다다른 것이다.

사라유의 정원에다 미시의 관을 묻고 흙으로 덮고나서, 그간 모아둔 맥의 눈물병을 그 위에 쏟아붓자 갑자기 땅에서 싹이 나고 꽃이 피고 큰 나무가 엄청난 성장 속도로 모두의 눈앞에서 단숨에 자라 올라온다. 삼위일체 세 분과 맥의 얼굴에도 기쁨과 자유와 사랑이 넘쳐난다. 오두막의 단란한 거실에서 삼위일체가 맥에게 묻는다. 여기 남아서 당장 미시를 볼 건지, 남은 가족에게 돌아갈 건지를 선택하라고. "미시는 무엇을 원할까요?"--"걱정하지 말게, 미시는 조급함이 없는 나라에 살고 있으니까"--"그럼 돌아갈게요." 파파가 말한다: "당신이 돌아가서 사랑하고 용서할 때마다 그 친절한 행동 하나하나가 우주를 더 낫게 변화시킬 것일세. 한 가지라도 상관이 있으면 모든 것이 상관있는 법이지, 어느 것도 예전 같지 않게 된다네!"

이렇게 해서 영화는 지상의 세계로 다시 돌아온 맥에 대하여 옆집 친구 윌리가 내레이션 하는 것으로 막을 내린다: "맥이 주말에 오두막에 가서 정말 신을 만났는지는 아무도 모르겠지만, 확실한 것은 이전과 달리 맥이 매일 심오한 기쁨을 느끼며 살고 있으며 더 많이 사랑하고 더 빨리 용서하는 사람으로 바뀌었다는 사실이다." 남은 가족에게 돌아가기로 결정한 후 장면이 바뀌어 눈을 떠보니 병원이고 친구 윌리가 지켜보고 있었다. 지난 금요일에 윌리이 차를 빌려 오두막에 가는 길에 40톤 트럭에 받히는 교통사고가 난 것이다. 맥은 오두막에 가지 못했다. 맥이 꿈을 꾸었든 어떤 신비체험을 했는지의 문제는 차치하고라도, 윌리의 관찰과 같이 맥은 전과 다른 사람이 되어있었다. 사랑받는 사람이라는 자기 정체성의 확립과 더불어 삶을 바라보는 관점이 변화되었고 용서와 친절(사랑의 행위)을 행하는 자로 살아가게 된 것이다.

지금까지 〈오두막〉영화에 나타난 코칭적 면모를 몇몇 장면들을 훑어보면서 스케치해보았다. 코칭의 최대 초점은 코치이가 현재의 불만족한 상태에서 좀 더 만족한 미래의 상태로 옮겨가는 것이다. 이에 코치와 코치이는 현재와 미래의 두 축을 분명히 확인하여 정리한 후 코치이가 그곳에 이를 수 있는 방법을 모색한다. 선교 코칭은 이 과정에서 삼위일체 하나님의 선교의 관점에서 다룬다.[31] 코치이는 하나님의 선교의 관점에서 현재 자신의 위치를 파악하고 부르시는 소명의 자리를 묻게 된다. 이것이 분명해지면 코치이는 어떻게 부르심의 자리에 다다를 것인지를 모색하고 코치의 격려를 받아 용기 내어 실행하기 시작한다. 이렇게 반응함으로써 코치이는 사명자가 된다.[32]

선교 코칭의 개념으로 영화를 정리해보자. 선교 코칭은 하나님이 사람들을 사랑으로 보듬고 들어주고 깨닫게 하시는 방식을 취한다. 성육신하신 성자는 사람들에게 찾아오시어 눈높이를 맞추시고 친구처럼 그들의 신음과 이야기를 경청하시며 때론 질문을 던지셔서 스스로 깨닫도록 하신다. 또 성령은 사람들의 마음을 위로 감찰하시며 하나님의 말씀이 생각나게 하심으로써 스스로 깨닫도록 인도하신다. 주인공 맥은 막내딸이 비참하게 죽은 이후로 거대한 슬픔과 분노에 휩싸여 지내다가, 파파의 초대장을 받고 문제의 장소(topos)인 오두막[33]으로 간다. 거기에 모든 것이 얽혀서 고뇌하며 신음하는 맥의 삶을 회복하고 자신이 사랑받는 존재임을 확인시켜주어 새로운 삶을 살아가도록 하기 위함이었다. 성부 성자 성령은 위에서 나열한 경청과 질문들을 통한 잘 디자인된 일련의 코칭 과정을 통해, 맥의 과거와 현재의 불만족스러운 부정적인 상태에서 맥을 끄집어내어 믿음과 소망과 사랑의 관점을 가진 자로 새롭게 살아갈 수 있도록 놀라

---

31 하나님의 선교 관점에서 경청을 통한 대화적 선교 패러다임을 주장하는 다음의 글을 참고 바람: 이병옥, "이웃과 소통하기 위한 새로운 선교패러다임의 모색: 선포중심의 독백적 선교에서 경청중심의 대화적 선교로 전환," 『선교신학』 54(2019): 209-240.

32 장성배, "선교 코칭 모델 연구," 『신학과 세계』 88(2016.12): 346-347.

33 맥에게 있어 오두막은 딸이 살해당한 곳이기도 하면서, 자신이 어렸을 때 폭행을 일삼던 아버지를 간접 살해했던 맥의 숨은 죄와 상처가 맞물려 있는 문제의 장소였다.

운 변화를 일으켜주었다. 맥은 이제 하나님을 기쁘시게 하는 사명자로 살아가게 된 것이다. 선교 코칭을 통한 정체성 변화가 관점의 변화를 낳았고 삶의 의미를 새로이 발견하게 된 것이다.

V. 나오는 말

장성배는 포스트모던의 세상에서 부상하고 있는 코칭을 교회의 목회와 선교에 접목하는 방법을 탐구하면서 코칭의 정의, 연구 동향의 변화, 코칭의 철학과 세계관, 선교 코칭의 주요 스킬, 선교 코칭의 분야들과 개발 과제들을 정리하면서 향후 자신의 연구를 발판으로 선교 코칭의 이론과 실제에 대한 연구가 활발히 전개되기를 기대하였다. 필자의 이 글이 부족하나마 특히 선교 코칭의 사례연구 및 모델개발 영역에서 그의 기대에 대한 진일보가 되었기를 바라며, 또 다른 시도들이 계속 연구되고 실행되기를 바라마지 않는다.

크리스천의 사명은 하나님께부터 온다. 하나님은 주인이 종들에게 달란트를 주듯, 토기장이가 자기 목적에 따라 토기를 빚듯 각 사람을 준비시키신다. 따라서 자신을 향한 그분의 디자인을 발견하고 그에 따른 사명을 찾아내어 그 성취를 위해 목표를 세우고 실행해야 한다. 크리스천의 성공적 삶은 개개인을 향한 하나님의 푯대에 이르는 것이다.[34] 선교 코칭은 바

34 이 관점에서 장성배는 선교 코칭의 의미를 다음과 같이 정리한다: 자신을 향한 하나님의 디자인을 발견하고 성취하도록 돕는 효과적 방법; 하나님의 사람들을 최상의 상태로 무장시키는 놀라운 방법; 지구촌 안에서 자기 사명과 위치를 찾도록 돕는 탁월한 방법; 교회와 선교지를 바꾸는 완전히 새로운 방법; 이 땅에 하나님 나라를 이루는 예수님의 성육신적 방법[장성배, "선교 코칭 모델

로 이러한 과정을 섬긴다. 지금까지 살펴본 영화〈오두막〉을 선교 코칭의 관점을 염두에 두면서 다음과 같은 스텔터의 말을 빌려 정리하면서 글을 맺고자 한다.

> 코칭은 내러티브다. 코칭은 단지 해결책만을 찾는 기술이 아니라, 코치와 코치이의 상호협력을 통해 새로운 이야기를 창조하는 행위다. 코칭의 진정한 가치는 단지 목표를 해결하는 것만이 아니라, 삶에 새로운 내러티브를 창조하는 데 있다. 그러한 코칭은 코치이를 억압된 과거로부터 해방시킴으로써 현재의 기억을 새롭게 하는 것을 넘어 변혁적 미래를 창조해나간다. 이 창조적 행위는 코치와 코치이 사이에서 발생하는 일방향적 독백을 무너뜨리고 상호협력적 대화를 이끌어낸다. … 내러티브 상호협력적 코칭은 코치이 내면에 깃들어있는 진정한 힘을 이끌어내는 변증법적 대화다.[35]

우리의 삶의 이야기를 바꾼다면, 틀림없이 우리의 삶은 변화될 것이다. 진정한 대화가 서로 반대편에 서 있는 두 사람을 변화시킨다면, 진정한 코칭은 서로 반대편에 서 있는 두 사람의 세계를 변화시킬 것이다. 다양한 진리가 난무하는 가운데 불확실성과 무한경쟁의 가속화 속에서 의미상실과 정체성 위기를 겪고 있는 이 시대에 선교 코칭을 통해 많은 사람들이, 하나님의 사랑받는 자녀라는 새로운 정체성을 부여받고 삶에 대한 관점의 변화와 의미 찾기로까지 나아가기를 기대하며 글을 마친다.

연구," 『신학과 세계』 (2016.12): 344].

35 Reinhard Stelter, 최병현 · 이혜진 역, 『내러티브 상호협력 코칭: 1세대 코칭을 넘어 3세대 코칭으로』, 29-30.

참고문헌

Collins, Gary R. *Christian Coaching*. Colorado: NavPress, 2011.

넬슨, 알란. 박기태 역. 『예수, 내 삶에 대해 묻다: 예수님의 라이프코칭 31』. 서울: 국제제자훈련원, 2009.

스텔터, 라인하드. 최병현, 이혜진 역. 『내러티브 상호협력 코칭: 1세대 코칭을 넘어 3세대 코칭으로』. 서울: 한국코칭수퍼비전아카데미, 2018.

콜린스, 게리. 양형주, 이규창 역. 『코칭 바이블』. 서울: IVP, 2014.

박형철. 『구원의 드라마 in Film』. 서울: 도서출판 예술과영성, 2019.

배현철. 『신의 위대한 질문: 신이 원하는 것은 무엇인가』. 서울: 21세기북스, 2015.

______. 『인간의 위대한 질문: 우리는 무엇을 믿어야 하는가』. 서울: 21세기북스, 2015.

이희경. 『코칭 입문』. 서울: 교보문고, 2005.

최효진, 황소영, 유용미. 『삶을 움직이는 힘 코칭핵심 70』. 서울: 새로운사람들 2006.

강아람. "영화의 선교해석학적 성찰." 『선교와 신학』 46집(2018. 10): 103-139.

강연정, 양은경. "고등학생의 자기관리와 리더십 계발을 위한 기독교코칭 프로그램." 한국기독교상담학회지 22(2011): 11-34.

김미숙. "성숙한 리더십을 위한 내러티브 코칭 유용성 연구." 『연세상담코칭연구』 4(2015): 33-54.

윤서태. "레슬리 뉴비긴의 삼위일체적 선교신학." 『선교신학』 54(2019): 173-208.

이병옥. "이웃과 소통하기 위한 새로운 선교패러다임의 모색: 선포중심의 독백적 선교에서 경청중심의 대화적 선교로 전환." 『선교신학』 54(2019): 209-240.

장성배. "다문화 코칭과 선교." 『신학과 세계』 94(2018): 307-354.

______. "선교 코칭 모델 연구." 『신학과 세계』 88(2016.12): 325-359.

한기채. 『하나님의 위대한 질문』. 서울: 교회성장연구소, 2012.

______. 『예수님의 위대한 질문』. 서울: 교회성장연구소, 2012.

이대준. “목회 지도력으로서의 크리스천 코칭 연구.” 한신대학교 신학전문대학원 미간행 박사 학위논문, 2006.

“내가 본 코칭 영화들.” 「미주중앙일보」 (2009.9.2). 2019.6.13 접속.

정동수. “영화 오두막 감상문.” 2017.9.11 게시. 2019.6.8 접근 https://m.blog.naver.com

http://blog.koreadaily.com/view/myhome.html?fod_style=B&med_usrid=bizcoach&cid=134825&fod_no=6

에스퍼트 아카데미. ‘영화예술로 배우는 부하코칭 http://www.excacademy.co.kr/program/program_total/program_detailpage.asp?progno=EPQ506Q62015102010461391KUTB1Q

● 7장

내러티브 신학을 통한 21세기의 선교적 대응

Ⅰ. 들어가는 말

에큐메니칼 선교의 모토 중의 하나는 '세상이 교회의 선교에 안건(agenda)을 제공한다'는 것이다. 무슨 말인가? 선교는 하나님이 창조하시고 여태껏 포기하지 않으시고 다스리고 계신 이 세상에 깊이 관여된 일이라는 것이다. 너희가 날씨는 분별하면서도 시대는 분별하지 못하느냐고 힐문하신 예수님의 말씀을 상기해보자. 지금 이 시대를 눈에 보이는 대로만 보지 말고 그 영적인 현실이 어떠한지, 그 사이에서 하나님은 어떻게 일하고 계시는지, 도대체 이 세상이 어디를 향해 치달아가고 있는지를 성한 눈으로 분별 있게 바라볼 수 있어야 한다는 말이다. 우리가 숨쉬며 살아가고 있는 세상 한가운데서 무슨 일이 일어나고 있는가가 속속들이 교회 초미의 관심거리가 되어야 한다는 것이다.

최근에 『사피엔스』(한글판 2017)와[1] 『호모 데우스』(한글판 2017)로[2] 베스트셀러 작가로 부상한 유발 하라리(Yuval N. Harari)는 또 한 권의 새로운 책 『21세기를 위한 21가지 제언』(한글판 2018)에서 역사학자로서 통시/공시적으로 과거를 통해 현재를 분석하고 미래를 예측하면서 '더 나은 오늘은 어떻게 가능한가'의 주제를 다루고 있다. 직접 그의 말로 옮겨 본다.

…어떤 부분은 기술에 초점을 맞췄고, 어떤 부분은 정치,…종교,…예술에

1 Yuval Harari, *Sapiens*, 조현욱 역, 『사피엔스』 (경기 파주: 김영사, 2017).

2 Yuval Harari, *Homo Deus*, 김명주 역, 『호모 데우스: 미래의 역사』 (경기 파주: 김영사, 2017).

초점을 맞췄다. 어떤 장은 인간의 지혜를 예찬하고, 다른 장에서는 인간 어리석음의 결정적 역할을 강조한다. 하지만 책 전체를 관통하는 질문은 동일하다. 지금 세계에는 무슨 일이 일어나고 있으며 이 사건들의 심층적인 의미는 무엇인가? 도널드 트럼프의 부상은 무엇을 뜻하는가? 가짜뉴스가 전염병처럼 번지는 데 대해서는 무엇을 할 수 있을까? 자유민주주의는 왜 위기에 빠졌나? 신은 부활하고 있나? 새로운 세계대전이 다가오나? 서구와 중국, 이슬람 문명 중 어느 것이 세계를 지배할까? 유럽은 이민자에게 문을 열어두어야 하나? 민족주의는 불평등과 기후변화 문제를 풀 수 있을까? 테러리즘은 어떻게 해야 할까?[3]

하라리는 시간을 축으로 종으로는 오랜 과거부터 먼 미래까지, 횡으로는 다양한 분야—역사학자면서도 최신 과학의 정보기술과 생명공학, 진화생물학과 인지과학의 연구결과까지—를 넘나들면서도 일반인의 일상어휘로 비교적 쉽게 이야기를 풀어나간다.

한 배를 탄 운명의 현금의 인류는 누구도 회피할 수 없는 지구촌 공동의 문제가 시한폭탄처럼 위협하는데도 그나마 합의되어온 *이야기*이자 질서인 자유민주주의는[4] 효력과 신뢰를 잃어가고 있다. 여러 신화 및 이데올로기와의 경쟁을 평정하는 듯했던 자유주의는 자중지란의 사태에 처해있다. 그런데도 대안적 *이야기*는 아직 보이지 않으며 개별 민족국가의 자국

---

3 Yuval Harari, *21 Lessons for the 21st Century*, 전병근 역, 『21세기를 위한 21가지 제언: 더 나은 오늘은 어떻게 가능한가』 (경기 파주: 김영사, 2018), 10-11.

4 유발 하라리가 언급하는 '인본주의', '자유주의', '자유민주주의'는 유사한 의미로 이해하면 된다. 좀 더 정확히, 하라리는 인본주의를 3가지로 구분한다: (정통파)자유주의; 사회주의적 인본주의; 진화론적 인본주의. 이에 대하여는 그의 책 『호모 데우스: 미래의 역사』, 342-69를 참조하라.

우선주의와 포퓰리스트 정치 지도자의 위세는 커져만 가고 있다.[5] 이러한 천재학자의 진단에 의거하여, 이 글은 인류가 처한 여러 위기 앞에서 대안적 이야기인 *하나님의 선교*의 거대서사(meta-narrative)로서 대응해야 할 것을 주장하려 한다.

글을 시작하기 전에 먼저 전제하는 것은 하라리가 유신론자인가 무신론자인가, 혹은 그가 종교를 부인하거나 혐오하는가의 이슈는 여기에서 차치하기로 한다. 하라리는 그의 책들을 역사학자로서 쓰고 있다. 그리고 필자는 이 천재적인 21세기 사상가의 분석을 참작하여 그러한 진단들에 대한 선교적 대안이라는 취지로 글을 전개할 것이다. 그가 직접 밝힌『21세기를 위한 21가지 제언』의 집필 동기가 '지금 세상에서 무슨 일이 일어나고 있는가, 그 심층적 의미는 무엇인가'라면, 그리스도인들은 그러한 통찰을 빌어 선교의 안건을 파악할 수 있다. 즉 현금의 시대를 눈에 보이는 대로만 보지 않고 그 심층의 영적 현실이 어떠한지, 그 사이에서 하나님은 어떻게 일하고 계시는지, 도대체 이 세상이 어디를 향해 치달아가고 있는지, 교회가 어떻게 오늘이 빚어내는 내일을 안일하게 방관하지 않고 잘 대처할 수 있는지를 재단해야 하기 때문이다.

그리고 무엇보다도 하라리의 통찰—**즉 신체조건이 열악한 인류가 세계를 정복한 것은 그들이 이야기를 만들고 그것을 믿음으로써 제도를 만듦으로 대규모 협력이 가능했기 때문이라는**—을[6] 필자가 적합하게 여기고, 또 그러한 이야기 경쟁의 최종 승자처럼 보였던 자유주의조차 위기에 처한 상황인데도[7] 대안적 이야기는

---

5 위의 책, 552.

6 이러한 통찰은 그의 책『사피엔스』의 주된 논지이다.

7 이러한 통찰은 그의 책『호모 데우스』의 주된 논지이다. 즉 18세기 인본주의가 신 중심적 세계관에서 인간 중심적 세계관으로 이동함으로 신을 밀어냈듯이, 21세기 데이터교(敎)는 인간 중심적 세계관에서 데이터 중심적 세계관으로 이동함으로 인간을 밀어낼 것이라는 예측이다. 데이터교

보이지 않는다는 그의 지적에 대해, 필자는 그 대안적 이야기를 탐구하는 글을 전개하려는 것이다. 그 대안적 이야기를 하나님의 선교라는 거대서사(meta-narrative)로서 제안할 것인데, 이 글 전체에서 하라리가 언급하는 *이야기*는 문제 제기를 위해서, 리쾨르가 언급하는 *이야기*는 신학적 논거로서, 그리고 크리스토퍼 라이트가 언급하는 *이야기*는 대안적 이야기로서 인용하게 될 것이다.

Ⅱ. 이야기의 허구성: 하라리의 '허구적 이야기'

신체적 조건만으로 보았을 때는 열악한 인류가 세계를 정복하게 된 것이 *이야기* 때문이라는 것이 유발 하라리의 주장이다. 그리고 그러한 이야기들은 완전히 믿지는 않은 허구석이라는 것이 또한 그의 지적이다. 이 허구적 이야기를 만들어내고 믿는 능력 덕분에 인간들끼리 대규모의 협력이 가능했으며 제도를 만들어낼 수 있었다는 것이다. 그리고 그러한 이야기 경쟁의 승자였던 자유민주주의(인본주의)는 모든 우주적 드라마(이야기)를 부인함으로써 급진적인 진보는 이루었으나[8] 실은 인류만의 드라마 속으로 뒷걸음질 쳤다고 분석한다. 이 말은 가히 종교라고 불릴만한 인본주의 혁

는 인간 경험을 데이터 패턴으로 여겨 권위와 의미의 원천을 파괴하고 18세기 이후 경험치 못한 위력적인 종교혁명을 예고한다. 인본주의 시대에 신은 인간 상상력의 산물이었고(로크, 흄, 볼테르 등), 이제 인간 상상력은 생화학적 알고리즘의 산물이다. 유발 N. 하라리, *Homo Deus*, 김명주 역, 『호모 데우스: 미래의 역사』, 533-34 외 도처에.

8 인본주의 혁명에 대한 긴 논의는 Harari, *Homo Deus*, 김명주 역, 『호모 데우스: 미래의 역사』, 306-384를 보라.

명으로 인해, 기독교와 이슬람교에서 신이 맡던 역할과 불교와 도교에서 자연법이 맡던 역할을 인류에게 돌려 인류를 숭배하게 되었다는 뜻이다.[9]

게다가 지금까지 대부분의 이야기는 그 지반의 튼튼함보다는 지붕의 무게로 버텨왔다고 지적한다. 정작 이야기를 떠받쳐온 것이 의미 자체의 설득력이라기보다는 집단들이 관행적으로 이어온 의례/의식의 힘이었다는 뜻이다. 이제 각종 신화와 믿음의 구속에서 풀려난 개인은 온갖 쇼핑몰에서 자기만의 포트폴리오를 짜고 분산 투자할 수 있게 됐지만,[10] 이것이 과연 축복일까 반문한다.

그의 다른 책 『호모 데우스』에서 하라리는 이러한 인간의 의미 창출 능력이 과학기술로 전환되면서 신의 자리를 넘보고 신놀이를 하는 정도가 되었으며, 그것이 역설적으로 인류를 위기로 몰아갈 수 있다고 경고하고 있다. 이야기 경쟁의 최종 승자였던 자유민주주의가 근대에 와서 한계를 드러내면서 과학기술의 결과물은 인간의 조건과 정체성까지 위협할 상황에 처했다는 것이다. 인간 인지능력의 정점인 과학기술의 힘은 이제 인간을 인간보다 더 잘 파악하고 길들이고 조종할 기세다. 이는 인간이 의존해온 자율과 의미의 기반을 허물기 시작했으며 인간 종(species)의 분화 가능성마저도 내포하고 있다고 그는 예견한다. 부지불식간 우리는 세상에서 무용하고 무관한 다수 대중으로 전락할 수도, 운 좋게 기술적 이점에 편승한 슈퍼휴먼(super-human)으로 도약할 수도 있다. 이 그림이 사회적으로 빚어낼 혼돈과 파국의 위험은 누구의 몫이 될 것인가?[11] 따라서 이제 더

---

9 위의 책, 307.

10 Yuval Harari, *21 Lessons for the 21st Century*, 전병근 역, 『21세기를 위한 21가지 제언: 더 나은 오늘은 어떻게 가능한가』, 552-53.

11 데이터교(教)에 대한 긴 논의는 Harari, *Homo Deus*, 김명주 역, 『호모 데우스: 미래의 역사』, 503-544를 보라.

이상 허구의 이야기가 아니라 '진정 내가 어떤 존재이며 어떤 존재가 될 것인가'에 대해 자문하며 성찰해야 한다고 역설하고 있다.

하라리에 의하면, 자유주의 학교들은 권위주의를 매우 두려워하여 *거대서사*를 질색하였고 학생들에게 많은 데이터와 자유만 준다면 그들 나름의 세계상을 만들어낼 것으로 여겼다. 지금 세대가 모든 데이터를 종합하여 세계에 대한 하나의 일관된 유의미한 이야기를 만들어내지 못할지라도 장래에는 탁월한 종합을 이룰만한 충분한 시간이 있겠지만, 문제는 지금 우리에게 시간이 거의 없다는 것이다. 지금 세대에 우주에 관한 포괄적 견해가 없다면 생명체의 미래는 무작위로 결정될 것이기 때문이다.[12]

이러한 시대에 우리가 학생들에게 가르쳐야 할 중점은 많은 정보를 주는 일이 아니다. 많은 교육 전문가들은 학교의 교육내용을 4C—**비판적 사고, 의사소통, 협력, 창의성**—로 요약한다. 즉 기술적 기량의 교육 비중을 줄이고 포괄적인 목적의 삶의 기술을 강조해야 한다. 변화에 대처하고 새로운 것을 학습하며 낯선 상황에서 정신적 균형을 유지하는 능력을 길러야 한다. 왜냐하면 변화 속도가 가속화되면서 경제뿐 아니라 인간의 의미 자체가 변할 가능성이 크기 때문이라고 하라리는 내다본다.[13] 다음은 변화 빠른 '인간에 대한 의미'에 관한 생생한 캐리커처다. 지나친 과장이라고만 치부하기에는 무시할 수 없는 내용을 담고 있다.

> 25세 때는 데이트 사이트에서 자신을 소개할 때 '런던에 살며 패션숍에서 일하는 25세 이성애자 여성'이라 하고, 35세가 되어서는 '젠더 불특정 인

---

12 Yuval Harari, *21 Lessons for the 21st Century*, 전병근 역, 『21세기를 위한 21가지 제언: 더 나은 오늘은 어떻게 가능한가』, 392.

13 위의 책, 393.

> 간으로 나이 조정 시술을 거쳤으며 신피질 활동은 주로 뉴코스모스 가상 세계에서 이뤄지고 있고 평생의 목표는 어떤 패션디자이너도 가본 적 없는 곳에 가는 것'이라고 소개할지도 모른다. 45세 때는 데이트며 자기소개 따위는 다 한물간 것이 된다. 그냥 알고리즘이 내게 꼭 맞는 짝을 찾아주기만(혹은 만들어주기만) 기다리면 된다. 패션 디자인이라는 예술에서 삶의 의미를 찾는 것만 하더라도 이때가 되면 알고리즘에 의해 돌이킬 수 없을 만큼 추월당해 10년 전 자신의 최고성과물을 보면 자부심보다 수치감에 휩싸이게 된다. 더구나 이제 겨우 45세다. 아직도 급격한 변화의 시간이 수십 년 더 남아 있다.[14]

하라리의 견해로, 좋은 이야기는 나에게 역할을 주면서 나의 지평 너머로 뻗어가야 하지만 반드시 진실일 필요는 없다. 이야기는 순수한 허구이면서도 내게 정체성을 부여하고 인생에 의미가 있다고 느끼게 해줄 수 있다. 정작 인류 역사 속의 다양한 문화, 종교, 부족들이 발명해온 온갖 이야기 중에 온전히 진실인 것은 없다. 모두 인간의 발명품일 뿐이다. 그 정확한 세부내용들은 중요하지 않다. 어떤 이야기도 그것이 **이야기**라는 이유만으로도 완전한 진실이 아닌 것이다. 우주는 이야기처럼 작동하지는 않기 때문이다.[15]

그런데도 우리는 왜 허구를 믿는가? 하라리에 따르면, 개인의 정체성 및 집단의 제도 역시 이야기 위에 구축되기 때문이다. 따라서 그 이야기를 의심하는 것은 극도로 두려운 일이 된다. 사람들은 아주 어려서부터 이야기를 믿도록 가르침 받는다. 그 이야기에 대해 질문하고 검증하는 데 필요

14 위의 책, 394-95.

15 위의 책, 423.

한 지적 · 감성적 독립성을 키워가지 못할 만큼 어릴 때부터 부모 · 교사 · 이웃 · 문화로부터 이야기에 노출된다. 지적으로 성숙해졌을 때쯤이며 이미 이야기에 너무 심하게 투자된 상태라서 그 이야기를 의심하기보다는 합리화하는데 자기의 지력을 사용하게 되기가 십상이다. 정체성 찾기를 계속하는 사람들은 보물찾기에 나선 아이와 같지만, 부모가 자신을 위해 미리 숨겨둔 것만을 찾을 뿐이다. 많은 사회에서 그 이야기를 의심하려 드는 사람은 추방당하거나 박해받거나 아니면 적어도 그 사회의 연결망인 이야기에 의문을 제기하려면 강심장이어야 한다. 만일 그 이야기가 거짓으로 판명될 경우 우리가 알던 세계 전체가 의미를 잃게 되기 때문이다. 국가의 법 · 사회규범 · 경제제도 등 모든 것이 무너질 수도 있다. 고로 대다수의 이야기는 기초가 튼튼해서라기보다 지붕의 무게 덕분에 별 탈 없이 유지되는 것이다.[16]

> 일단 이야기 위에 개인의 정체성과 사회의 선 체계가 구축되고 나면, 이야기를 의심하는 것은 생각할 수 없게 된다. 그것을 뒷받침하는 증거 때문이 아니다. 그것이 무너지면 개인적 사회적 대격변이 일어날 것이기 때문이다. 역사를 돌아봤을 때, 때로는 지반보다 지붕이 더 중요하다.[17]

하라리는 인간에게 의미와 정체성을 부여해주는 이러한 이야기들이 허구적이라면, 그것이 실제처럼 느껴져서 믿도록 해주는 것이 의식(儀式)이며 또 희생(犧牲)이라고 다양한 사례를 들어 주장한다.[18] 그런데 문제가

16 위의 책, 424.

17 위의 책, 425.

18 위의 책, 426-36 참조.

되는 것은 그러한 희생이 형태와 규모를 불문하고 시행될 수 있다는 점이다. 그는 이스라엘의 종교적 유대인들이 세속화된 유대인이나 무신론자들에게까지 그들 종교의 금기를 강요하려는 예를 든다. 정통파 유대교 정당들이 안식일 활동 금지법 중에 개인차량 비사용까지는 실패했지만, 대중교통 운행금지에는 성공한 결과 정작 그 피해자는 취약계층이 되었다. 토요일은 노동계급이 먼 친지를 방문하거나 여행을 할 수 있는 날인데, 돈 많은 할머니는 자가용으로 다른 도시의 손주를 찾아갈 수 있지만 가난한 할머니는 버스와 기차가 안 다니니 어디에도 오갈 수 없다는 것이다.[19] 무슨 말인가? 종교적인 희생 의식을 통해 오히려 종교의 본질과 종교의 진정한 정신을 간과할 수도 있음을 지적하는 것이다.

수많은 시민에게 이런 불편을 끼치면서 종교적 정당은 그 확고한 신앙을 다지고 증명해 보이지만 실은 많은 사람의 안녕이 희생된다. 또 다른 문제는 희생이 이야기에 대한 믿음 강화뿐 아니라 믿음에 요구되는 다른 모든 책무를 대체할 때가 많다는 점이다. 자신들이 신봉하는 이야기가 설정한 이상(理想)이 너무 높아 도저히 그에 맞춰 살 수 없기에 종교인들은 그 해결책으로 희생에 의지한다. 고결한 삶 대신에 헌금이나 예배 참여로 자위하는 것이다. 불행히도 21세기 인간의 의미 추구도 희생의 연속에 머무를 때가 매우 많다는 것이 그의 지적이다.[20]

하라리는 근대정신이 부상한 이후로 신앙은 정신적 노예처럼 보였고, 의심은 자유의 전제조건으로 보였다고 설명한다.[21] 그에 따르면, 자유주의는 자유의지에 대한 혼란한 개념을 갖고 있다. 인간은 분명히 의지도 욕

19 위의 책, 437.

20 위의 책, 438-39.

21 위의 책, 448.

망도 있으며 때로는 욕망을 실현할 자유도 있다. 만일 자유의지가 자신이 욕망하는 것은 무엇이든 할 수 있는 자유라면 인간에겐 자유의지가 있다. 그러나 자유의지가 욕망하는 것을 선택할 자유를 뜻한다면 인간에겐 아무런 자유의지가 없다는 것이다.[22] 우리 자신을 이해하려는 첫 난추는 '자아'야말로 우리 정신의 복잡한 메커니즘이 끊임없이 지어내고 업데이트하고 재저작하는 허구적 이야기라는 점을 인정하는 것이다. 마치 정부의 언론 담당인이 최신 정치파동을 설명해주듯 내 안의 내레이터는 반복적으로 상황을 오해하고 아주 드물게 잘못을 인정하기도 하며, 마치 국기와 상징물과 행진으로 국가라는 신화를 구축하는 것처럼 내 안의 선전계기는 내가 소중히 여기는 기억들과 깊이 자리 잡은 트라우마들로 나만의 신화를 구축하지만, 이것들을 진실이라고 말할 수는 없다[23]는 것이다.

비록 우리의 큰 이야기들이 우리 정신이 만들어낸 허구라 하더라도, 실체는 여전히 그대로 존재한다. 인간의 세계정복이 허구적 이야기를 만들고 믿는 덕분에 가능했기 때문에 인간이 허구와 실체의 차이를 인식하는 데 서툴다는 것이 그의 생각이다. 즉 민족이나 기업이나 종교나 인종은 은유(metaphor)다. 민족은 몸도 마음도 그 어떤 것에 대한 느낌도 없기 때문이다. 따라서 우리의 정신을 온전히 보존하려면 큰 허구의 이야기를 늘 현실의 용어로 바꾸어 이해하라고 그는 주문한다. 곧 폴란드 민족의 고통이라는 은유 대신에 "병사는 고뇌 속에서 울고, 여성은 얻어맞고 야만적 취급을 당하며, 아이는 두려움 속에서 떨게 될 것"이라고…. 우주와 삶의 의미, 자신의 정체성에 대한 진실에 마주하려 할 때 가장 좋은 출발점은 허구의 이야기가 아니라, 먼저 고통(pain)의 실체를 관찰하고 그것이 무엇

---

22 위의 책, 452-53.

23 위의 책, 455.

인지를 탐구하는 것이라고 그는 조언한다.[24]

하라리의 새 저작에 대한 지금까지의 내용을 정리해보자. 그는 이 책에서 21세기의 사피엔스가 직면한 '지금 세상에는 무슨 일이 일어나고 있으며 그 심층 의미는 무엇인가'에 대한 진단과 비전을 다루었다. 인공지능은 인간의 일자리를 빼앗아갈 태세이며, 가짜뉴스의 해악과 테러의 공포가 인간의 판단력을 흐릿하게 하고 있으며, 기후변화와 핵전쟁의 위협은 묵시론적 예언을 낳고 있다. 민족, 기업, 종교, 인종주의 등에 갇혀 반목하고 있는 인류의 오늘은 어떤 내일을 만들어갈 것인가? 그는 다원성과 모호성으로 가득 찬 불확실하고 복잡한 세계에 대한 21가지 주제에 대한 나름의 대안적인 해법을 던져주고 있다.[25]

여기서 인류가 민족, 기업, 종교, 인종주의 등에 갇혀 반목하고 있다는 언급은 바로 고통받는 실제 생명체가 아닌 허구의 이야기 위에 확립된 개념인 민족, 기업, 종교, 인종주의 등을 결속시킨 획일적이고 권위적인 담론체계가[26] 모든 인류가 고르게 잘 살아갈 사랑 · 자유 · 평등을 지향하지 않고, 오히려 서로를 경계 지으며 반목하게 하고 있다는 뜻이다. 따라서 그가 자주 언급하는 '허구의 이야기'라는 단어에 신중한 주의를 기울여 읽어야 그의 글들을 바르게 이해할 수 있다. 곧 하라리가 '허구의 이야기'라고 지칭하는 것은 인류가 이야기에 근거하여 제도를 만들어왔지만 실상 돈, 기업, 민족, 자유주의 등의 개념이 실체가 아니라는 뜻이다. 그에

---

24 위의 책, 463-66.

25 21가지 테마는 카테고리별로 다음과 같다: 기술적 도전(환멸, 일, 자유, 평등); 정치적 도전(공동체, 문명, 민족주의, 종교, 이민); 절망과 희망(테러리즘, 전쟁, 겸손, 신, 세속주의); 진실(무지, 정의, 탈진실, 공상과학소설); 회복탄력성(교육, 의미, 명상).

26 혹자들은 Meta-narrative Grand-narrative를 구분하기도 한다. 즉 인류에게 다양성을 담지하면서도 통일성을 지향하는 거대서사는 필요하지만, 그것이 권위적이고 획일적인 거대담론이어서는 안 된다는 의도로 구분하는 것이다.

따르면 실체는 고통(pain)을 느낀다. 생명체들은 고통을 느낀다. 한 영혼의 가치가 천하보다 귀하다는 것이다! 그러므로 실체의 이야기가 아니라, 인간의 상상력이 만들어낸 이야기들을 그는 허구의 이야기라고 부르고 있는 것이다.

그러나 그럼에도 인류가 '이야기'를 떠난다면 그 어디에서 잃어버린 의미를 되찾을 수 있을까? 이에 필자는 이야기 중의 이야기, 즉 다른 작은 이야기들의 자리를 찾아주고 현재 좌표를 알려주는 거대하고 일관된 이야기인 참된 메타내러티브에 준하여 사는 것이, 진정 내가 어떤 존재이며 어떤 존재가 될 것인가에 대한 답을 줄 수 있다고 주장할 것이다. 그런데 먼저 이하에서는 리쾨르의 이야기 신학을 잠시 에둘러서 글을 계속 전개해 나가고자 한다. 그렇게 하는 것이 하라리가 주장한 이야기의 허구성 및 이야기의 진정성 등을 논하는 데 유용할 것이기 때문이다.

Ⅲ. 이야기의 진정성: 리쾨르의 이야기 신학

사실상 모든 이야기에는 허구성이 있다. 그럼에도 불구하고 모든 인류의 삶은 불가피하게 이야기에 의존되어 있다. 시공 안에서 살아가는 인간 삶의 역사성과 시간성이 이야기라는 은유와 상징에 의해서만 이해되고 설명되기 때문이다. 이야기와 인간 삶의 긴밀한 관련성에 천착(穿鑿)한 학자로서 폴 리쾨르(Paul Ricoeur)의 연구가 대표적이라 할 수 있다. 그러므로 여기에서는 리쾨르의 이야기 신학을 연구한 정기철의 책 『상징, 은유 그리고 이야기』를 주된 2차 자료로 사용하여, 인류가 허구의 이야기에 근거하여 함께 연대하고 대규모로 결속함으로써 발전해왔다는 유발 하라리의 주장에 이어, 리쾨르의 이야기 신학을 통해 이야기의 허구성을 넘어서 그러한 허구적 이야기를 참되게 하는 것은 무엇인지, 무엇으로 이야기의 진정성을 확보할 수 있는지를 다룰 것이다.

우선 본성상 허구성을 내재하는 이야기들이 어떤 힘을 내포하는지를 살펴보려 한다. 모든 이야기는 불가피하게 허구적 요소를 지닌다. 기억의 불완전함에서 오는 왜곡뿐 아니라, 아무리 실제로 경험한 것이라 해도 이야기를 하는 순간 말하는 이에 의해 선택되고 구성된다는 점으로 볼 때도 넓은 의미에서 허구이다. 그런데 자신이 살아온 삶에 대한 자전적 이야기나 실제 경험을 기반으로 한 경험 이야기가 아닌, 순전히 상상력을 바탕으로 한 가상의 이야기조차도 자기를 드러나게 하고 탐색을 가능하게 한다면 믿을 수 있겠는가?[27] 이처럼 인간의 삶에 관한 한, 이야기의 힘은 위대한 것이다. 인간은 언어를 배우기 전, 유아기부터 가상놀이를 통해 허구의 세계를 창조해왔다. 보이드(B. Boyd)의 연구에 의하면, 픽션 이야기를 하는 것이 인간의 보편적 특성이라고 한다. 그의 연구는 유아들이 가상놀이 속에서 가상의 친구들을 만들어내고 그들과의 관계를 맺으며 자신과 타인의 관점의 다름을 인식하고 이해한다고 밝혀냈다. 즉 가상놀이는 가상의 친구를 통해 사회적 정신을 훈련시키는 것이다.[28]

마찬가지로 허구 이야기는 사회적 상황을 재빨리 이해하도록 도와주고 좌절이나 대리 경험에 대처하는 데 필요한 전략 및 감정적 수단을 제공

---

27 이에 대한 국내 연구가 있어 소개한다: 조은상, "대학 교양교육에서 자기성장을 위한 '허구이야기 만들기'의 필요성," 『교양교육연구』 13-2: 217-40.

28 이러한 연구에 대하여는 B. Boyd, *On the origin of stories*, 남경태 역, 『이야기의 기원』 (서울: 휴머니티스, 2013) 참조.

한다. 그러기에 픽션을 많이 소비하는 사람이 논픽션을 즐겨 읽는 사람보다 사회적 능력이 뛰어나다는 연구결과들도 나와 있다.[29] 이것은 허구 이야기가 설령 그것이 가상의 세계를 다루고 있지만, 상상 속에서 실제와 유사한 경험을 제공하기 때문에 가능하다. fMRI를 활용한 연구들에서 입증된 바로는, 짧은 시나리오를 읽어주고 상황을 상상해보게 했을 때와 또 실제 영상을 보여주었을 때 활성화되는 뇌 부위가 같았다는 것이다.[30]

또 이야기는 인간이 스스로 성장과 변화의 원천을 가지고 있는 존재로서 그러한 잠재적 능력을 일깨우고 배우기 위한 전략 매체이다. 인류 역사상 일상에서 상담의 역할을 담당해 온 것이 이야기라고 할 수 있다. 곧 인간은 끊임없이 자기 자신을 정의하며 타인을 이해하고 관계 맺으며 삶을 조절해나가기 위해 이야기를 활용해왔다는 것이다. 브루너(J. S. Bruner)는 인간의 상호작용을 이해하기 위한 불가항력적 방법이 이야기라고 간주하면서, 인간은 이야기를 통해 자기 자신을 구축하면서 삶을 영위해가는 존재라고 설명한다. 브루너에 따르면, 구성주의적 관점에서 직관적으로 알 수 있는 분명하고 본질적인 자아란 실제로 존재하지 않으며, 자아는 이야기를 통해 끊임없이 구성된다는 것이다.[31] 인간은 바로 이야기하는 능력을 통해서 다른 사람들과 연결되고 미래 가능성을 향해 자신을 만들며 과거를 선택적으로 상기하게 하는 자아가 만들어진다는 것이다.[32] 인간과 인간

---

29 이러한 연구에 대하여는 J. Gottschall, *The Storytelling Animal*, 노승영 역, 『스토리텔링 애니멀』 (서울: 민음사, 2014) 참조.

30 조은상, "대학 교양교육에서 자기성장을 위한 '허구이야기 만들기'의 필요성," 『교양교육연구』 13-2: 230.

31 구성주의 관점에서 인간과 이야기를 연구한 것으로 다음을 참조하라: J. S. Bruner, *Making Stories: Law, Literature, Life*, 강현석, 김경수 공역, 『이야기 만들기: 법, 문학, 인간의 삶을 말하다』 (서울: 교육과학사, 2010).

32 조은상, "대학 교양교육에서 자기성장을 위한 '허구이야기 만들기'의 필요성," 226.

의 삶에서 이야기라는 매체는 이처럼 불가결하다.

그러면 이야기가 어떻게 참된 진정성을 확보하는지 알아보자. 이야기는 진리에 이르는 고유한 방법론적 통로를 가질 뿐, 진리 그 자체는 아니다. 이야기는 그 자체 스스로는 참 이야기와 거짓 이야기를 구분하기 위한 기준을 가지고 있지 않다. 리쾨르는 이러한 이야기의 한계 특성을 강조한다. 이야기의 한계들은 이야기와 진리의 동일화를 결코 허용하지 않는다. 이는 이야기가 진리를 세우기 위한 보편매개가 아니라는 것이며, 완전성의 결여 및 완전성의 한계로 인해 이야기를 통한 완전한 진리 경험은 보장되지 않는다. 이야기는 전체와 연관을 맺지는 않는다. 이야기는 현상학이 그 궁극적 정초라서 명명(명증)한 것에 도달할 수 없다.[33] 은유와 상징으로서 이야기의 한계인 것이다. 조금 더 논해보자.

이야기는 그 어떤 사실적인 것으로 구체화하는 것이 아니라, 무엇인가 존재 당위로 현실화한다. 이야기는 완성된 것보다 완성되는 것을 목표로 한다. 따라서 중요하고 절실한 것은, 이야기가 존재 당위이건 비존재 당위이건 간에 어떻게 윤리적 차원에 도달할 수 있는가를 결정하는 문제이다. 우리는 이야기가 우리 삶을 참되게 이야기 해주기를 바라기 때문이다. 진실하게 있는 그대로의 이야기, 곧 참된 이야기는 삶을 전제로 한다. 그런 이야기는 이야기 속에서 일어나는 참되고 자율적인 입장을 통해 동시에 삶을 완성한다. 리쾨르도 윤리적 차원 즉 이야기의 진실성으로부터 이야기의 정체성을 규정하려고 시도하였다.[34]

리쾨르에 따르면 '나는 누구인가'에 대한 답은 이야기로만 가능하다. 이에 대한 답은 삶의 역사를 이야기하는 것이기 때문이다. 이야기 정체성

---

33 정기철, 『상징, 은유 그리고 이야기』 (서울: 문예출판사, 2004), 301.

34 위의 책, 302.

은 하나의 새로운 정체성을 추구한다. 이야기가 역사와 시간 속에서 일어나는 순간, 자기 이야기는 이미 전제되어 있다. 인간의 이야기는 결국에는 자기 이야기를 목표로 한다. 자기가 누구인지를 묻는 인간은 자기 스스로 이야기한다. 새로운 자기 이야기는 낡은 이야기를 파괴하고 하나의 새로운 자기 정체성을 구축하려는 가능성의 근본적인 힘을 내포하고 있다. 각자가 자기 이야기를 이야기의 진리로 고정하려는 것은 불가능하다. 자기 이야기에는 여러 종류와 방식이 있기 때문이다.[35]

개체와 공동체는 각각 자신들의 실제 역사가 되는 특정한 이야기들을 받아들임으로써 자신/그들의 정체성을 획득해왔다. 리쾨르에게도 이야기 정체성의 개념은 단지 개체에만 적용되는 게 아니라 공동체에도 해당한다. 나의 존재는 타자들과의 연관을 통해 이야기 속에서 규정된다는 점에서 자기는 타자를 포함한다. 이야기하는 자기는, 자기 자신과 타자를 이야기할 수 있는 가능 조건을 포함한다. 타자로서 자기는 이야기체 정체성과 도덕적 정체성 사이의 간격을 자기와 타자 사이의 새로운 변증법으로 변하도록 해 준다.[36]

정리해보자. 나-자신을 이야기함은, 행위 하는 주체를 시간 · 역사 · 문화 속에서 윤리적 주체와 동일시함을 뜻한다. 리쾨르에 따르면, 우리 문화의 역사적 · 허구적 이야기들은 윤리적 · 시간적 차원을 통일한다. 역사적 그리고 허구적 이야기는 자기를 책임져야 하는 자기로, 책임을 지는 자기로 규정한다. 자기와 타자는 대화에서 여러 방식으로 존재한다. 자기와 타자의 여러 표현성은 그 자체로 윤리적 형태의 대화형식과 관계된다.

---

35 위의 책, 303.

36 위의 책, 305.

개체와 공동체, 자기성과 타자성은 대화적 · 윤리적 형식에서 언표된다.[37] 즉 자기와 타자, 혹은 개체와 공동체 사이의 상호 간 진실성과 책임성이라는 윤리성에서 이야기의 진정성이 확보된다는 말이다.

그러면 이하에서는 살아있는 참된 실재(實在)와 그 실재의 삶, 거기에서 나오는 참되고 자율적인 윤리가 성경 이야기의 진실성을 확보해준다는 주장을 전개할 것이다.

Ⅳ. 인류에게 절실한 대안적 이야기: *하나님의 선교*라는 거대서사

이 파트에서는 기독교인들이 진리의 책으로 간주하는 기독교 경전인 신/구약성경마저도 허구의 이야기로 읽힐 수 있으며, 성경을 진정성 있는 참된 이야기로 읽는 대안적 길에 대하여 논의할 것이다. 곧 선교적 해석학(missional hermeneutic)으로 성경의 거대서사를 따라 읽는 독법이 성경의 저자이자 주인공이신 '살아계시고' '참되신' 하나님의 실재(實在)를 만날 수 있게 해준다고 주장할 것이다. 그러한 전개를 위해 먼저 진정성 없는 성경 읽기에 대하여 논의한 이후에, 인류에게 참된 생명의 미래를 가져다줄 대안적 성경 읽기에 대하여 진술할 것이다.

김근주는 한국교회의 도덕적 위기 해결의 열쇠를 신/구약성경을 일관되게 포괄하는 성경 이해로부터 찾는다.

---

37 위의 책, 308.

> 대부분의 경우 우리가 전하는 복음은 구약과 그리 상관이 없다. '예수 믿고 구원받으세요'로 대표되는 '복음'에서 '예수를 믿는다'는 의미가 무엇인지 그리고 '구원받다'의 의미가 무엇인지 구약을 통해 풀어져야 하지만, 실제로 그렇게 되지 않는다. 그러다 보니 구약과는 아무런 상관없이, 누구든지 자기 죄를 예수의 이름으로 고백하고 회개하면 용서받고, 나중에 하늘나라에 가게 된다는 것이 그리스도인들의 저변에 깔린 생각이 되어버렸다.[38]

한국교회의 신앙윤리가 개인적인 사적 차원으로 축소된 이유에 대해서도 그는 '구약의 성취로서의 예수 그리스도'를 간과한 탓으로 돌린다. 예수가 구약을 성취하셨다는 뜻은, 구약이 선포하고 약속한 온전한 의미가 예수를 통해 이뤄졌다는 것이다. 당연히 예수 그리스도의 인격과 사여에 내해 성확히 알기 위한 필수적 작업은 구약이 말하는 바를 먼저 파악하는 일일 것이다.[39]

김근주는 또 다른 책에서 복음의 핵심은 육체의 부활이 아닌 하나님 나라이며 하나님 나라로 표현된 '부활신앙'이 구약을 관통하는 핵심이라고 말한다.[40] 그에 따르면, 성문서로 끝나는 유대교 성경과 달리 기독교 구약은 예언서로 끝나면서 오실 그분을 기대하는 것으로 마무리된다. 이처럼 기독교 구약이 불완전하기에 신약이 '아브라함과 다윗의 자손 예수 그리스도'로 시작된다. 구약성경은 철저히 예수 그리스도를 지향한다. 예수가 전한 메시지도 철저히 구약의 예언자들이 전한 약속과 기대가 성취된 것

38 김근주, 『구약의 숲』 (서울: 도서출판대장간, 2014), 7.

39 위의 책.

40 김근주, 『구약으로 읽는 부활신앙』 (서울: SFC 출판부, 2014), 191.

이다. 이에 예수의 메시지를 제대로 파악하려면, 예언자들이 외쳤던 미래가 무엇인지를 먼저 이해해야 한다. 예수가 성취하신 것은 구약의 단편적인 단어나 글자의 차원—신구약에서 나귀나 베들레헴 등의 어구를 짜 맞추는 식—이 아니라, 예언자들을 통해 선포된 영광된 미래이다. 신약성경도 역시 다시 오실 그분을 기대하는 것으로 끝나는데, 이로써 기독교 신앙의 본질은 기다리는 자세라고 볼 수 있다.[41]

구약은 하나님 나라의 본질을 야웨 하나님과 동행하는 삶, 공동체와 함께 하나님을 섬기는 삶으로 증언한다.[42] 구약에 '하나님 나라'라는 말은 한 번도 안 나오지만, 그렇더라도 하나님 나라를 이해하는 첫 단추는 구약에서 채워져야 한다. 구약의 하나님 나라와 그에 대한 소망을 읽어내지 못한다면, 신약성경을 볼 때 값비싼 보석으로 장식된 미래에 투자하는 비법을 소개하는 책으로 현실성 없이 읽게 된다. 부활은, 연약하지만 주님만을 바라며 살아갈 사람들에게 주시는 은혜다. 신약의 부활은 연약하고 고난 받는 하나님의 백성들이 기대하는 것으로 구약의 기대와 통한다고 볼 수 있다.[43]

한편 신약학자 권연경은 특히 갈라디아서와 로마서 중심으로 바울신학을 심층 연구하면서 한국교회에서 소홀히 취급되는 복음의 미래지향적 차원과 실천적 차원을 조명함으로 성경적 교회관 정립을 위해 애쓰고 있다. 그에 따르면 바울의 현재적 칭의(稱義, Justification)는 미래적 종말론적 구원과의 관련 하에 다뤄져야 한다. 현재 영생의 씨앗으로 주어진 성령을 따르는 순종의 행위가 우리를 구원으로 인도할 것이다. 현재에도 안 되면

41 위의 책, 192-95 참조.

42 위의 책, 201.

43 위의 책, 202-203.

미래에도 안 된다.[44] 복음의 미래지향적, 실천적 차원에 대한 한국교회의 관심의 결핍은 세속화된 개인주의적 영성추구를 낳았다. 따라서 우리는 성경해석에서 이미(already)와 아직 아니(not yet) 사이의 탱탱한 신학적 긴장감이 풀어지지 않도록 늘 각성해야 한다. 현재와 미래적 차원은 생각보다 긴밀히 연결되어있다. 미래만을 바랄 때 현재를 온전히 살아내지 못하고 미래를 위한 공적주의적 · 율법주의적 저축에 매달리게 될 것이며, 현재만을 바랄 때 우리는 부활의 영이 아닌 세상의 영을 따라 구원과는 거리가 먼 삶을 살게 될 것이다. 둘 다 복음의 진의(眞意)에서 멀리 있다.

이처럼 한국교회에서 복음의 미래지향적 차원, 실천적 차원, 공동체적 차원이 간과되고 있다면, 필자는 이것이 본질적으로 환원주의(reductionism) 성경해석에 기인한다고 본다. 이에 전체 성경에 대한 '선교적 해석학'이 소환된다. 신구약을 일관되게 관통하는 선교적 해석학은 복음을 실현하는 교회의 삶에서 미래지향적 차원과 현재의 실천적 차원이 모순되지 않고 공동체적 영성으로 나아가는 데 기여할 수 있다.

그간 한국교회는 서구에서 유래한 교회성장 프로그램과 불신자를 끌어들이고 신자들의 욕구를 채우는 다양한 소그룹 프로그램을 실시해왔다. 대개 이것들은 교회 본질에 대한 철저한 성찰에서 나왔다기보다, 경쟁적인 성장지향 논리에서 나온 효율성 중심 프로그램이었다. 성경적 · 신학적 · 선교적 성찰 없이 점점 부상하고 있는 선교적 교회를 논하는 일은 또 하나의 효율성 중심 프로그램으로 전락시킬 수 있다. 선교적 교회론이 한국교회 갱신과 개혁을 위한 도전을 주고 있기는 하지만, 경직화 · 제도화 · 세속화된 한국교회 내부에 도사리고 있는 성공, 탐욕, 권력, 명

44 권연경의 책 『행위없는 구원?』 (서울: SFC, 2006); 『로마서산책』 (서울: 복있는사람, 2010) 등을 참조하라.

예라는 우상들을 제거하고 복음의 참된 증인이 될 수 있으려면, 하나님 나라 가치를 드러내는 성경적 기준이 제시되어야 한다. 교회가 새로운 사회질서를 만들어낼 가장 중요한 공헌은 교회 자체가 새로운 사회질서가 되는 것이다. 새로운 사회질서인 하나님 나라의 통치를 구현하기 위해서는 성경으로 돌아가야 한다. 한국교회의 갱신은 말씀(the Word)의 대의에 따라 대조사회적 대안문화를 형성해가려는 기존교회 주변부에서부터 시도되어야 할 것이다.[45]

그러려면 성경을 바르게 읽어야 한다. 성경은 하나님 말씀으로서의 '권위'가 있는 책이다. 하나님 말씀은 나와 전혀 다른 낯선 타자의 말이기 때문에(사 55:8-9) 주의 깊게 경청해야 들린다. 그런데도 우리는 말씀의 문맥이나 정황은 무시하고 단어나 문장 하나로서 의미가 완결된 것처럼 읽는 우(愚)를 범해왔다. 성경 이야기의 문맥이 아닌 내 나름의 문맥을 무의식적으로 만들면서 읽어버렸다. 이를 권연경은 '해석학적 우상숭배'라 칭한다. 언어를 통한 소통은 문맥을 통해 이해하는 게 기본인데, 그렇지 않게 되면 단어만을 따로 따와서 그대로 받아먹게 된다는 것이다. 성경 문맥을 도외시하고 한두 단어나 문장을 따와서 내 삶의 문맥에 적용하는 우상숭배적 성경 읽기는 당장 기분 좋은 안위는 될지 몰라도 참된 변화를 가져올 수 없으므로 많은 한국 교인들이 말씀에 대한 회의에 젖어있다고 통탄한다.[46]

---

45 최형근, "선교적 교회란 무엇인가?," 『목회와 신학』 (2013.3): 42-43. 폴피어슨은 세계선교역사를 연구하면서 이와 같은 주제를 반복해서 발견하게 된다고 피력한다. 하나님 말씀과 성령을 통한 부흥과 갱신 운동은 대개 주변부에서 발생 되어나와 그 사회의 주류와는 대조사회적인 대안문화를 형성해갔다고 한다; Paul Pierson, *The Dynamics of Christian Mission: History through a Missiological Perspective*, 임윤택 역, 『선교학적 관점에서 본 기독교 선교운동사』 (서울: CLC, 2009).

46 C3TV Goodtv, "네가 읽는 것을 깨닫느뇨?," 권연경 교수 강연 (2013.2.21).

문맥도 문맥이지만, 신구약을 관통하는 *하나님의 선교 이야기*라는 거대서사의 더 큰 맥을 따라 성경을 보는 일이 대단히 중요하다. 이 큰 이야기를 놓치면 우리들의 작은 삶의 이야기들은 제자리를 벗어나 미로에서 방황하게 된다. 우리는 순례자—그 큰 이야기가 이끄는 푯대를 향해 하루하루 나아가는—로 살아가는 것이지 방랑자로 사는 것이 아니다. 고로 하나님 말씀이 우리 삶을 떠받치고 인도하고 변화시키는 말씀이 되려면, 무엇보다도 성경을 잘 읽고 신중히 들어서 바르게 해석해야 한다. 우리가 그 큰 이야기에 빠져들고 말씀의 진의를 제대로 깨달았을 때라야 성경 말씀이 우리 삶을 변화시키고 하나님 나라의 역사(役事)를 일으켜서 교회다운 건강한 교회로 한국교회를 세워갈 수 있을 것이다.

'선교적 해석학'이라는 성경 독법은 전체 성경을, 신구약을 관통하는 하나님의 선교 이야기로 개관한다.[47] 곧 선교(Mission of God)가 성경 전체의 거대서사를 여는 열쇠라는 것이다.[48] 선교적 해석학에 대한 이러한 정의는 다양한 의미를 포함하고 있다. 성경(해석)과 선교학, 다문화적 해석학, 포스트모던 해석학, 에큐메니칼 해석학 등과의 관계성을 정립해주기 때문이다. 기독교 선교가 처음부터 포스트모던적 도전을 경험해왔지만, 선교적

---

47 헌스버거(George Hunsberger)는 '선교적 해석학'을 4유형으로 분류해 **라이트**(Christopher Wright), **구더**(Darrell Guder)와 **고힌**(Michael Goheen), **바람**(Michael Barram), **브론슨**(James Brownson)의 입장으로 정리한다. 헌스버거는 위의 각 유형들을 서로 배타적이거나 경쟁적으로 보기보다는, 각기 다른 강조점들이 필요로 하는 상호의존적인 유형들로 보기를 권한다. 그럴 때 시너지 효과를 볼 수 있다는 것이다. 이것들은 앞으로 계속해서 발전해나갈 선교적 해석학에 토대를 놓아준다. 즉 선교적 해석학을 위한 구조틀(framework-하나님의 선교의 내러티브: *라이트*), 목적(aim-증거를 위한 교회 형성: *구더*), 접근방법(approach-독특한 사회적 자리에서 나온 질문들: *바람*), 해석적 모체(matrix-해석적 열쇠로서의 복음: *브론슨*)를 제공해준다. 이에 대한 구체적 내용은 필자의 다음 논문을 참조 바람: 강아람, "선교적 교회론과 선교적 해석학: GOCN의 연구를 중심으로," 『선교신학』 36(2014): 11-45.

48 4가지 유형 중 라이트의 유형에 대해서는 강아람, "선교적 교회론의 성경적 근거: 크리스토퍼 라이트의 선교적 해석학 중심으로," 『선교신학』 34-vol. Ⅲ(2013): 11-46을 참조 바람.

해석학이 급진적 포스트모더니티[49]와 다른 점은 성경 안에 나타나는 다양성, 변화, 지역성, 특수성에도 불구하고 성경이 *하나의 큰 이야기*라는 데 있다. 하나님의 선교의 이야기는 창조부터 새 창조까지 분명하게 드러나는 거대서사다. 이 거대서사는 문화적 다양성을 지닌 인류를 수용하면서 그 모든 작은 이야기들에 분명한 위치와 궁극적인 의미를 부여해주는 보편적인 이야기다.

이제 이하에서는 선교적 해석학이라는 성경 독법이 왜 성경 이야기의 진정성을 보장해주는 읽기가 되는지를 논의하려 한다. 성경은 다양성을 축복하고 다수의 인간 문화를 찬미한다. 성경은 특정한 아주 작은 지역적인 사건들을 매우 고결한 신학적인 주장들의 기초로 삼는다. 성경은 모든 것을 추상적 견지에서가 아니라 구체적인 관계적 견지에서 조망한다. 그리고 성경은 대부분 *이야기*라는 매체를 통해 이러한 일을 한다.[50] 그런데 이러한 이야기는 단지 탁월한 이야기거나 고전적인 서사문학이 아니라 근본적으로 실재(實在)에 대한 묘사이다. 즉 우리가 사는 우주에 대한 그리고 우주가 향해서 나아가는 새 창조에 대한 이야기다. 우리는 이야기로 표현된 우주 안에 살고 있다. 또 실재에 대한 이런 묘사는 본질적인 권위를 지닌다. 이것이 진정 사물의 존재 방식과 사물이 왜 그렇게 되었으며 어디로 가고 있는지 보여주는 것이라면, 개인과 공동체가 이에 어떻게 반응해야

49 포스트모더니즘은 지역적, 상황적, 특수한 것을 찬미할 뿐 아니라 그것이 전부라고 주장한다. 모든 것을 포괄하는 거대서사는 없다. 그것은 삶과 의미 전체를 포괄하는, 모두에게 어떤 진리가 있다는 주장은 전부 억압적인 실력 행사라고 거부한다. 철저히 포스트모던적인 해석학은 다양한 해석과 관점은 기뻐하지만, 어떤 한 진리가 있을 가능성이나 통합적인 일관성은 거부한다. Christopher H. Wright, *Mission of god*, 정옥배, 한화룡 역, 『하나님의 선교』 (서울: IVP, 2011), 53.

50 Christopher H. Wright, *Mission of god*, 정옥배, 한화룡 역, 『하나님의 선교』 (서울: IVP, 2011), 55.

할지에 관한 많은 것을 함축하고 있다. 곧 그 반응은 권위와 의미를 지닌 실재에 대한 예배 · 윤리 · 선교가 그것이며, 이러한 반응들은 이 이야기의 실재(삶/살아계심)에 의해 정당성을 부여받게 된다.[51]

앞선 하라리의 분석대로 인류는 인본주의로 인해 신에 대한 믿음을 잃고, 인간에 대한 낙관적인 믿음을 얻었다. 고로 인간은 그 내적인 경험에서 인생과 우주 전체의 의미를 끌어내야 했다. 무의미한 세계를 위해 의미를 창조하는 일이 불가피 인간에게 맡겨졌다. 인본주의가 신을 몰아내기 전, 신은 의미뿐 아니라 권위의 원천이기도 했다. 의미는 권위와 항상 함께 다닌다. 우리가 하는 행동의 의미—그 행동이 옳은지 그른지(眞), 선한지 악한지(善), 아름다운지 추한지(美)—를 정하는 존재는, 무엇을 생각하고 어떻게 행동해야 하는지 우리에게 말할 권위도 가진다. 인본주의 시대에 의미와 권위의 원천이라는 신의 역할은 하나의 철학 이론에 그치게 되었고, 우리가 의미의 최종 원천이며 우리의 자유의지가 최고의 권위라고 설파[52]된 것이다.

권위에 대한 라이트(Christopher H. Wright)의 견해도 들어보자. 그에 따르면 권위는 명확한 명령들의 목록이라는 뜻보다는 폭넓게 이해되어야 한다. 권위는 행동에 대한 충분하고 유의미한 근거가 되는 실재(實在)의 한 차원이다. 창조질서 자체는 그 객관적 실재에 의해 권위구조를 제공하며 우리는 그 구조 안에서 행동할 자유를 지닌다. 곧 행동할 수 있도록 허가받는다는 뜻에서, 또 다양한 선택권을 가진다는 뜻에서 그렇다. 쉬운 예를 들어, 관성의 법칙이라는 자연법칙의 권위 아래 우리는 순복하며 살아가고 있다. 권위는 합법화하는 허락인 권한을 주며 경계선 안에서 행동할 자유가 부여된다. 운전면허는 내가 가고 싶은 곳으로 운전해가는 자유와

---

51 위의 책, 66.

52 Yuval Harari, *Homo Deus*, 김명주 역, 『호모 데우스: 미래의 역사』, 307-309.

권리를 준다. 도로교통법의 권위에 종속되어 있지만, 그 권위에 의해 해방된 것[53]이기도 하다.

권위는 자유의 실상, 원천, 경계를 포함한다. 우리 존재의 근본 실상을 보여주는 창조질서는 권위구조이기도 하다. 만일 우리가 중력에 협조한다면, 이것이 이 땅의 표면이나 그 위에서 행동할 엄청난 자유를 누릴 권한을 주는 동시에 그 자유에 한계도 설정된다. 낭떠러지로 발을 내딛는 내 자유가 중력의 권위에 의해 나의 최후선택이 될 수도 있다. 이처럼 자연법칙은 그 자연 자체가 실제로 존재하기 때문에 권위를 지니는 것이다. 우주가 분명히 존재하는데 마치 우주가 존재하지 않는 것처럼 멋대로 행동할 수는 없지 않은가![54]

이처럼 성경의 권위는 실재(實在)와 접촉하게 해준다는 것이 크리스토퍼 라이트의 주장이다. 일차적으로 피조물의 권위 배후에 계신 참 권위자인 하나님 자신의 실재이다. 성경을 읽고 알게 되면 우리는 실재와 관계를 맺게 된다. 또 세상에서 우리가 하는 행동의 자유에 권한을 부여받고 그 자유 주변에 경계가 설정된다. 그리고 이 실재들은 선교에서 우리가 하는 행동에도 권위를 부여한다. 그 실재는 우리의 선교가 적절하고 타당하며 불가피한 것으로 규정해준다. 성경은 우리의 선교가 어떤 실재에 근거하는지 보여주므로 우리의 선교에 대한 권위는 바로 성경에서 나오는 것이다.[55] 곧 선교는 이 성경의 하나님의 실재에서 나오며, 이 하나님의 실재에 의해 정당하다고 인정받게 된다.

정리해보자. *하나님의 선교*의 거대서사는 성경을 '선교적 해석학'

---

53 Christopher H. Wright, *Mission of god*, 정옥배, 한화룡 역, 『하나님의 선교』, 61-63.

54 위의 책, 63.

55 위의 책, 63-64.

(missional hermeneutic)으로 읽을 때 비로소 우리에게 읽힌다. 우리 각자의 자의적인 눈으로, 때에 따른 상황적 필요나 저마다의 욕망을 따라 성경을 대할 때는 거대서사를 읽어낼 수 없다. 신/구약성경의 다양한 에피소드를 포괄하며, 즉 다양한 시공을 살아간 다양한 인물들의 이야기를 아우르면서도 일관된 하나의 거대서사인 *하나님의 선교* 이야기는 그 큰 이야기가 우리의 작은 삶들을 조명해주는 것이어야 한다. 다시 말해, 성경을 우리의 꿈틀거리는 욕망을 투사하며 읽는 독법이 아니라, 살아계신 하나님의 실재와 권위를 느끼며 여전히 자신의 피조세계를 바라보시며 변함없이 쿵쿵거리시는 그분의 심장의 전율을 읽어내는 것이다. '선교적 해석학'으로 성경읽기를 통해, 하나님의 실재 앞에 낮추고 조아리는 우리의 실존을 대면하게 된다(cf. 사 66:2-3).

다음은 하나님의 선교 이야기라는 거대서사가 부여하는 인간 삶의 의미와 원천이다. 그리고 이것은 하라리의 언급을 빌자면, 우리 인류가 상실했던 것들이다. 다른 작은 이야기들의 자리를 찾아주고 과거로부터 현재까지의 좌표를 알려주고 미래를 보장해주는 거대하고 일관된 이야기인 참된 메타내러티브에 준하여 사는 것이, 진정 내가 어떤 존재이며 어떤 존재가 될 것인가에 대한 답을 줄 수 있으며 이는 선교적 해석학으로 성경을 읽을 때 가능한 것이다.

> * **우리는 어디에 있는가?**(우리를 둘러싼 세상의 본질은 무엇인가?)—대답: 우리는 이 땅에 산다. 그곳은 살아계시고 인격적이신 한 분 하나님 야웨의 선한 창조물의 일부다.
>
> * **우리는 누구인가?**(인간의 근본적 본질은 무엇인가?)—대답: 우리는 이 하나님이 하나님 자신의 형상으로 만드신 인간이다. 하나님의 피조물 중

하나지만, 피조물 중 유일하게 영적·도덕적 관계와 책임을 지니고 있다.

* **무엇이 잘못되었는가?**(왜 세상이 그처럼 뒤죽박죽인가?)—대답: 우리가 창조주 하나님께 반역하고 불순종함으로써 지금 삶과 관계와 환경의 모든 차원에서 나타나는 혼란이 생겨났다.

* **해결책은 무엇인가?**(우리는 무엇을 할 수 있는가?)—대답: 우리 스스로는 아무것도 할 수 없다. 하지만 하나님이 한 백성 이스라엘을 택하시고 만드심으로 문제가 해결되기 시작했다. 그들을 통해 하나님은 결국 땅의 모든 민족에게 복을 주시고 궁극적으로는 전체 피조물을 새롭게 하실 것이다.[56]

이 글 전체의 논지를 상기해보자. 심지어 기독교의 경전인 성경 안의 다양한 이야기들도 진정성 없는 이야기로 전락할 수 있다. 우리가 그 이야기들을 어떻게 읽고 대하느냐에 따라 허구의 이야기가 되기도 하고, 진정한 이야기가 되기도 한다. 따라서 필자는 성경의 이야기들이 진정한 이야기가 되게 하는 읽기로서 '선교적 해석학'이라는 독법을 제안한 것이다.

V. 나가는 말

이 글은 불가피하게 *이야기*라는 매체(은유/상징)에 의존적인 인간에 관한 이야기로 시작하였다. 먼저, 이야기—설령 그것이 완전히 맞지만은 않은 허구

56 Christopher H. Wright, *Mission of god*, 정옥배, 한화룡 역, 『하나님의 선교』 (서울: IVP, 2011), 63-65.

일지라도—를 만들고 그것을 믿으면서 그 위에 제도들을 만들어 협력하면서 살아온 인류에 대하여 말하였다. 그러한 이야기들 가운데 잠정적인 승자처럼 보였던 것이 인본주의 혁명이었지만, 데이터 혁명기에 들어선 현금의 인류로서는 그 어떤 큰 이야기에 닻을 내리고 그것에 준하여 살아가야 할지 모르고 거대한 바다에서 방황하며 표류 중이다. 인본주의가 인간을 숭상하고 신을 몰아냈던 것처럼, 지금은 과학혁명이 데이터를 숭상하면서 인간을 몰아내려 하고 있기 때문이다. 이러한 시대에 인간의 본질은 어떻게 정의되어야 하는가? 이러한 시대에 인간이 서 있어야 할 자리는 어디인가?

포스트모던의 도전으로 획일주의와 권위주의를 대단히 혐오하게 되어 모종의 *거대서사*라도 질색하게 되었고, 젊은이들에게 많은 데이터와 약간의 자유만 주면 그들 나름의 세계상을 만들어낼 것으로 여겨졌다. 또 현금의 세대가 모든 데이터를 종합하여 세상에 대한 하나의 일관된 유의미한 이야기를 당장 만들어내진 못하더라도, 장차 탁월한 종합을 이루어낼 수 있을 것이다. 그런데 문제는 현재 우리에게 시간이 얼마 없다는 것이다! 지금 이러한 때 우주에 대한 포괄적인 견해가 없다면, 생명체들의 미래는 무작위로 임의로 결정될 것이기 때문이다.[57] 따라서 어느 때보다도 지금 우리에게는 온 우주와 인류에 대한 포괄적인 *거대서사*가 절실하다. 그것이 없이는 미래를 낙관적으로 희망할 수 없음은 자명한 일이다. 과거가 현재를 낳았으며 현재가 어떠하냐가 고스란히 미래를 낳을 것이기에 그러하다.

최초의 인류인 아담이 하나님의 금령을 어기고 숨었을 때 하나님은 아담의 주소를 물으셨다. "아담아, 네가 어디 있느냐?"(창 3:9). 그가 복되게

57 Yuval Harari, *21 Lessons for the 21st Century*, 전병근 역, 『21세기를 위한 21가지 제언: 더 나은 오늘은 어떻게 가능한가』, 392.

살아가도록 모든 것이 갖춰진 아름다운 동산에서 청지기로서 하나님과 더불어 동행하는 삶의 질(質)로써 점점 외연을 넓혀갔어야 할 인류는, 시초부터 하나님의 자리를 넘보기 시작하였고 오랜 역사를 통과하여 현재도 '신놀이'의 정점을 향해 치닫고 있다. 그래서 인류에게는 어느 때보다도 큰 이야기가 절실하다. 그 어느 때보다도 *하나님의 선교*라는 거대서사를 긴급하고도 편만하게 전파해야 할 때이다.

*하나님의 선교*는 스스로 신이 되려고 안간힘쓰다가 터진 웅덩이를 파고 오히려 생명의 근원에서 멀어진(렘 2:13)[58] 모든 인류에게 풍성한 생명을 보장하면서, 돈 없이 값없이 포도주와 젖을 사서 마시라(사 55장)고 여전히 초대하고 계신다. 세상 끝날까지 그 초대는 모든 인류에게 열려있지만, 선교적 교회는 날마다 절박한 긴급함으로 그 초대의 충성스러운 대리자로서 일상에 임하여야 할 것이다. 교회가 전파하려는 바로 그 거대서사를 잣대로 삼아 그 큰 그림 속에서 '신과 함께' 조화롭게 자신의 일상을 조율하며 살아가는 모습으로 말이다.[59]

58 "내 백성이 두 가지 악을 행하였나니 곧 그들이 생수의 근원되는 나를 버린 것과 스스로 웅덩이를 판 것인데 그것은 그 물을 가두지 못할 터진 웅덩이들이니라"

59 하나님의 청지기적 대리인으로서 그분과 동행하며 조화롭고 복되게 살아가면서 그러한 삶의 지경을 점점 넓혀가는 비전이 에덴동산의 원형이었다는 논지에 대하여는 강아람, "비일의 성전신학으로 보는 선교적 해석학," 『선교신학』 44집(2016.11)을 참조 바람.

참고문헌

Boyd, B. *On the origin of stories*. 남경태 역. 『이야기의 기원』. 서울: 휴머니티스, 2013.

Bruner, J. S. *Making Stories: Law, Literature, Life*. 강현석, 김경수 공역. 『이야기 만들기: 법. 문학. 인간의 삶을 말하다』. 서울: 교육과학사, 2010.

Gottschall, J. *The Storytelling Animal*. 노승영 역. 『스토리텔링 애니멀』. 서울: 민음사, 2014.

Harari, Yuval. *Homo Deus*. 김명주 역. 『호모 데우스: 미래의 역사』. 경기 파주: 김영사, 2017.

__________. 21 Lessons for the 21st Century. 전병근 역. 『21세기를 위한 21가지 제언: 더 나은 오늘은 어떻게 가능한가』. 경기 파주: 김영사, 2018.

__________. *Sapiens*. 조현욱 역. 『사피엔스』. 경기 파주: 김영사, 2017.

Pierson, Paul. *(The)dynamics of Christian mission*. 임윤택 역. 『선교학적 관점에서 본 기독교 선교운동사』. 서울: CLC, 2009.

Wright, Christopher H. *Mission of god*. 정옥배, 한화룡 역. 『하나님의 선교』. 서울: IVP, 2011.

권연경. 『로마서산책』. 서울: 복있는사람, 2010.

______. 『행위없는 구원?』. 서울: SFC, 2006.

김근주. 『구약으로 읽는 부활신앙』. 서울: SFC 출판부, 2014.

______. 『구약의 숲』. 서울: 도서출판대장간, 2014.

정기철. 『상징, 은유 그리고 이야기』. 서울: 문예출판사, 2004.

강아람. "비일의 성전신학으로 보는 선교적 해석학." 『선교신학』 44 (2016. 11): 11-46.

______. "선교적 교회론과 선교적 해석학: GOCN의 연구를 중심으로." 『선교신학』 36(2014): 11-45.

______. "선교적 교회론의 성경적 근거: 크리스토퍼 라이트의 선교적 해석학 중심으로." 『선교신학』 34-vol. Ⅲ(2013): 11-46.

조은상. "대학 교양교육에서 자기성장을 위한 '허구이야기 만들기'의 필요성." 『교양교육연구』 (13-2): 217-40.

최형근. "선교적 교회란 무엇인가?." 『목회와 신학』 (2013. 3): 42-43.

C3TV Goodtv. "네가 읽는 것을 깨닫느뇨?." 권연경 교수 강연. 2013. 2. 21.

8장

포스트코로나 시대의 '선교적 교회론' 고찰

Ⅰ. 들어가는 말: 포스트코로나 시대, 교회론 재정립의 필요성

Ⅱ. 포스트코로나 시대 '선교적 교회론'의 적합성

Ⅲ. 포스트코로나 시대에 부상(浮上)된 선교적 교회론의 특징

Ⅳ. 나가는 말

Ⅰ. 들어가는 말:
포스트코로나 시대, 교회론 재정립의 필요성

포스트코로나 시대는 '교회'가 무엇인가에 대한 질문이 꼬리에 꼬리를 물고 우리의 뇌리에서 떠나지 않고 부유(浮遊)한다. 교회는 무엇을 하는 장소이며 무엇을 위한 장소이기에 사람들은 그토록 교회에 모여 있었던 것인가? 왜 무엇을 위해 우리는 교회라는 장소로 모이고 모이고 또 모여왔나? 그것이 예배를 위한 것이었다면, 예배란 무엇이며 또 예배의 본질은 무엇인가? 교회에서 드리는 예배와 가정에서 드리는 예배는 본질적으로 무엇이 다른가? 지금도 반드시 교회로 와서 예배드려야 한다면, 그 이유는 무엇일까? 코로나19 사태 이후로 예배가 중단 또는 대체되면서 우리는 이러한 질문들 앞에서 한참을 서성거리고 있을 수밖에 없다.

그런데 이러한 질문들은 대단히 근원적인 신학적 주제들이다. 시대가 코앞으로 던져준 본질적인 질문 앞에서 신학 분야만 하더라도 성서신학, 조직신학, 역사신학, 예배/설교학, 기독교교육학, 기독교윤리학, 목회상담학, 영성신학 등 그 외 선교신학까지도 답을 해야만 할 것이다. 늘 그래왔듯이 시대는 신학에 말을 걸어오며 신학함(doing Theology)의 의제(agenda)를 넌지시 던져준다. 이에 선교신학자인 필자는 '선교적 교회론'(missional ecclesiology)을 통해 시대적 아젠다에 답하고자 한다. 어느덧 선교적 교회론은 한국의 2020년 이즈음에 와서는 마치 미시오데이(missio

Dei) 개념처럼 교단/교파를 가리지 않고 차용되는 유행개념이 되어있다고 할 수 있다.[1]

한국에서 '교회'라고 하면 먼저 성전 건물이 떠오른다. 한스 큉(Hans Küng), 칼 바르트(Karl Barth), 종교개혁가 등은 비가시적인 영적실체이자 동시에 가시적인 조직체로서의 교회를 정의하였다.[2] 우리가 '교회'라는 이미지를 그려볼 때 성전으로 마련된 건물에서 정형화된 예배를 드리는 모습이라든지, 크리스천들이 조밀하게 모여있는 영적인 모임만을 떠올린다면, 그것만으로는 부족하다. 오히려 부름받은 공동체가 같은 목표와 같은 목적지를 향해 함께 나아가고 있다는 사실에서 그들을 통합시켜주는 유기적이고 역동적인 개념을 발견해야 한다. 이것이 곧 성경적 에클레시아(ecclesia)의 의미다.

본 논문의 구성은 다음과 같다. 먼저 코로나19 시대가 가져온 사회/교회 환경의 급격한 변화로 인해 건전한 교회론 정립이 불가피해진 목전에서 '선교적 교회론'의 적합성을 논할 것이다. 이어서 선교적 교회론의 어떤 특징들이 포스트코로나 시대에 부각되고 있는지를 고찰할 것이다. 곧 한국교회의 목회자 중심, 교회 중심, 예배(의식) 중심의 신앙 패턴에서 평신도 중심, 일상의 삶 중심, 파트너와 섬김의 대상으로서의 지역사회 재발견이라는 '선교적 교회론'의 지향점이 이 시대에 절실하며, 이것이 또한 성경적 에클레시아에 적합한 교회론으로서 교회됨의 본질을 내포하고 있다고 주장할 것이다.

---

1 현재까지 한국에서 '선교적 교회론'에 대한 연구자들의 소속을 통해서 볼 때 한국의 장로교 통합/합동, 성결교, 침례교 등에서 수용되고 있다고 할 수 있다.

2 한스 큉, 정지련 역, 『교회』 (서울: 한들출판사, 2007), 45~51; 칼 바르트, 최종호 역, 『교회교의학』 IV-2 (서울: 대한기독교서회, 2012), 844-883; 존 깔뱅, 김종흡 외 3인 역, 『기독교 강요』 하, 제4권 (서울: 생명의 말씀사, 1988), 7-58.

Ⅱ. 포스트코로나 시대 '선교적 교회론'의 적합성

A. 서구교회에서 형성된 선교적 교회 논의

여기서는 '선교적 교회론'에 대한 핵심 논의를 할 것이다. 여러 루트를 통하여 선교적 교회론에 대하여는 이미 많이 알려졌으나, 본 글의 진행에 맞추어 우선 선교적 교회론에 관한 간략하지만 잘 정리된 핵심적 내용이 선행되는 게 바른 순서일 것이다.

다음은 필자가 간명하게 정리해본 선교적 교회론의 중요한 열쇠가 되는 명제들이다.

- 선교적 교회론은 하나님 나라의 통치 즉 하나님의 주권을 강조한다.
- 선교적 교회론은 교회론을 선교론(특히 '하나님의 선교')으로써 규정/정립한다.
- 선교적 교회론은 단지 선교를 많이 하는 교회를 지칭하는 것이 아니다.
- 선교적 교회론은 지역사회 속에서 크리스천의 일상적 삶을 강조한다.
- 선교적 교회론은 지역사회의 파트너로서 지역사회를 섬기고자 한다.

본래 선교적 교회론은 서구교회 존립의 위기상황 가운데서 형성되었으므로 교회의 지속적인 회심을 강조하며 복음 자체로 돌아갈 것을 촉구하는 교회론이다. 전세계로 많은 선교사를 파송해왔던 서구교회가 세속화로 치달으면서 정작 교회가 속한 사회 안에서의 존립 의미도 능력도 상실된 절명(絶命)의 위기에 처하게 되었다. 이처럼 교회가 세속화로 인해 세상과 다를 바가 없어지게 되면 교회의 존립 의미도 능력도 상실한 채—성경의 표현대로 소금의 맛을 잃은 교회가 되어(마 5:13 참조)—세상에 밟히는 교회로 전락한다. 오히려 교회는 세상을 비추는 빛처럼 '산 위에 있는 동네'가 되어 숨기려고 애를 써도 숨겨지지 않는(마 5:14 참조) 세상과는 구별된 존재일 때 바로 거기에서, 곧 구별됨 그 자체에서 교회의 존재 의미도 능력도 드러난다.

교회가 세상 속에서 존재론적으로 구별된—마태복음 5장의 맥락상, 산상수훈의 팔복의 내용이 실천되는 삶이 소금의 짠맛이 발현되는 삶이며, 그렇지 않을 때 소금은 본연의 짠맛을 잃고 버려져서 사람들에게 밟히는 신세가 된다는 비유(마 5:1-12 참조)—그 자체의 삶에서부터 어떤 선교 활동을 하기 이전에 '이미' 선교적 공동체로 존재하는 것이다. 그런데 그러려면 소금의 짠맛을 대체한 왜곡된 이데올로기적 가치들—질서, 효율, 진보, 근대적 성장의 이데올로기, 종교적 소비주의 등—의 외피가 벗겨져야 하며 이때 복음 자체가 비판의 도구가 된다.[3] 이러한 선교적 교회론의 선교개념을 크리스토퍼 라이트(Christopher H.Wright)와 대럴 구더(Darrell Guder) 등은 윤리적이고 존재론적인 차원의 선교개념이라고 칭한다.[4]

정승현은 북미와 호주에서 시작된 선교적 교회론 연구들을 미시오 데

---

3 최동규, "GOCN의 선교적 교회론과 교회성장학적 평가," 「선교신학」 제25집-Ⅳ호(2010): 235-236.

4 존재론적 · 윤리적 선교개념에 대하여는 강아람, "선교적 교회론의 성경적 근거: 크리스토퍼 라이트의 선교적 해석학 중심으로," 「선교신학」 제34집-Ⅲ호(2013): 11-46을 참조.

이(missio Dei) 관점으로 분석한다.[5] 그에 따르면 선교적 교회론은 크리스텐덤에서 형성된 교회론적 반성에서 나왔는데, 삼위일체 하나님의 본성에서 나오는 선교가 바로 교회의 본질이므로 교회는 미시오 데이의 신실한 도구—**보내는 자가 아니라 보내심을 받은 자**—로 참여할 뿐이다. 따라서 교회는 하나님의 선교를 프로그래밍하거나 선택하거나 조정할 수 없다. 그들은 복음을 단편적으로 받아들여 축소시키지 않고 매일의 삶에서 하나님의 선교를 실천함으로써 하나님 나라를 섬긴다.[6] 이처럼 미시오 데이 관점에서 선교적 교회를 정의하면, 모든 교회는 하나님의 선교에 참여하는 특권으로 부름받은 하나님의 백성이며 그분에 의해 각각의 사회문화적 상황으로 보내심을 받은 선교적 공동체이다.

선교적 교회를 기존 교회와 대조하여, 교회론 및 선교론에 관한 패러다임의 차이를 비교해보면 좀 더 이해가 쉬울 것이다: 즉 선교적 교회는 교회가 '본질'상 선교적이라고 보는 반면, 기존 교회는 선교'활동' 및 프로그램에 치중한다; 전자는 신앙과 삶이 조화되는 하나님 백성의 선교적 삶이 강조되고, 후자는 크리스천의 인격과 삶이 배제된 채 선교사업과 프로그램에 집중한다; 전자는 지역사회가 중요한 선교현장으로 부각되며, 후자는 교회를 둘러싼 지역사회보다는 해외선교 활동에 치중한다; 전자는 복음의 사회적 영향력과 공적 제자도 실천에 관심을 두지만, 후자는 개인 영혼구원과 회심에 치중한다; 전자는 하나님이 선교의 주체로서 하나님 나라의 성장을, 후자는 자본주의적 사고로써 개교회의 이기적인 성장을 추구한다: 선교를 실천해나가는 방법론에서도 전자는 성육신적 섬김과

---

5 *하나님의 선교* 관점에서 선교적 교회론을 정리한 글로 정승현, "하나님의 교회와 선교적인 교회-빌링겐 IMC를 중심으로," 「선교와 신학」 제20집(2007): 186-212 참조.

6 정승현, "선교적 교회론의 과거, 현재 그리고 미래: GOCN의 연구를 중심으로," 『1910년 에딘버러 세계선교사대회 100주년 기념 2010 한국대회』 제6분과 (서울: 미션아카데미, 2011), 54-55.

약함의 선교를, 후자는 승리주의적 관점에 따른 권위주의적 방식을 취한다.[7] 이에 한 가지 더 첨언하면, 전자는 지역사회가 중요한 선교현장일 뿐만 아니라 선교적 교회의 파트너로서 지역사회의 질적(質的)인 삶의 성숙을 도모하지만, 기존의 교회는 대체로 지역사회는 단지 교회의 바낭화면으로서 그들을 양적(量的)으로 교회로 끌어들이는 데 주로 집중해왔다.

다른 한편, 알랜 록스버그(Alan Roxburgh) 등은 선교적 교회에 대한 오해를 줄이기 위해 역(逆)으로 '선교적 교회가 아닌 것'들을 서술함으로써 선교적 교회를 규정한다. 즉 선교적 교회는 단지 타문화권 선교사역을 강조하거나 교회 밖을 향한 관심을 강조하는 프로그램이 아니며, 효율적인 복음전도 및 교회성장을 강조하는 것도 아니다. 또 자기 존재의 비전 선언도 아니며 시대에 뒤진 비효율적 교회 형태를 변화시키는 방법론도 아니고, 단지 초대교회로 돌아가려는 운동도 아니며, 전통적 교회가 아닌 새로운 형태의 교회를 추구하려는 것도 아니다.[8]

그렇다면, 이 모든 '선교적 교회가 아닌 것'들을 통해 신싸 하려는 말은 무엇인가? 곧 선교적 교회론은 다시 크리스텐덤을 회복하려거나 교회성장을 추구하는 또 하나의 방법론이나 원리탐구가 아니며, 좀 더 근본적으로 교회 주변의 상황을 선교적 전망에서 반성해보고 학문적으로 연구함으로써 바람직한 교회운동과 선교운동이 함께 병행된 운동이라고 할 수 있다.[9] 이러한 점에서 선교적 교회론은 선교론을 통해 교회론을 규정하려는 성격을 띠고 있다. 곧 교회를 교회 되게 하는 것이 선교라고 주장하며,

---

7 최동규, "선교적 교회, 무엇이 다른가?," 「목회와 신학」 (2013.3): 43.

8 Alan Roxburgh & Scott Boren, *Introducing the Missional Church: Why it is, Why it Matters, How to Become One* (Grand Rapids, MI: Baker Books, 2009), 31-34.

9 대럴 구더, 정승현 역, 『선교적 교회』 (서울: 주안대학원대학교출판부, 2013), 저자의 서문 참조.

이때 교회조차도 선교의 궁극적인 주체가 아니라 하나님의 선교에 참여하는 도구(참여적 주체)로서 존재한다.

지금까지의 내용을 정리해보자. 선교적 교회는 조직이나 프로그램으로 규정하기보다는, 좀 더 근원적으로 '하나님 나라를 향한 운동'이라고 보는 것이 적절하다. 선교적 교회의 핵심개념은 하나님의 통치(하나님 나라), 삼위일체 하나님의 선교, 세상 속으로 보내심을 받은 교회, 모든 크리스천의 선교적 삶으로 정리할 수 있다. 한마디로 선교적 교회의 초점은 하나님의 통치권 자체에 있으며 기능적 · 제도적 · 조직적 차원의 교회 이해를 극복하려고 한다.[10] 미시오 데이의 틀에서 볼 때 하나님께서 부르시고 보내시는 행위가 교회의 정체성을 형성하므로 교회의 선교는 교회 자체를 확장하려는 노력이 아니라 이 세상에서 하나님의 통치를 이루는 것이다.[11] 따라서 선교적 교회론은 교회 중심적인 선교개념이 아니며, 선교를 구성하는 실제 내용이 타락한 창조세계를 구속하시려는 하나님의 성품이 드러나는 모든 과정까지 확대된다. 선교사역을 통해 하나님의 주권이 철저히 수용되어 구현되려면, 하나님의 통치로 대변되는 하나님 나라의 가치가 모든 과정마다 온전히 구현되는 선교를 수행해가야 하기 때문이다.[12]

B. 포스트코로나 시대 한국의 선교적 교회론 상황

최근 들어서 한국교회는 서구의 선교적 교회론이 출현한 때와 유사한 위기에 처해 있었다. 한국교회의 양적인 침체기로 접어들면서 더더욱 문

---

10 최동규, "GOCN의 선교적 교회론과 교회성장학적 평가," 「선교신학」 제25집(2010): 238.

11 최형근, "선교적 교회란 무엇인가?," 「목회와 신학」 (2013.3): 39-40.

12 이대헌, "선교적 교회론에 입각한 선교 및 교회 이해," 「목회와 신학」 (2013.3): 46-47.

제가 된 것은 사실상 질적인 침체 곧 교회의 정체성 문제였다. 이는 교회의 본질에 대한 교회론적 과제인데, 본질에서 어긋난 교회는 실제로 사회 안에서의 적합성도 잃게 된다. 소금의 짠맛을 교회가 상실하면 세상의 괄시를 받게 된다고 성경이 명백히 증언하는 바대로, 교회의 정체성과 세상에서의 적절성은 긴밀히 연결되어있다. 조금씩 그러나 명백하게 양적/질적인 침체의 늪으로 빠져들었던 한국교회는 코로나19 사태로 인해 더는 외면하거나 미룰 수 없는 절체절명(絕體絕命)의 순간에 맞닥뜨려졌다. '절체절명' 말그대로 교회의 몸도 목숨도 궁지에 몰려있다. 성전 건물에 전처럼 성도들조차 자유롭게 드나들지 못하게 되었고 사회 속에서 교회의 목숨 부지(扶支)도 아슬아슬한 지경에 이르고야 말았다. 코로나19 사태는 이처럼 교회와 사회의 민낯을 고스란히 드러냈다.

이 시대 우리는 다음의 질문들에 답할 수 있어야 한다. 교회는 무엇을 하는 장소이며 왜 우리는 교회에 모여야 하나? 왜 무엇을 위해 우리는 굳이 교회라는 장소에서 모이기를 폐하지 않아야 하는가? 그것이 예배를 위한 것이라면, 예배란 무엇이며 또 예배의 본질은 무엇인가? 교회에서 드리는 예배와 가정에서 드리는 예배는 본질상 무엇이 다른가? 만일 반드시 교회로 와서 예배드려야 한다면 그 이유는 무엇인가? 이처럼 포스트코로나 시기가 우리 앞에 가져다준 교회론의 중심을 건드리는 근원적인 질문들은 교회에 대한 기능적 · 제도적 · 조직적 차원의 이해를 통해서는 좀체 풀어낼 수가 없다. 좀 더 본원적이면서도 역동적인 큰 그림의 대안이 필요하다. 필자는 이것을 '선교적 교회론'의 전망에서 풀어보려 한다.

선교적 교회론은 교회의 본질을 선교에 정초(定礎)하고 있으므로 선교라는 본질에서부터 모든 사역이 출발해야 하고, 교회의 본질과 사역의 콘텐츠에 준하는 교회의 조직이 세워지는 것이 바른 순서일 것이다. 선교적 교회를 바르게 운용하려면 이러한 순서가 뒤바뀌지 않는 것이 무엇보다 중요하다. 서구에서는 선교적 교회론 개념이 학문화되어 지나치게 추상적이라는 비판을 두고, 북미와 호주의 교회를 중심으로 선교적 교회의 가이드라인과 실제 사례들이 나와 있다. 한국교회는 선교적 교회론을 교단별로 받아들이고 십수년 전부터 학문적 논의의 장을 펼치면서 한국적 상황에 맞는 다양한 선교적 교회들이 생겨나고 있었다. 그러한 학문적 논의들과 아울러서 목회와 선교현장이 서로 연결되어 목회자, 선교사, 디아스포라 교회 지도자들 사이에서 계속 논의하고 적용함으로써 실제적인 사례들을 만들어내는 일도 다양하게 추진되고 있었다.

그러던 차에 코로나19 사태가 우리에게 급작스럽고 항거할 수 없는 속도와 힘으로 교회론의 전이를 요구하고 나섰다. 아니 교회의 사활이 걸릴 만큼 코로나 사태는 한국교회의 민낯을 들추어냈다. 어쩌면 너무나 당연시되어왔던 질문들이 이제 의심되기 시작하였다. 무엇이 정통교회의 특성이며, 교회를 이단으로 만드는 요인은 무엇이며, 또 무엇이 멀쩡한 교회를 이단 교회처럼 보이게 하는지에 대하여도 고심하게 만들었다.

오랜 역사 속에서도 계속 명맥을 이어온 고등종교일수록 윤리적이고 개방적인 특징을 갖는다. 거꾸로 비윤리적이고 폐쇄적이었던 종교는 역사 속에서 희미하게 사라져 갈 수밖에 없었다. 코로나19 사태가 드러내 보여준 한국교회의 병폐들은 지나치리만큼 교회 중심적이고 목회 의존적인 신앙과 친교 집단적인 게토화 성향, 그리고 의례(ritual) 중심적인 이원화된 신앙 양태 등이다. 이에 필자는 이러한 신앙생활을 영위해온 한국교회에게 선교적 교회론이 하나의 대안이 될 수 있다고 주장하는 바이다. 선교적 교회론은 여러 측면에서 패러다임 전이를 나타내었다: 목회자 중심에서 성도 중심으로, 모이는 교회에서 흩어지는 교회로, 오는구조(come-structure)에서 가는구조(go-structure)로,[13] 교회 예배 중심에서 일상의 삶 중심으로, 교회를 위한 바탕화면으로 존재했넌 세상을 향하여 섬기며 나아가는 교회로, 지역사회를 전도의 대상으로가 아니라 섬김의 대상으로, 심지어 지역사회와 함께하며 지역사회의 필요를 채워주는 교회로서의 변화 등이다.

한국교회의 병폐라고 언급했지만, 사실 그것은 강점이기도 했고 성장요인으로 한몫 하였다. 그럼에도 불구하고 철저한 신학적 반성 위에 바르게 서는 것이 앞으로 한국교회의 행로를 위해 반드시 필요하다고 본다. 성장요인이었다고 해서 반드시 옳은 신학 위에 수행된 것은 아닐 수 있다. 산에서 길을 잃었을 때 가장 좋은 방법은 출발점으로 다시 돌아가 처음부터 바른길로 들어서는 것이다. 잘 모르는 길에서 잔꾀를 부렸다가는 더더욱 길이 엉킬 수 있다. 앞서 언급했듯이 선교적 교회론은 교회론과 선교론이 병합된 본질 회복 운동이다. 따라서 아무리 긴박하고 정신이 아찔한 상황에 있을지라도 우리는 그럴수록 성경적 · 신학적 · 선교학적인 교회론 연구에 천착(穿鑿)해야 할 것이다. 서구의 선교적 교회 운동이 점차로 교회의 본질에 대한 성경적 근거를 연구하는 방향으로 나아갔던 것도, 이 운동이 그저 유행하다가 마는 또 하나의 프로그램으로 전락하는 것을 피하기 위함이었다. 포스트코로나 시대 한국교회의 사활이 걸린 개혁의 도구로서 선교적 교회론은 지나치게 기능화 · 제도화 · 조직화된 교회 이해로 인해 안에서부터 곪아터진 한국교회 심부에 자리하는 이데올로기적 가치관을

13 'come-structure', 'go-structure'라는 어구는 독일 선교학자인 마굴(H. J. Margull)의 언급이다.

제거하기 위해, 하나님 나라 비전이 담긴 성경적 기준을 탐구하는 '선교적 해석학' 연구도 계속되어야 할 것이다.

어느 정도로 성숙해진 조직일수록 생존을 위협할만한 위기를 경험하지 않는다면 거의 변하지 않는다. 과거의 성공 경험이 그 조직에 정당성과 긍지를 부여하여 조직이 단단해지기 때문이다. 그런데 마침 한국교회는 그 기반을 흔들어버릴 만한 크나큰 위기 앞에 내던져졌다. 계재광은 각 사회와 공동체가 재난에 직면하여 대처하게 될 때 그 사회의 취약성과 더불어 품격(곧 그 문제를 해결할 수 있는 시스템)이 나타난다고 말한다.[14] 한국 사회는 바이러스가 가져온 팬데믹 재난 상황에 전세계가 보는 앞에서 그런대로 잘 대처해가고 있다. 그러면 교회는 어떠한가. 교회의 뿌리를 뒤흔드는 코로나19라는 바람에 꺾기거나 뽑히지 않고 오히려 그 바람을 잘 타고 재도약하려면 교회론의 재정비가 가장 시급히 필요하며, 이에 필자는 선교적 교회론을 그 대안으로 제시하는 바이다. 다음에는 포스트코로나 시대에 특별히 부각되는 선교적 교회론의 특성들을 서너 가지로 나누어 글을 전개할 것이다. 글의 전개상 서너 가지로 구분하더라도 각각의 속성은 서로가 서로에게 속하여있거나 서로 연결되어있다고 볼 수 있다.

---

14 계재광, "포스트코로나 시대, 기독교리더십 방향성에 관한 연구," 「대학과 선교」 제44집(2020): 168-169.

Ⅲ. 포스트코로나 시대에 부상(浮上)된 선교적 교회론의 특징

A. 의식(儀式) 중심에서 일상적 삶의 예배로: 교회 중심에서 각자의 삶의 자리로

예배/설교학 전공의 최진봉은 코로나19로 인한 기존예배의 중지/대체 사태가 각 가정에 가져다준 순기능에 적응해가고 있으면서도, 정작 마냥 이래도 되는 건지 목회자나 성도들에게 혼선이 빚어지고 있다고 말한다. 교회가 발생하는 자리 자체가 사라지는 노골적인 도전 앞에 맞닥뜨리고 있다는 것이다.[15] 최진봉의 가족들은 비교적 가정예배에 익숙한 편인데도, 주일예배를 대체한 이례적인 가정예배의 경우에 보통 가정예배에서 느끼지 못했던 '드린 듯 만 듯' 무언가 채워지지 않는 느낌을 계속 받게 되었다고 고백한다.

> 함께 어울려 찬양하고 기도하면서 같아짐의 감정을 느끼고, 설교의 말씀과 성찬의 나눔을 통해 하나님과의 내밀한 교감을 갖고, 파송의 찬양 속에서 잔잔한 가슴의 울림 등 예배현장에 대한 향수가 짙어집니다. 그러면서 교회가 나에게 주는 의미가 무엇인지를 다시금 생각하게 되었습니다.[16]

15 최진봉, "교회됨의 비일상성에 관하여: 사회적 거리두기 상황에서의 예배와 설교 사역," 박경수 · 이상억 · 김정형 책임편집, 『재난과 교회: 코로나19 그리고 그 이후를 위한 신학적 성찰』 (서울: 장로회신학대학교 출판부, 2020), 156-157.

16 위의 책, 158-159.

그런데 이 허전함의 정체를 포착하는 것이야말로 교회에 모여서 드리는 예배의 의미를 포착하는 길이 될 것이다. 이처럼 포스트코로나 시기는 비교적 신생교회였던 한국교회의 전통으로 자리매김한 주일성수 신앙과 모인 회중을 전제한 교회 중심적 활동들에 있어 혼란한 질문들을 던지고 있다. 비기독교사회 속에 세워졌던 한국의 신생교회는 회중들이 모여서 드리는 예배가 중요하였을 것이다. 실상 예배의 모이는 차원은 신앙적 · 신학적 의미뿐만 아니라 사회적 · 심리적 차원도 함께 기능하고 있다고 할 수 있다.[17]

종교의 목적은 일방적인 교리 전달이나 학습에 있지 않다. 신을 신봉하는 종교는, 사실은 인간을 위해 존재한다고 할 수 있다. 종교가 신을 위해서 존재하는 듯 보일지 모르지만, 종교는 인간이 신을 사유하고 내세를 염원하며 그러한 것들을 의례(ritual)를 통해 표현한다. 종교에서 의례는 그 종교를 경험한 사람들의 종교적 신념을 상징적으로 형식화한 것이다.[18] 이 땅에서 살아가는 세상-내재자 인간이 세상-초월자인 신과의 영적인 만남이나 여하한 접촉을 갈구하면서 그러한 갈망을 의례를 통해 상징적으로 표현할 수밖에 없기 때문이다. 의례는 종교에서 대단히 중요하다. 보지 못하는 존재를 마치 보는 것처럼, 손에 닿는 것처럼 가까이 만나고 싶은 크리스천들의 깊은 갈망이 의례를 통해 다뤄지기 때문이다. 그런데 종교에서 문제가 되기 쉬운 것이 또한 이 의례/의식이라고 할 수 있다.

기독교의 예배라는 의례 행위도 마찬가지다. 한국교회의 십일조 규정

---

17 한국교회가 이처럼 가는 구조(go-structure)보다 오는 구조(come-structure)가 강한 측면과 그 원인에 대하여는 한국일, 『선교적 교회의 이론과 실제』 (서울: 장로회신학대학교 출판부, 2016), 16-19.

18 김대식, "인간과 종교," 현대인과성서 교재편찬위원회 편저, 『현대인과 성서』 (서울: 숭실대학교 출판부, 2018), 10.

이나 절기 준수, 주일성수, 안식일 규례 등은 신학적으로 심오한 의미를 담고 있다. 주중의 모든 일상적 삶을 하나님 앞에서 코람데오 의식으로 살되 하나님께 자신의 온 존재와 모든 순간을 드리며 헌신하여 살아가는 삶의 내용을 주일이나 특별절기에 담아 의식으로 표출하는 것이다. 안식일 개념도 삶의 모든 주권이 하나님께 있으므로 인간의 업적이 아닌 안식을 통해 그분의 주권적 섭리와 사랑을 받아들이며 살아간다는 의미를 내포하고 있다. 쉽게 말해, 주일은 일주일을 대표하여 보상한다. 십일조 전통도 크리스천의 삶의 모든 수입이 하나님으로부터 온 것이며 궁극적으로 하나님의 것임을 고백하는 뜻으로 수입의 1/10을 봉헌하는 것이다. 그런데도 신비주의적으로 해석된 의례/의식의 의미가 왜곡되어, 일주일에 단 한 번 정해진 시간과 정해진 장소에서 신에게 드려지는 예배 행위가 지나치게 절대화된 경향이 강하다. 예배 한 번을 공들여 '지성으로' 잘 드리면 마치 크리스천의 수직적 · 수평적인 모든 의무가 끝난 것처럼 말이다. 이러한 성향에는 한국교회에 미친 샤머니즘의 영향이 크다고 볼 수 있다.

안식일 개념을 좀 더 짚어볼 필요가 있다. 기독교 신학에서 안식일 개념의 중요성은 그것이 '영원한 안식을 사모하며 바라봄'의 의미를 포함하고 있기 때문이다. 신학은 어떤 고상한 추상적인 연무(煙霧) 속에 안착하지 않고 평범한 일상생활로까지 나아가야 한다. '콘비벤츠'(Konvivenz)라는 선교개념이 있다.[19] 이 개념은 라틴아메리카의 바닥공동체에서 차용된 개념인데, 오랫동안 일상의 삶을 함께 더불어 살아가면서 피차간 도움과 배움을 주고받으면서 살아가는 공존의 선교개념이다. 일방적인 형태의 선포적 선교를 넘어서려는 시도이자 단기선교의 폐단을 극복하는 개념이라 할

19 '콘비벤츠'에 대하여는 테오 준더마이어, "오늘의 오이쿠메네 실존의 기본구조로서의 콘비벤츠," 『선교신학의 유형과 과제』 (서울: 대한기독교서회, 1999), 55-105.

수 있다. 콘비벤츠 선교는 미시오 데이에서 하나님이 선교의 주체라고 할 때 그 아래서 선교하는 이쪽과 선교를 받아들이는 저쪽 둘다 지속적인 변혁의 대상이라는 측면이 강조된다. 더불어 공존하는 콘비벤츠의 일상생활 개념에서는 서로의 다양성과 상이성이 적극 수용된다. 서로 다르니까 서로 돕고 서로 배울 수 있기 때문이다. 이렇듯 존중받는 다양성은 일상생활 가운데서 그 다양성으로 인해 이웃과 잔치 벌이는 삶으로 승화된다. 안식일의 신학적 의미파악을 위해 잔치 벌이는 삶의 성격을 좀 더 서술해보자.

잔치가 벌어지고 있는 순간에 우리는 일상을 초월하지만 아주 자유롭고 어떤 것에도 속박되지 않은 채 참된 인간으로 존재한다. 이때 삶은 어떠한 세상적 조건에도 위축되지 않는다. 모두에게 매혹적인 잔치에서 참여자들은 비록 순간적으로라도 그들 사이의 사회적 차이를 망각한다. 잔치의 여흥이 그들을 세상의 속박에서 해방하여 하나로 이어주기 때문이다. 그러므로 신학적인 잔치개념은 영원한 안식일과 창조의 완전한 아름다움을 하나님과 함께 보며 만끽할 동경에 뿌리내리고 있다.[20] 우리 삶의 일상성은 계산할 수 없는 우발적 리듬, 여러 결핍(의식주, 건강, 시간, 친구, 의미 등), 반복성이라는 특징을 띠는 데 반해, 잔치에서는 평범하지 않고 비생산적인 충만함과 기쁨이 경험된다. 그때 각 사람은 삶의 의미가 일상성으로만 환원되는 것이 아님을 경험하게 된다.[21]

적어도 한 주에 한 번, 다양한 조건의 사람들이 성전에 모여 드리는 예배를 통하여 크리스천들은 이러한 감격을 경험해야 한다. 정한 시간에 성전에 모여서 드리는 공적 예배에서 크리스천들은 각자의 처소로 흩어져

20 '잔치'에 대한 서술은 테오 준더마이어, "삶과 증언으로서의 코이노니아," 『선교신학의 유형과 과제』, 294-295.

21 E. 레비나스, *De l'existence à l'existent*, 서동욱 역, 『존재에서 존재자로』 (서울: 민음사, 2005), 151-155 참조.

제자로서 살아갈 수 있는 에너지를 충전 받는다. 한데 모여 한마음과 한뜻으로 한 하나님을 우러러 찬양하고 말씀을 받으면서, 그러한 이 땅에서의 연습모형(그림자)을 통해 영원한 안식을 함께 동경함으로써 좀 더 완전한 연합을 향해 어우러져 나아간다. 예배를 마치고 세상으로 파송 받아 각자 삶의 자리로 흩어진 모든 성도는 예배를 통해 깨달은 제자도를 매일의 삶에서 그대로 실천하는 책무를 이행하며 살아가야 한다.

뉴노멀의 포스트코로나 시대는, 삶의 자리와 가정이 신앙생활과 신앙 전수의 주된 터전이 되어야 함을 강력히 요청하고 있다. 한국교회의 실례를 들어보자. 2020년도 한국교회의 여름 수련회 및 여름성경학교는 가정의 부모들이 교회의 교사를 대신하여 신앙교육의 주체로서 진행될 수밖에 없었다. 하계 프로그램을 일찌감치 포기한 교회들도 있었지만, 그렇지 않은 교회들에서는 온라인으로 진행되었다. 미리 가정으로 가정용 키트(kit)가 택배로 배달되었고 그것을 받은 가정의 부모들은 키트 상자 안에 들어있는 공과교재, 작은 현수막(또는 포스터나 배너), 각종 만들기 재료, 그동안 보내지 못한 절기 선물 등을 꺼내어 부모교사가 되어 자녀들을 가르치며 여름성경학교를 진행하였다. 또 부모교사들이 가정에서의 성경학교 장면을 영상이나 사진으로 찍어 그것을 교회의 반 담임 교사들에게 보내주는 식으로 거꾸로 반전되었다. 코로나 이전에는 교회학교에서의 예배와 활동 모습을 각반 교사들이 찍어서 가정에 보내주곤 하였다. 그런데 이것은 반전이 아니라 오히려 제대로 제자리로 돌아간 사건이라고 해석되어야 옳을 것이다. 일주일 168시간 중에서 단지 한두 시간만을 보내는 교회보다는 가정이 신앙 전수의 본격적 장(場)인 것이다.[22] 그동안은 그것을 모르지 않

22 가정에서 예배드리고 부모가 자녀를 신앙 양육하는 것이 코로나 사태 이전부터도 오랫동안 훈련되어온 충신교회의 사례를 다룬 글을 소개한다: 노진아, "부모는 가정의 신앙교사입니다," 신형

으면서도 그냥저냥 모르는 척 뒤로 미루며 지내왔을 뿐이다. 그것을 코로나 사태가 제자리로 돌아가지 않을 수 없도록 만들어주었고 뉴노멀은 본질을 터치하게 해주었다.

이러한 현상들은 선교적 교회가 표방하는 바와 일치하는 맥락이라 할 수 있다. 선교적 교회론에서는 하나님의 본성에서 나오는 하나님의 선교가 교회의 본질을 구성하므로 교회조차도 미시오 데이의 보내심을 받은 신실한 도구로 참여할 뿐이다. 선교적 공동체인 교회는 하나님의 선교에 참여할 특권으로 부름받은 하나님 백성으로서, 그분에 의해 각자가 속한 사회문화적 상황 속으로 보내졌기 때문이다. 따라서 선교적 교회론은 교회라는 건물 성전보다는, 흩어져서 하나님의 성전으로 세상에서 살아가는 크리스천 한명 한명의 삶에서 하나님의 다스림이 나타나고 하나님 나라를 향한 운동이 일어나기를 지향한다. 하나님의 선교 아래서 세상 속으로 보냄을 받은 교회인 모든 크리스천의 선교적 삶은 하나님의 통치에 순종한다. 미시오 데이 아래서 교회의 선교는 교회 자체를 확장하려는 동력이 아니라 이 세상에서 하나님의 통치를 이루는 것이다. 그러므로 선교적 교회론은 교회 중심적인 선교개념이 아니다. 선교사역을 통해 하나님의 주권이 속속히 구현되려면 하나님 나라의 가치가 크리스천의 삶의 모든 과정에서 드러나는 선교적 삶을 수행해가야만 할 것이다.

B. 목회 의존적 신앙에서 평신도가 신앙의 주체로

이 주제는 바로 앞의 항목과 연결되어있다. 교회 중심의 신앙생활을

섭 · 박재필 · 김성중 책임편집, 『재난과 교회: 코로나19 그리고 그 이후를 위한 목회적 · 교육적 성찰』(서울: 장로회신학대학교 출판부, 2020), 220-229.

영위하다 보니 자연히 목회자에 의존적이고 교회의 프로그램에만 의존하는 신앙 양태가 형성될 수밖에 없었다. 따라서 코로나19 사태 이전에는 믿음 좋은 크리스천이라고 하면, 교회에 자주 나와 목회자들과 그들의 사역을 잘 보조해주는 간사 역할의 교인 이미지가 쉽게 떠오른다. 그러나 선교적 교회는 목사가 성도들을 보조한다. 성도들 각자가 가정이든 일터이든 간에 자기 삶의 터전에서 하나님의 공의와 정의를 행하며 사랑과 섬김의 삶을 살기에 부족하지 않도록 세워주는 역할이 목회자의 몫이다.

금번에 코로나19 사태로 인해 선교적 교회의 이러한 측면이 더욱 부상(浮上)하였다. 목회자 의존적인 목회자 중심의 신앙형태를 고수해서는 교회가 존립할 수 없게 되었다. 수개월 만에, 모이는 교회 중심의 신앙생활의 틀이 이처럼 깨어져 나갔고, 정해진 주일이나 절기에 따라 예배나 의식(儀式) 중심적인 신앙생활을 영위해온 한국교회는 이제 성문 앞에서 공의와 정의를 행하는(암 5:10,12) 공공선의 역할에 대해 숙고하게 되었다. 이러한 역할에 대하여는 뒤의 지역사회의 재발견 항목에서 좀 더 다루게 될 것이니 여기서는 지나가겠다.

앞에 언급했던 온라인 여름 수련회의 예를 다시 상기해보자. 가정의 부모들이 신앙교육의 주체로 설 수밖에 없는 상황에서 교회학교의 목회자와 교사들은 코로나 사태 이전에 주로 하던 일과는 사뭇 다른 종류의 일에 매진하게 되었다. 즉 가정용 키트(kit) 꾸러미를 택배로 배달하는 일, 공과교재를 부모가 자녀들에게 가르칠 수 있도록 교재 활용법을 영상으로 제작하는 일, 각 가정에서 시청할 수 있는 설교 영상을 만드는 일, 작은 현수막이나 배너를 여러 개 만들어 배송하는 일, 가정에 보내드린 만들기 재료들로 만들기를 완성할 수 있도록 보조 영상을 만드는 일 등이다. 그 외에도 부모교사들의 영성 관리를 위해 부모 큐티용 경건 자료들을 영상으로 제작하기도 한다. 마치 교회에서 학생들을 지도해야 하는 교사들을 먼저 지도하기 위해 목회자들이 교사 경건회나 기도회를 따로 인도하듯이 말이다.

위의 실례를 통해 목회의 흐름과 맥락이 크게 변화했음을 엿볼 수 있다. 더 이상 교회목회자나 교회학교 교사가 신앙생활과 신앙 전수의 주체자가 아니며, 가정에서 교사로 애쓰는 부모에게로 주도권이 이관되었다. 이에 따라 교회의 주된 사역은, 가정이라는 현장에서 일어나는 사역을 배후에서 돕고 보조하고 지원하는 일로 뒤바뀐 것이다. 이러한 반전이 가져온 결과는 풍성하기까지 하다. 부모들이 자녀들을 가르쳐야 하므로 성경을 한 번이라도 더 찾아보게 되고 교재를 뒤적거리며, 교회에서 보내준 영상 등 다양한 교육자료들을 활용해 가르치기 위하여 컴퓨터를 세팅하는 일부터 공과학습을 인도하고 성경말씀을 암송하도록 지도하며, 그 모든 과정을 증빙하는 교육현장의 사진이나 영상까지 촬영해야 하므로 분주한 시간을 보냈을 것이다.

위와 같은 케이스는 필자가 주일에 사역하고 있는 ○○○교회에서 2020년 8월 22~30일까지 실제로 경험한 사례이기도 하다. 그 외에도 차제에 온라인 수련회를 실시한 교회들이라면 거의 유사한 패러다임으로 진행되었다고 확신할 수 있다. ○○○교회 영아 · 유아 · 유치부의 경우 온라인 수련회라서 오프라인 수련회보다는 기간을 다소 길게 잡았으며 준비한 교육콘텐츠도 오프라인의 경우보다 훨씬 많았다. 오프라인 시대였다면 세 부서가 연합하여 하계 프로그램을 돌리지는 않았을 텐데, 영상 교육콘텐츠를 서로 분담 제작하여 나누어 쓰기 위하여 또 한 가정에 영아 · 유아 ·

유치부에 겹쳐서 소속된 형제자매가 있을 경우 수련회 기간을 같이 하는 것이 부모들에게 편리하다고 판단되어 연합하기로 하였다. 가정 키트를 처음에는 드라이브 스루(drive-through)나 워크 스루(walk-through) 방식으로 보내려고 계획했으나 사회적 거리두기가 격상되는 바람에 택배 발송으로 재빠르게 전환하였다. 이처럼 모든 기획과 아이디어가 가정의 필요에 맞추어 구성되고 진행되었다. 가정이 여름 수련회가 진행될 장이었고 교사들도 가정의 부모였으므로 교회는 최선을 다해 지원함으로 백업하였다.

수개월 간의 코로나 블루로 인해 교회와 가정에서 목회자도 부모도 학생들도 우울하게 처져있던 때, 심지어 사회적 거리두기가 2.5단계까지 격상되었던 때에 교사로 헌신하여 여념 없이 바빴던 많은 부모가, 온라인 수련회로 인해 자신들도 두려움을 떨쳐내고 활기차게 일어났으며 학생들도 즐기며 좋아했던 기회였다고 후기를 보내주었다. 이를 계기로 필자는, 가정이든 일터든 간에 삶의 자리 한가운데 처하여 살아가는 성도들이 신앙의 주체자가 되어야 함을 깊이 깨닫게 되었다. 교회는 배후에서 그 주체자들이 바르고 힘있게 세상에 파송된 선교적 교회로 세워지도록 지원하는 역할을 위임받은 것을 피부로 느꼈다. 이것이 본래 바른 순서였는데 우리가 그것을 놓쳐왔을 뿐이며 코로나 사태가 그것을 일깨워주었다.

다음은 신명기 6장 4~9절에 기록된 유명한 쉐마 말씀이다.

> "이스라엘아 들으라 우리 하나님 여호와는 오직 유일한 여호와시니 너는 마음을 다하고 뜻을 다하고 힘을 다하여 네 하나님 여호와를 사랑하라 오늘 내가 네게 명하는 이 말씀을 너는 마음에 새기고 네 자녀들에게 부지런히 가르치며 집에 앉았을 때든지 길을 갈 때든지 누워있을 때든지 일어날 때든지 이 말씀을 강론할 것이며 너는 또 그것을 네 손목에 매어 기호

를 삼으며 네 미간에 붙여 표로 삼고 또 네 집 문설주와 바깥문에 기록할 지니라"

위의 쉐마는 부모가 먼저 일상생활 속에서 하나님과 그 말씀을 사랑하면서 자연스럽게 자녀에게 신앙을 전수하는 것이 하나님의 뜻임을 천명하고 있다. 자녀들이 일주일 168시간 중에서 1~2시간만 보내는 교회에 비해, 167시간을 보내는 가정이 신앙의 장(場)으로 무엇보다 중요하다. 교회의 목회자와 교사, 가정의 부모는 신앙전수의 동역자들이다. 신앙이 각 가정의 문화가 되고 신앙이 자녀들의 삶의 일부가 되도록 몸으로 익혀져야 한다. 가정에서 부모와 자녀 세대가 한자리에서 예배드리며 자연스럽게 신앙전수가 일어나도록 교회는 그 분위기를 조성하는 데 집중해야 한다. 이러한 패러다임이 제대로 정착되어야 단편적이고 이원론적이며 비인격적인 한국교회의 신앙 양태를 극복할 수 있다. 무엇보다도 판 자체가 바뀌어야 한다. 판이 잘못되어 있었기에 한국교회의 신앙과 삶은 멀리 유리되어 있었는데도, 심지어는 무엇이 잘못되었는지도 모르고 안일하게 지내오다가 코로나19의 반격으로 강제소환된 것이다.

선교적 교회 논의는 이처럼 신앙과 삶이 분리되지 않고 일치되는 하나님백성의 선교적 삶을 강조한다. 기존의 교회들은 성도들의 인격과 삶은 부차적이거나 무시되었고 개인 영혼구원과 개종에 집중된 선교 활동이나 프로그램에 몰두하였으므로 교회의 목회자나 선교부 같은 교회의 조직이 선교의 주된 행위자였다. 그러나 선교적 교회론은 교회의 정체성이 하나님의 선교에 닻을 내리고 거기에 참여할 특권으로 부름받은 성도 하나하나가 각자가 속한 사회문화적 상황 속으로 파송된 것이므로 성도들의 삶의 현장인 지역사회가 선교지이며 크리스천 한명 한명이 선교사이다. 일상의 매 순간을 하나님의 통치 아래서 순종하며 살아가는 성도들의 삶과 인격은, 어떤 선교적 언행이 있기 이전에도 이미 본질적으로 선교적 존재이다. 그들의 삶의 반경을 따라 하나님의 다스림이 나타나고 이어지고 전염되어[23] 그들의 삶의 주변과 지역사회를 중심으로 하나님 나라를 향한 운동이 일어나기를 지향하고 있다.

오프라인 시대 교회의 성도들은 목회자나 교회 프로그램에 의존적으로 신앙생활을 해옴으로써 신앙의 자기 근육을 단련하지 못하였다고 말할 수 있다. 그러나 차제에 많은 크리스천이 어쩔 수 없이 강제소환되어 자신들의 적은 힘으로 연명해서라도 자신의 신앙을 지켜나갈 수밖에 없는 상황이 되었다. 모두가 갈급하다. 물론 신앙심이 약해지다 못해 교회에서 떨어져 나간 사람들도 있을 것이다. 크리스천들이 자기 삶의 자리에서 인격과 삶으로 세상의 빛과 소금의 역할을 감당하며 지역사회 안에서 살아갈 수 있도록 교회는 백업해야 한다. 성도들이 복음 안에 나날이 굳게 서고 복음으로 말미암아 변화되고 끊임없이 새로워짐으로써 살아있는 신앙의 책임적 주체자로서 세워지도록 최선을 다해 돕는 것이 포스트코로나 시대 선교적 교회의 역할론이다.

---

23 크리스토퍼 라이트는 이것을 '자기복제 유전자'라고 표현하기를 좋아한다. 그의 책, *The Mission of God*, 정옥배, 한화룡 역, 『하나님의 선교』 (서울: IVP, 2010)는 전체 내용이 선교적 교회 논의에 있어서 대단히 중요한 책이다.

C. 게토화된 친교 집단에서 '에클레시아'(특별 목적으로 부름받은 공동체)로

포스트코로나 시대는 세상에서 게토화된 자기들만의 친교 집단적인 모임을 계속할 수 없게 되었다. 때때로 교회들은 맹목적인 성장 이데올로기에 사로잡혀서 뚜렷한 성장의 내용이나 이유에 대한 청사진도 없이 이전보다 더 큰 성장을 향해 앞만 보고 돌진해왔다. 그랬기 때문에 교회는 실존적인 공허감에 허덕일 수밖에 없었고 경제적 이익이나 낭만적인 사랑 또는 사회적 상승이라는 개인적 차원에서 교제가 이루어지는 세속적이고 이기적인 공간으로 오용되기도 하였다.[24]

그러나 수개월째 대다수 교회는 예배와 공과 활동의 공간뿐 아니라 기도실, 성가대 연습실, 친교 및 주일 점심을 제공하는 식당들마저 폐쇄되었다. 사람이 함부로 재단할 수 없겠지만, 삶속에서 정의와 공평을 행하지 못하면서 성전의 마당만 밟는 식으로 성전 제단으로 가져오는 무수한 제물들이 역겹다고 탄식하신 주재자의 마음이 얼마간 헤아려진다(사 1장; 암 5장 등). 또한 성전에서 드려지는 제사를 명분으로 자기 잇속을 챙기는 장사치들의 상을 뒤엎으셨던 주님의 격분의 채찍 소리가 귓전에 윙윙거린다.

성경적 '에클레시아'(ecclesia)는 특정한 목적 없이 친교 집단적인 교제를 위주로 하는 모임이 아니라 부름을 받은 이들이 같은 목적지를 향해 가는 뚜렷한 목적하에 회집된 모임을 말한다. 교회론에 대한 개인주의적인 성경해석은 지양되어야 한다. 마이클 그리피스에 따르면, 모든 선교사역과 기독교 활동의 목표는 추수를 기다리는 들판에서 추수하는 것만이 아니

24 Alain de Botton, 박중서 역, 『무신론자를 위한 종교』 (서울: 청미래, 2011), 23.

라, 완성되지 않은 건물을 향해 나아가는 것이다(에베소서 2장). 이 땅 위에 새로운 교회들을 계속 세우려는 시도는 세상 안에 천국의 식민지들, 곧 하나님이 그 안에 거하시는 탁월한 공동체를 세우는 일이다. 그러므로 크리스천 각 개인의 성화뿐 아니라 전세계에 흩어진 크리스천 공동체들의 완성에도 관심을 가져야 한다. 그런데도 현시대의 교회들은 그 공동체적인 목표와 목적에 대한 모종의 '기억상실증'을 앓고 있는 것 같다.[25]

'교회'의 성경적 어원인 '에클레시아'는 동일한 목표와 목적지를 향해 함께 나아가고 있다는 통합적 · 유기적 · 역동적인 개념이다. 이 단어의 어원은 이스라엘 역사 속에서의 고유한 배경적 유래와, 같은 목적지를 향해 나아가도록 함께 부름받은 무리라는 어원적 의미 때문에 다른말로 쉬이 번역하기가 어렵다. 성도는 개별적으로 거듭나면서도 동시에 하나님의 교회라는 가족의 일원으로 거듭나야 하는데, 이것이 바로 세례의 의미다. 반복하지만, 하나님은 개인들의 구원뿐 아니라 전체로서의 백성, 전체로서의 새로운 공동체를 일으키기 원하신다(엡 3:4-6, 9-11). 따라서 교회는 은혜의 수단만이 아니라 그 자체가 목적이 되기도 한다.[26] 그리피스에 따르면, 성도 자신들이 광야에서 고아로 태어난 것이 아니라 새로운 가족으로 태어났음을 제대로 인식하고 사랑의 교제권 안에서 크리스천들과 연결된 삶을 살도록 인도받았다면, 지금처럼 영적 자폐증에 빠져있는 많은 크리스천들이 생겨나지 않았을 것이다.[27] 그리고 그들이 이단이나 타종교에 떠넘겨지지도 않았을 것이다. 교회는 성전으로서 그 안에서 함께 성장

25 Michael Griffiths, 권영석 역, *Cinderella with Amnesia*, 『기억상실증에 걸린 교회』 (서울: IVP, 1992), 9-12 참조.

26 위의 책, 28-31 참조.

27 위의 책, 92-93.

하면서 지어져 가는, 하나님을 가장으로 모시는 하나님의 가속(household)이다.[28]

최근에 신약성경의 에클레시아(ecclesia)와 구약성경의 카할(qahal)에 좀 더 가까운 번역으로서 '교회'(church) 대신에 'assembly'(모임/집회)를 사용하는 것이 신뢰성 상실로 선교적 위기에 처한 현재 교회들에게 적절한 대안이라고 주장하는 연구가 있다. 이는 현재 교회들의 모습이 성경적 에클레시아와 다르다는 전제에서 나오는 제안이다.[29] 신약성경이나 LXX(칠십인역)에서 'assembly'는 현재의 지나치게 제도적인 교회들의 모습이 아니라 "하나님의 음성을 듣기 위해 모인"(to listen to the voice of Jesus/God), "경배/예배하려고 모인"(to worship), "하나님의 말씀을 듣기 위해 모인"(to hear the word of God)이라는 뜻을 지니고 있다. 따라서 이 연구는 '선교적 교회'가 제도적인 교회 이해를 극복하고 성경적 'assembly'에 더 가까운 개념이라고 주장하고 있다.[30]

유유상종(類類相從) 모여서 지극히 사적인 대화거리로 소인배들끼리의 친교를 나누어왔던 모습이 우리의 자화상이라면, 지나친 표현일까? '목적이 이끄는 삶'을 살아갈 때 그것이 교회다. 코로나-이후 시대는 '선교적 교회'를 부르고 있다. 선교가 교회의 리트머스 시험지다. 에클레시아의 의미대로 선교라는 특별 목적으로 부름받은 공동체임을 확실히 상기하는 것

28 고대 그리스에서 '에클레시아'의 의미와 그에 대한 사도 바울의 적용을 참여, 공유, 실천으로 제시한 논문이 있어 소개한다: 양승준, "에클레시아와 에스포지토의 면역 개념에 입각한 신앙공동체 이해의 새 지평," 「기독교교육논총」 제62집(2020): 161-186 참조.

29 Jan Mathys De Beer, "Moving Beyond a Missional Crisis of Credibility by Differentiating Between Church and Ecclesia," 「선교신학」 제59집(2020): 169-206. 그리고 동일저자, "Participating in the Missio Dei—A Missional Focus on the Form, Functioning, and Purpose of the Ecclesia," 「선교신학」 제56집(2019): 343-378을 참조.

30 Jan Mathys De Beer, "Moving Beyond a Missional Crisis of Credibility by Differentiating Between Church and Ecclesia," 200-201.

이 교회가 살길이다. 하나님의 선교가 교회를 부르시기 때문에 교회가 존재한다. 부르시고 보내시는 하나님의 행위가 교회의 정체성을 형성하므로 교회의 선교는 교회 자체의 배를 채우거나 몸집 불리기가 목적일 수 없다. 교회의 본질과 기본으로 돌아가고 그 기본 위에 점점 더 견고히 서도록 나아가는 것이 바른길이다. 왜 모여있는가를 분명히 아는 것, 그것을 교회의 리더뿐만 아니라 모여있는 성도들 모두가 분명히 아는 것이 중요하다.

D. 지역사회의 재발견: 지역사회를 바라보는 관점의 변화

지역교회가 속하여 살아가는 지역사회와의 관계에 있어서 그동안 한국의 교회들은 애덤 그랜트(Adam Grant)가 분류한 테이커, 매처, 기버(taker, matcher, giver) 중에서[31] 외양적으로는 기버였는지 몰라도 실상은 오히려 테이커로 지내온 것은 아닌가 하는 반성이다. 그간의 한국교회는 좀 과장하여 말하자면 지역사회를 이용한 셈이다. 물론 그렇지 않은 교회들도 적지 않을 것이며 이렇게 부풀린 지적에 억울한 교회들도 있을 것이다. 여하튼 지역사회 구성원들의 삶의 형편을 면면히 살피는 데는 관심이 많지 않았고 어떻게 하면 그들을 교회 안으로 끌어들여서 개교회의 몸집을 키울 것인가를 주로 고심하였다.

그런데 선교적 교회로서 새롭게 개척하거나 자기 교회의 형편에 맞게 선교적 교회로 선회해가려는 목회자들은, 지역교회에 대한 그들의 관점이 사뭇 다르다. 여전히 고귀한 영성은 간직한 채 사회적 기관으로서 지역사회와 더불어 살아가려고 애쓴다. 이러한 부류의 목회자들은 지역사회의

31 Adam Grant/윤태준 역, 『기브앤테이크』 (서울: 생각연구소, 2013) 참조.

수뇌부와 자주 접촉하고 지역의 학교, 동사무소, 경찰서 등에 자주 들르느라고 교회 바깥으로 다닐 때가 많다. 이들은 지역사회의 질적인 삶의 제고(提高)에 관심이 많다. 그들은 어렸을 때 자라난 지역사회 속에서 지역교회의 역할이 마음속 깊이 새겨져 있다. 마을 한가운데에 교회가 있었고 교회 목회자가 지역사회의 어른이자 유지(有志)였다. 마을 중심에 작지만 기품있게 서 있는 교회가 '산 위에 있는 숨겨지지 않는 동네'(마 5:14)가 되어 온 마을에 빛을 비추어주었다.

이처럼 교회는 영적인 실체인 동시에 그만큼 사회적 기관으로 병존한다. 교회는 가시적/비가시적 성격을 동시에 지니고 있다. 예수 안에 인성과 신성이 분리되지 않고 혼합되지도 않고 존재하는 것처럼 말이다. 그동안 지역교회가 자기 주변에 있는 지역사회를 깊이 고려하지 않았다면, 그것은 영적 실체로서의 교회론에 치중되어 있었기 때문이라고 볼 수 있다. 그런데 그만큼이나 교회는 지역사회 속에 우뚝 서서 다른 기관들처럼 하나의 조직체로도 존재하고 있다는 엄연한 사실을 누가 부인할 수 있겠는가! 혹자들은 교회가 굳이 다른 기관들이 하는 일들로 시간을 허비할 여유가 없으며 영혼구원 사역에 몰두하기에도 시간이 부족하다고 힐문한다. 다른 기관들과 교회는 그 핵심동력이 다르고 엔진이 다르고 소프트웨어가 다르다.

소위 교회의 신학자인 칼 바르트(Karl Barth)와 몇몇 학자들은 '보이는 교회'가 '보이지 않는 교회'와 더불어 교회의 본질임을 강조하였다.[32] 즉 성도들이 실제로 회집하는 행위가 아니고서는 세상 가운데 그리스도의 몸으로 존재하는 교회의 진면목과 실체를 알 수 없다는 것이다. 보이지 않는

32 앞의 각주 2)번을 참조하시오.

교회의 강조가 자칫 '교회론적 가현설'—교회의 가시적 역사성이 간과되는—로 나타나지 않아야 한다.[33] 보이는 교회가 비록 완전하지 않더라도 교회는 하나님 나라의 표지(sign)다. 교회는 하나님 나라를 가리킨다. 달빛이 햇빛을 반사하여 빛을 내듯이 교회는 하나님 나라를 반사하여 세상에 빛을 비추어준다.

포스트코로나 시대 교회의 위기가 폐쇄성과 이기성에서 기인한 사회적 공신력 하락에 있다고 말하는 양승준은, 정치철학자인 에스포지토(Roberto Esposito)의 이무니타스(Immunitas)와 코무니타스(Communitas)의 면역 개념을 차용하여 다음과 같이 주장한다. 초대교회는 고립되거나 격리된 보이지 않는 존재로서의 개인(personal)이 아닌, 코무니타스에 소속되고 참여하여 가치 있는 일을 함께하며 변화를 경험하는 개인(individual)이 날마다 더해진 결과로 이방인까지 소속하며 참여할 수 있는 공동체로 확장되었다.[34] 이 시대 신앙공동체인 교회도 개인의 강한 은사를 발휘하고 자신들의 결핍까지 공유하며 참여하는 이무니타스 안에만 안주하지 말고, 밖을 향한 공적 역할을 실천하는 코무니타스의 공존을 통해 진정한 에클레시아를 이룰 때라야 온 백성에게 칭송받던 모습이 코로나-이후 시대 에클레시아에서 재발현될 수 있을 것이다.[35]

닫힌 종교는 과거에 인류문화사에 탁월한 공헌을 했을지라도 현재는 유연함과 탄성을 잃고 경직화되어 창조적인 변화와 성장이 멈춘 교리적, 율법적, 의례 중심적, 교권주의에 의해 지배되는 종교를 칭한다. 이웃과 대화 협력을 중지하고 배타적 우월의식에 사로잡힌 종교, 독선적이

33 최진봉, "교회됨의 비일상성에 관하여: 사회적 거리두기 상황에서의 예배와 설교 사역," 159-160.

34 양승준, "에클레시아와 에스포지토의 면역 개념에 입각한 신앙공동체 이해의 새 지평," 182.

35 위의 책.

고 광신적 종교행태를 보이는 종교이다. 열린 종교란 종교의 초월성과 궁극성에 결부된 열정과 헌신을 지녔으면서도 고도의 윤리성과 사회 정화력이 있는 생동적인 종교이며, 종교의 절대적 신념을 약화하지 않으면서도 모든 역사 속의 종교가 상대적임을 충분히 이해하는 성숙한 종교이다. 열린 종교는 진리자체와 사회와 다가오는 역사와 인간성의 미래를 향해 열려 있으며, 종교의 구원의 목적인 생명을 치유하고 건강하게 하며 억압과 불의의 세력에서 인간과 생명을 해방하려는 정행(正行)의 열정을 품고 있다.[36] 포스트코로나 시대의 선교적 교회는 열린 종교를 표방한다. 특히 미래에는 지역교회와 지역사회가 머리를 맞대고 재난에 대비하는 재난대처 공동체로 협력을 맺어가야 할 것이다.[37]

Ⅳ. 나가는 말

교회가 시대에 걸맞게 변해야 하는 것은 선택사항이 아니다. 변화할 수 있는데도 변화해야 하는 현실을 받아들이지 않는 것은 죽어가겠다는 선택이며, 변화하지 않을 때 겪는 어려움이 변화할 때 겪을 어려움보다 클 때는 변화하지 않을 수 없게 된다. 코로나19를 경험하기 시작하면서 불과 몇 주 만에 많은 교회가 이제까지는 머뭇거리던 온라인 예배와 사역 등 혁

36 강아람, "복음과 문화의 상관관계에 대한 선교학적 해석학 유형연구," (미간행 박사학위논문, 장로회신학대학교, 2011), 247.

37 신형섭, "재난과 교육목회, 위기의 한복판에서 혁신의 길을 발견하다," 박경수 · 이상억 · 김정형 책임편집, 『재난과 교회: 코로나19 그리고 그 이후를 위한 신학적 성찰』 (서울: 장로회신학대학교 출판부, 2020), 236.

신적인 변화를 불가피 시도하고 있다. 참된 변화라면, 그것은 본질을 훼손하지 않는다. 포스트코로나 시대는 교회가 본질 회복을 위한 변화를 시도하기에 최적의 시간이다.[38]

교회의 진정성은 성경적 에클레시아의 의미를 따라, 특별한 목적으로 부르심을 받고 모인 선교적 공동체라는 데서 찾아진다. 필자는 포스트코로나 시대에도 선교적 교회론(missional ecclesiology)이 하나의 교회론적 대안이 될 수 있음을 주장하였다. 특히 교회 중심적이고 목회 의존적인 신앙과 친교 집단적인 게토화 성향, 그리고 의식(儀式 ritual) 중심적인 신앙생활을 영위해온 한국교회에게 선교적 교회론이 하나의 대안이 될 수 있다고 역설하였다.

선교적 교회론은 기존의 패러다임이 전복되어 나타난다. 목회자 중심에서 성도 중심으로, 모이는 교회에서 흩어지는 교회로, 오는구조(come-structure)에서 가는구조(go-structure)로, 교회 예배 중심에서 일상의 삶 중심으로, 교회를 위한 비탕화면으로 존재했던 세상을 향해 섬기며 나아가는 교회로, 지역사회를 전도의 대상으로가 아니라 섬김의 대상으로 심지어 지역사회와 함께하며 지역사회의 필요를 채워주는 교회로서의 변화가 일어났다.

이에 본 글은 '선교론 교회론'이 성경적 에클레시아에 적합한 교회의 정의를 담지하고 있다고 보았다. 참된 교회의 '표지'는 하나님의 통치를 먼저는 가족에게, 교회의 다른 사람에게, 나아가 이웃과 지역사회와 궁극적으로 온세상에 전하는 것이다. 참된 교회의 표지는 그간 대다수 한국교회처럼 비정상적으로 내향적인데 있지 않고, 항상 바깥세상을 바라보면서

38 김광건, "선교적 교회를 위한 선교적 리더십 모델에 대한 학제간적 고찰," 「한국기독교신학논총」 115(2020): 428.

하나님의 임재를 널리 전하는 데 있다.[39] 선교가 교회의 본질이요 정체성을 가름하는 상수(常數)다.

이 어려운 시기를 오히려 모든 것이 제자리로 돌아가는 기회로 삼아야 할 것이다. 지금은 풍랑을 통해 우리를 일깨우시고 새롭게 하시는 하나님의 음성을 잠잠히 들어야 할 때다. 맹목적인 신앙과 습관적인 언행을 멈추고 참으로 교회가 무엇인지 성전이 무엇인지, 왜 주일에 교회에 가야 하며 왜 공동체가 우리에게 중요한지를 성찰할 때이다. 전도서 말씀처럼 다시금 서로 안는 일이 가능해질 때는(3:1-11), 삼위일체 하나님 안에서의 거룩한 코이노니아가 질적으로나 양적으로나 깊고 풍성하게 이루어지기를 간절히 바라며 글을 마친다.

39 Gregory Beale, 강성열 역, 『성전신학: 하나님의 임재와 교회의 선교적 사명』 (서울: 새물결플러스, 2014), 549-550.

참고문헌

Roxburgh, Alan and Scott Boren. *Introducing the Missional Church: Why it is. Why it Matters. How to Become One*. Grand Rapids. MI: Baker Books, 2009.

Barth, Karl. 최종호 역. 『교회교의학』 IV-2. 서울: 대한기독교서회, 2012.

Beale, Gregory. 강성열 역. 『성전신학: 하나님의 임재와 교회의 선교적 사명』. 서울: 새물결플러스, 2014.

Calvin, John. 김종흡 외 3인 역. 『기독교 강요』하 · 제4권. 서울: 생명의말씀사, 1988.

De Botton, Alain. 박중서 역. 『무신론자를 위한 종교』. 서울: 청미래, 2011.

Guder, Darre. 정승현 역. 『선교적 교회』. 서울: 주안대학원대학교출판부, 2013.

Grant, Adam. 윤태준 역. 『기브앤테이크』. 서울: 생각연구소, 2013.

Griffiths, Michael. 권영석 역. *Cinderella with Amnesia*. 『기억상실증에 걸린 교회』. 서울: IVP, 1992.

Küng, Hans. 정지련 역, 『교회』. 서울: 한들출판사, 2007.

Levinas, E. 서동욱 역. 『존재에서 존재자로』. 서울: 민음사, 2005.

Sundermeier, Theo. 채수일 역. 『선교신학의 유형과 과제』. 서울: 대한기독교서회, 1999.

Wright, Christopher. 정옥배, 한화룡 역. 『하나님의 선교』. 서울: IVP, 2010.

한국일. 『선교적 교회의 이론과 실제』. 서울: 장로회신학대학교 출판부, 2016.

De Beer, Jan Mathys. "Moving Beyond a Missional Crisis of Credibility by Differentiating Between Church and Ecclesia." 「선교신학」 제59집(2020): 169-206.

_________________. "Participating in the Missio Dei—A Missional Focus on the Form, Functioning, and Purpose of the Ecclesia." 「선교신학」 제56집(2019): 343-378.

강아람. "선교적 교회론의 성경적 근거: 크리스토퍼 라이트의 선교적 해석학 중심으로." 「선교신학」 제34집-Ⅲ호(2013): 11-46.

계재광. "포스트코로나 시대. 기독교리더십 방향성에 관한 연구." 「대학과 선교」 제44집(2020): 153-178.

김광건. “선교적 교회를 위한 선교적 리더십 모델에 대한 학제간적 고찰.” 「한국기독교신학논총」 115(2020): 425-454.

김대식. “인간과 종교.” 현대인과성서 교재편찬위원회 편저. 『현대인과 성서』. 서울: 숭실대학교 출판부, 2018.

노진아. “부모는 가정의 신앙교사입니다.” 신형섭 · 박재필 · 김성중 책임편집. 『재난과 교회: 코로나19 그리고 그 이후를 위한 목회적 · 교육적 성찰』. 서울: 장로회신학대학교 출판부, 2020.

신형섭. “재난과 교육목회. 위기의 한복판에서 혁신의 길을 발견하다.” 박경수 · 이상억 · 김정형 책임편집. 『재난과 교회: 코로나19 그리고 그 이후를 위한 신학적 성찰』. 서울: 장로회신학대학교 출판부, 2020.

양승준. “에클레시아와 에스포지토의 면역 개념에 입각한 신앙공동체 이해의 새 지평.” 「기독교교육논총」 제62집(2020): 161-186.

이대헌. “선교적 교회론에 입각한 선교 및 교회 이해.” 「목회와 신학」 (2013.3): 44-49.

정승현. “선교적 교회론의 과거. 현재 그리고 미래: GOCN의 연구를 중심으로.” 『1910년 에딘버러 세계선교사대회 100주년 기념 2010 한국대회』 제6분과. 서울: 미션아카데미, 2011.

______. “하나님의 교회와 선교적인 교회-빌링겐 IMC를 중심으로.” 「선교와 신학」 제20집(2007): 186-212.

최동규. “GOCN의 선교적 교회론과 교회성장학적 평가.” 「선교신학」 제25집-Ⅳ호(2010): 233-263.

______. “선교적 교회. 무엇이 다른가?.” 「목회와 신학」 (2013.3): 50-56.

최진봉. “교회됨의 비일상성에 관하여: 사회적 거리두기 상황에서의 예배와 설교 사역.” 박경수 · 이상억 · 김정형 책임편집. 『재난과 교회: 코로나19 그리고 그 이후를 위한 신학적 성찰』. 서울: 장로회신학대학교 출판부, 2020.

최형근. “선교적 교회란 무엇인가?.” 「목회와 신학」 (2013.3): 38-43.

강아람. “복음과 문화의 상관관계에 대한 선교학적 해석학 유형연구.” 미간행 박사학위논문, 장로회신학대학교, 2011.